马克思
的传奇人生

赵晋泰——著

中国人民大学出版社
·北京·

自　序

近年来，越来越多的人特别是青年人对马克思与马克思主义日益关注，学习和研究的兴趣不断增强，已形成了一股学习和研究的热潮。这其中产生了一个广受认同的普遍性观点，即马克思是最熟悉的陌生人。为什么这个观点能够被普遍认同呢？笔者想，主要是因为这个观点概括和总结得非常到位，真切反映出目前人们对马克思的认知情况。细致分析这个观点，“最熟悉”当然无须多言，更要重视的是最后落脚于“陌生人”。虽然“最熟悉”，但终究还是“陌生人”，这确实反映出目前人们对马克思知之不多、知之不全的情况，或者说，反映出目前很多人对马克思的了解是零星、散碎、片面的。

因为马克思与马克思主义是血肉相连、无法割裂的，所以对于马克思主义的学术研究、理论宣传、学习教育而言，终究还是“陌生人”是一个必须正视并切实解决的问题，一定要让马克思不再令人特别是不再令青年人感到陌生。而且，要真正深刻感悟和把握马克思主义的真理力量，较为完整和系统地认识马克思，知晓其人生的传奇，明了其究竟如何伟大，领悟他的非凡与平凡，无疑也是十分必要的。对马克思碎片化、片面化的认知情况必须改变也亟须改变。

那么，该如何改变？当然必须进一步地、更有效地传播马克思主义，要面向社会大众特别是青年人进行更有效的传播。而要做到“更有效”，其中的关键是必须传播好马克思主义。那么，又该如何传播好马克思主义呢？习近平总书记对此已明确给出了答案，他在参观艾思奇故居时强调：“我们要传播好马克思主义，不能照本宣科、寻章摘句，要大众化、通俗化。”因此，面向社会大众特别是青年人传播好马克思主义，不能仅仅依靠马克思主义学术话语，还要将马克思主义大众化，对马克思和马克思主义进行通俗化的介绍阐释。正如列宁所作的经典概括：“最高限度的马克思主义＝最高限度的通俗化”，最大程度地以社会大众所熟悉和喜爱的语言、方式传播马克思主义，就是最大程度的马克思主义大众化，就是最大程度地传播好马克思主义。同时，还要不断推进马克思主义中国化时代化，使马克思主义不断在更深层次上与中国、与时代更深更好地结合。这些，就是笔者创作这部著作的初心和缘起，也是笔者应该担当的责任。笔者决心担当起这个责任，以马克思为具体对象，从中国人自己的视角进行观察和思考，结合中华优秀传统文化，以时代化的表达，面向社会大众特别是青年人，最大程度地用其喜闻乐见的语言和形式进行表述。笔者尽自己最大努力将学术性与通俗性有机结合，使学术亲近大众，精心撰著这部学术大众化著作，期望能够为传播好马克思主义、推进马克思主义中国化时代化贡献自己的微薄之力。

非知之艰，行之惟艰。究竟怎样精心撰著这部马克思主义学术大众化的著作呢？最适合、最理想的创作思路应该是什么？这的确是个难题，是个至关重要的难题。孟子言："颂其诗，读其书，不知其人，可乎？是以论其世也。"先贤的教诲对今天的我们学习和研究马克思、马克思主义格外适用，尤其具有指导意义，特别是对于笔者的创作而言，有着更加现实的指导意义。就马克思而言，笔者颂其言，读其书，不知其人，可乎？故，当论其世也。孟子的教诲为笔者打开了思路和视角，将"知其人""论其世"作为这部著作的创作思路，真是再适合不过了。所以，笔者精心撰著的这部著作，是对马克思"知其人""论其世"的马克思主义学术大众化著作。

笔者既然决心担当起这个责任，精心撰著这部著作，也确定了创作思路，那就一定要倾尽全力创作好。笔者有自己的态度、想法和追求，即：要尽最大努力把真实的马克思较为完整和系统地展现出来，守正创新，不仅希望通过这部著作让读者了解和熟悉马克思，使读者"知其人"；更希望在"论其世"中把这部严谨的学术著作创作得很有新意、特色鲜明，学术化而不枯燥、通俗但不浅薄，使之同时具有较强的思想性与可读性，并可发挥一定的"工具书"作用。这对笔者而言当然很难，是很大的挑战，但笔者无惧于此，因为笔者潜心钻研并全力以赴。为了写好这部著作，笔者确立了创作的基点、框架和原则。

第一，要明确研究和创作的基点，即真实的马克思到底是什么样的人。习近平总书记在纪念马克思诞辰200周年大会上对他做出了这样的评价："马克思是顶天立地的伟人，也是有血有肉的常人。"这个评价精准、深刻，是对马克思传奇人生和伟大人格的客观总结，为进一步深化对马克思、马克思主义的研究提供了新的思路与视角。笔者将这个评价作为研究和创作的基点，竭尽所能将既顶天立地又有血有肉的马克思清晰准确地呈现在世人面前。

第二，那又该如何具体地将马克思这位顶天立地的伟人、有血有肉的常人真切呈现出来呢？要将马克思的一生完全、完整地呈现出来，穷尽各种史实，无疑是不现实的，也是不可能的。尽管如此，笔者也要尽可能系统地予以呈现，因此必须确定一个科学合理的研究和创作框架。经过深入审慎的思考，笔者决定紧密围绕马克思的爱情、友情、亲情、学习和斗争这五个方面展开研究和创作，因为这五个方面既是马克思人生构成的基本面，也是最能展示他顶天立地和有血有肉的典型面、关键面。

第三，必须非常严谨地研究和创作。将真实的马克思呈现出来，不仅是对马克思、马克思主义和历史应有的尊重，也是笔者研究、创作的基本态度。唯有如此，这部著作才能产生应有的价值和意义，才值得存在。而严谨不仅是确保真实的必需，也是笔者的治学态度，是笔者研究和创作所坚定遵循的原则。笔者当然知道，做到客观、严谨绝非易事，但事在人为。笔者聚焦于各种正式文献尤其是权威文献，广泛探寻、深入挖掘、严格筛选、反复审视、精心论证，绝不信口雌黄，绝不妄下结论，求实求是、史实求是、实事求是、唯实唯是。

第四，必须有自己的分析思考和结论。如果只是单纯介绍马克思的生平和事迹，而没有自己的研究、没有较强的思想性，那么就没有必要创作这部著作了。诸多前辈和同人已经就此做了大量工作，进行了大量介绍，形成了大量宝贵成果。如果笔者只是撰著一部单纯介绍马克思生平和事迹的著作，那就仅仅是在重复创作或老生常谈罢了，笔者无意如此。笔者希望能在诸多前辈和同人奠定的坚实基础上继续前进，发挥出自己的优势，独立地去分析思考、总结概括，做出自己的阐释论述，得出自己的结论，努力做出些许原创性贡献。虽然这对笔者来说难度很大，但唯有如此，方不负“创作”二字，也才可能使这部著作的“含金量”更高，才可以说笔者真正担当起了应该担当的责任。

第五，必须精细入微地进行描述阐释。一滴水可以反映出太阳的光辉。马克思的顶天立地与有血有肉，都是由一件一件具体的小事情构成的。伟人植根于常人。尽精微，致广大。只有精细入微地描述阐释一件又一件具体的小事情，并把这些系统地整合起来，才能最大程度地将真实的马克思反映出来，才能使人们更全面、更深刻地理解马克思的顶天立地与有血有肉，才能使这部著作更好地发挥作用。所以，笔者当然要尽最大努力广泛搜寻各种资料和素材，发掘每一个闪光的细节，尽全力精细地描述阐释，力争将真实的马克思细腻鲜活地描绘和呈现出来。

知易行难，但路在脚下。积跬步，至千里。虽然创作这样一部马克思主义学术大众化著作对笔者来说是一个很大的挑战，也是一项很大的工程，但笔者并不畏惧，有能力、有信心去战胜这个挑战。望本书能不负自己、不负读者、不负韶华。是为序。

赵晋泰

2022 年 7 月

目　录

第一章

将爱情当事业来追求

——马克思与燕妮的旷世爱情

“我能想到最浪漫的事，就是和你一起慢慢变老，直到我们老得哪儿也去不了，你还依然把我当成手心里的宝。”歌曲《最浪漫的事》中这样一段动人心弦的歌词，打动了无数人的心扉，很多人都梦想和憧憬着自己能够拥有这样“最浪漫的事”。实际上，还有比这样“最浪漫的事”更浪漫的事：两个人不但一起慢慢变老，而且从小一起长大、一起同甘共苦、一起并肩战斗；她躺在病榻上动不了了还是他手心里的宝，即使在逝世后依然是他心里的宝。这样的事，才真正是最浪漫的事。而这样真正最浪漫的事，真实地发生过，这就是马克思与燕妮非凡的、传奇的忠贞爱情。

世人皆知，马克思的思想和事业取得了巨大成功。在他的推动和影响下，世界发生了深刻改变，这早已为人们所熟知和景仰，而他的爱情生活同样获得了巨大的、足以令所有人艳羡的成功，这一点人们却知之不多。他和他“最珍贵的瑰宝”[①]“亲爱的、永世难忘的终身伴侣”[②]燕妮，从青梅竹马、两小无猜到珠联璧合，从黑发到白头，相伴一生，伉俪情深，是真正的、名副其实的灵魂伴侣。从他们心心相印的那一刻起，忠贞、甜蜜的爱情就始终与他们相伴相随，并成为他们共同的、无比坚强的精神支柱，牢牢支撑他们经历了无数狂暴冰冷的骇人风雨，战胜了无数难以想象的磨难困苦，一起成就了伟大的事业和壮丽的人生。

颠覆想象的倾城之恋

可能你会觉得，对于马克思这样伟大的人物来讲，找到一个理想的伴侣易如反掌。但事实上，毫不夸张地讲，尽管年轻时的马克思才华横溢、才智非凡、才干超群，但是，能够与燕妮终成眷属，确实经历了十分艰辛、曲折、漫长的历程，这不仅可以说是马克思完全和彻底的“逆袭”成功，更可以说是一个奇迹。当他和燕妮在家乡第一次公开出双入对亮相之后，马上轰动了当地。也许你会想，这听起来还是夸张啊，一对年轻

① 马克思，恩格斯．马克思恩格斯全集：第30卷．北京：人民出版社，1975：640.

② 马克思，恩格斯．马克思恩格斯全集：第35卷．北京：人民出版社，1971：238－239.

恋人的公开亮相怎么可能轰动整个城市呢，太夸张了。但事实确实如此，这就是当时的真实情况。马克思十分严谨靠谱的父亲亨利希在1837年11月17日写给马克思的信中是这样说的：年轻的马克思“令人不解地占有了一个姑娘[①]的心，使得成千上万的人都羡慕……”[②] 这是因为，在当时几乎所有人看来，马克思和燕妮就是处在两个完全不同的世界中的人，差别实在太大了。

卡尔·马克思，出生于普鲁士莱茵省特里尔古城的一个富裕律师家庭。他少年时既不高也不帅，肤色较暗；青年时也其貌不扬、个头不高，除了身体强壮，外形条件确实没什么超群之处。一位特里尔居民曾这样形容马克思的样子：“‘几乎算得上是最没有吸引力的人’。他身材像拳击手一样结实，相貌粗犷，不刮胡须，仪容不整，穿着的暗色礼服虽然质量上乘，却经常扣错扣子。”[③] 而且年轻时的他也曾奔放不羁，在波恩上大学时经常去酒馆喝酒，有一次“他曾因夜间酗酒喧嚷，扰乱秩序，受罚禁闭一天”[④]，酒后有时还和其他学生打架决斗，

---

① “姑娘”指燕妮。

② 马克思，恩格斯．马克思恩格斯全集：第40卷．北京：人民出版社，1982：875.

③ 加布里埃尔．爱与资本：马克思家事．朱艳辉，译．长沙：湖南人民出版社，2018：30.

④ 马克思，恩格斯．马克思恩格斯全集：第1卷．2版．北京：人民出版社，1995：937.

还曾因有人举报他“曾在科隆携带违禁武器”[①] 而受到学校的调查。在波恩大学学习一年之后，他转入柏林大学，在此期间“曾多次被控欠债”[②]。这样的形象和表现，显然与“白马王子”相差甚远，燕妮还曾传情地把马克思称作“小野猪”[③]。所以，仅从以上几点来看，这个小伙儿想获得姑娘的好感和青睐，绝非易事。但这并非唯一的不利条件，还有更大的——大到似乎无法逾越的——障碍，就是马克思的家族血统。

马克思的家族是犹太望族。“从 14 世纪以来，欧洲有数位才能最为卓越的拉比出自马克思的家族”[④]，其中有一位名叫乔舒亚·赫舍尔·利沃夫的马克思先祖，声名显赫，在 1765 年“便写出了宣扬民主的《答问：月亮的脸》”[⑤]，据说当时“犹太人世界做出任何重要决定，都要事先征求他的意见”[⑥]。“从 1693 年起，马克思的家族有数人在特里尔担任拉比”[⑦]，马克思的祖父洛宾·列维就曾是特里尔城的拉比，他在担任特里尔城的拉比后，把姓氏改成了“Marx”，即马克思。马克思

---

① 马克思，恩格斯．马克思恩格斯全集：第 1 卷．2 版．北京：人民出版社，1995：937.

② 同①941.

③ 马克思，恩格斯．马克思恩格斯全集：第 40 卷．北京：人民出版社，1982：900.

④⑤⑥⑦ 加布里埃尔．爱与资本：马克思家事．朱艳辉，译．长沙：湖南人民出版社，2018：12.

的叔叔赛米尔在特里尔担任高级拉比直至1827年①。马克思的外祖父也曾在荷兰内梅亨担任拉比。②

也许你会认为马克思拥有如此显赫的家族背景将使他轻松赢在起跑线上，但实际却完全相反。因为当时犹太人在普鲁士遭受着国家、社会和法律等各层面的歧视。比如，普鲁士政府在1815年正式禁止犹太人担任公职，1816年又禁止其从事法律行业。为此，马克思的父亲赫舍尔·马克思不得不在1817年改名为亨利希·马克思，并改变宗教信仰皈依了基督教路德教派，放弃做犹太人——否则他就无法继续当律师③。马克思的母亲罕丽达·普勒斯堡在1824年其双亲去世后也皈依了基督教，他们的孩子们也是如此，否则，小马克思就会因为具有犹太信仰而无法上公学。即便如此，“终其一生，马克思不管是在朋友还是敌人眼里，都是犹太人，他父亲虽然改变了宗教信仰，但没能改变特里尔人的这一看法”④。马克思的朋友、同样生于犹太人家庭的德国著名诗人海涅⑤也改变过自己的宗教信仰，他说：“皈依基督教是‘通往欧洲文化的通行证’，但这并不意

---

① 当时，马克思9岁。

② 加布里埃尔．爱与资本：马克思家事．朱艳辉，译．长沙：湖南人民出版社，2018：12.

③ 亨利希·马克思是特里尔的第一位犹太人律师。

④ 同②18.

⑤ 海因里希·海涅，德国19世纪的抒情诗人和散文家，是马克思的远房亲戚。

味着你会被接受。”[①] 所以，在特里尔人心中，亨利希·马克思夫妇和他们的孩子仍永远是犹太人，这是他们根深蒂固、坚定不移的看法，人们心中的歧视并不会因他们的主动改变和努力适应而消散，甚至有些人还会心怀敌意。而且，其他的犹太人也没有因为亨利希夫妇改变了宗教信仰就认为马克思不是犹太人，他们也同样一如既往地坚定认为马克思是犹太人。1843 年 3 月 13 日，当时正在德国科隆的马克思被当地的犹太教公会会长专程找上门来，请他“替犹太人写一份给议会的请愿书”[②]，马克思答应了他。因此，在当时所有人的眼中，马克思都完完全全是一个犹太人。[③] 看来，既不高又不帅还不羁、更被外界坚定地视为犹太人的年轻的卡尔·马克思，在爱情上似乎一出生就已经输在了起跑线上，如果他想按照自己的意志在犹太人世界之外收获一份真正属于自己的甜美爱情，可谓难乎其难。

而年少马克思的心上人——燕妮·冯·威斯特华伦，出生于德国贵族家庭，个头高挑，身姿柔美，仪态万方，是“特利尔[④]

---

① 加布里埃尔．爱与资本：马克思家事．朱艳辉，译．长沙：湖南人民出版社，2018：19.

② 马克思，恩格斯．马克思恩格斯全集：第 27 卷．北京：人民出版社，1972：443.

③ 马克思的小女儿爱琳娜·马克思也认为父亲马克思是犹太人。1888 年，她受邀为犹太社会主义者进行演讲。在写给爱德华·伯恩施坦的信中，她说：“亲爱的同志们，我非常高兴能在 11 月 1 日的会上讲话，更让我高兴的是，我的父亲是一名犹太人。”

④ 特利尔和特里尔为同一地方（Trier）的不同译称。

最美丽的姑娘”①，浑身散发着浓郁的高贵气质和迷人魅力。她有一头深褐色头发和淡绿色眼睛，“简简单单的一串珍珠项链，让她的脖颈显得愈发修长，她的相貌和体态都极为出众，根本无需华丽的衣服来凸显，但同时，她又极为时髦……她的穿着打扮在特里尔绝对是最有品味的”②。“和她相比……没有哪个能像她那样，不但出身高贵、受人尊敬，而且集美貌和智慧于一身。”③ 17 岁时，她经常参加各种舞会。和舞会上的其他人相比，这位青春洋溢的贵族姑娘总是与他人有着极为明显的区别，格外抢眼夺目。燕妮也因此被称为“舞会上的皇后”“魔法公主”。

如果用现在的时髦话来形容燕妮，毫无疑问，“女神”这个词一定是最贴切的（事实上，马克思也这样认为），她的魅力倾倒了整个特里尔城。哪怕她离开特里尔很多很多年后，她仍是全城人心中的惦念和美好的回忆。1863 年 12 月 15 日，当时在特里尔办理母亲后事的马克思给在伦敦家中的燕妮写了一封信。信中，他骄傲地写道：“每天到处总有人向我问起从前‘特利尔最美丽的姑娘’和‘舞会上的皇后’。做丈夫的知

---

① 马克思，恩格斯．马克思恩格斯全集：第 30 卷．北京：人民出版社，1975：640.

② 加布里埃尔．爱与资本：马克思家事．朱艳辉，译．长沙：湖南人民出版社，2018：30.

③ 同②8.

道他的妻子在全城人的心目中仍然是个‘迷人的公主’，真有说不出的惬意。”① 此时，马克思和燕妮结婚并离开特里尔已有二十年，仍然“每天到处总有人”向马克思问起她；而此时的燕妮还有不到两个月就50岁了，但在特里尔全城人的心中仍然是个“迷人的公主”，足见年轻时的燕妮是多么美丽动人、光彩夺目、倾倒众生，以及她在特里尔全城人心中是何等的分量和位置。

哪怕是在晚年时候，病中的燕妮依然散发着迷人的光芒。有一次，他们小女儿爱琳娜的朋友玛丽安·斯金纳到他们家中做客，发现当时年老的燕妮正在病中，“虽然已经远不能和年轻时相比，但还是非常迷人”②。

燕妮的父亲——路德维希·冯·威斯特华伦男爵，“是特里尔政府的枢密顾问官，作为普鲁士政府任命的特里尔最高行政长官，他拿的薪水也最高”③。燕妮的祖母是一位苏格兰大臣的女儿，拥有非常显赫的家族背景。燕妮是名副其实的身世显赫的贵族，是上流社会的名门闺秀，是当时特里尔城年轻小伙心中的“女神”，也是当时这座城市“最耀眼的、光芒四射

① 马克思，恩格斯．马克思恩格斯全集：第30卷．北京：人民出版社，1975：640.

② 加布里埃尔．爱与资本：马克思家事．朱艳辉，译．长沙：湖南人民出版社，2018：435.

③ 同②8.

的明珠”。如果她想在上流社会的贵族名门中找到一位“白马王子”，那真是易如反掌，而且这也顺理成章，无比正常。

显然，年轻的马克思和燕妮在相貌、名望和社会地位上相差巨大，可谓天壤之别。就算把相貌和名望都抛开不管，他们悬殊的社会地位就是一道无法逾越的鸿沟，因为“普鲁士社会等级制度极为僵化，上流社会间的通婚没有问题，但没有哪个父母愿意下嫁到贵族阶层之外”①，更不用说下嫁给一个“犹太人”了；就算突破想象的极限，人们也不一定能想到、更不可能接受这一点。而这，还不是唯一的鸿沟。年轻的马克思和燕妮之间还横亘着一道似乎不可逾越的鸿沟，那就是他们的年龄差距。马克思生于 1818 年 5 月 5 日，燕妮生于 1814 年 2 月 12 日，燕妮比马克思大 4 岁 3 个月。在当时他们所处的社会环境中，谈情说爱、缔结连理讲究男大女小，就拿马克思和燕妮各自的父母来说，都是父亲比母亲大 10 岁，姐弟恋在当时是不可思议的事情，不但会遭人耻笑，甚至还会被贴上“不伦”的标签，因为这是一件十足叛逆的事情。因此，如果把相貌、名望、社会地位和年龄上的差距全部考虑进去，年轻的马克思要想和燕妮缔结连理成为伴侣，共享甜蜜爱情，在当时可以说是天方夜谭。

---

① 加布里埃尔．爱与资本：马克思家事．朱艳辉，译．长沙：湖南人民出版社，2018：18.

看起来，年轻的马克思与燕妮处在完全不同的“频道”之中，除了作为儿时的邻家①小弟弟和大姐姐之外，生命中再没有产生任何“交集”的可能性。但是，正如今天所有人所知道的，后来这两个完全不同“频道”的年轻人不但“同频”了，还终其一生强烈地“共振”起来，“共振”出他们无限伟大的“交集”——深刻改变世界的伟大事业。

1836 年，在波恩大学秋假期间，当时 18 岁的马克思和 22 岁的燕妮偷偷订婚，但当年 10 月马克思就远赴柏林大学读书，这对恋人不得不分开、天各一方，之后在长达 7 年的岁月里，他们聚少离多，主要靠书信互诉衷肠（一开始，他们为了瞒住燕妮父母甚至不直接通信），在书信中长相厮守。在漫长的 7 年中，这对非凡的恋人共同经历了无数难以想象的风雨，坚韧不拔地与世俗和偏见顽强抗争，咀嚼了种种难以言表的苦楚和无奈，在看似毫无希望的绝境中仍然始终牢牢坚守 1836 年时彼此给对方许下的爱情承诺，毫不放弃、毫不退缩、毫不气馁、毫不胆怯。哪怕就在他们正式完婚 3 个月前——1843 年 3 月初时，燕妮在写给马克思的一封信中还这样讲道：“我们眼下还未能抓住命运的轮子……我们的命运就是等待、期望、忍耐和受难。”②

---

① 马克思家和威斯特华伦家曾是邻居。

② 马克思，恩格斯．马克思恩格斯全集：第 40 卷．北京：人民出版社，1982：904.

锲而不舍，金石可镂。终于，在这对非凡的年轻人的不懈努力和抗争下，1843 年 6 月 19 日，25 岁的马克思和 29 岁的燕妮最终冲破了无数难以想象的巨大阻力，在德国的克罗茨纳赫小镇正式结婚，组建了他们温馨的小家庭，成为真正的伴侣。这对真心相爱的非凡的年轻人结束了此前足够漫长、足够痛苦的异地恋和等待的煎熬，成功开辟出他们爱情的新天地，这是他们共同的伟大胜利。这一伟大胜利，惊世骇俗。

爱情“三板斧”

年轻的马克思是怎么做到的？他究竟是如何赢得这一颠覆外界想象的伟大胜利的？他是怎样获得这样一份似乎不可能到来却相伴一生的忠贞爱情，并使爱情成为推动共同事业和人生前行的强劲引擎的？这在结婚率逐年下降、离婚率连年上升的今天，太值得每个人特别是青年人好好学习了。

首先，要有才华打底。

马克思是个才华横溢的人，从小就爱思考。虽然他没有上过小学，但在父亲亨利希的教育下，儿时的马克思眼界开阔、思维活跃，有很好的知识储备，并对哲学感兴趣。有一次，他询问母亲“抽象”和“具体”到底是什么，在得到回答后，他在日记本里写下了这样一句话：“今天早上起来，看到妈妈在做饭，我打开具体的窗户，吸了一口抽象的空气。”

上中学后，少年马克思的才华更加出众和耀眼，可以说已达到令成年人震惊的地步，比如他的作文，已经充分体现出精深独到的思考、剖析和判断，从选题到具体内容，已完全超过中学生乃至很多成年人的水平。这些文章中，除了人们所熟知的著名的《青年在选择职业时的考虑》外，还有《根据〈约翰福音〉第15章第1至14节论信徒同基督结合为一体，这种结合的原因和实质，它的绝对必要性和作用》《奥古斯都的元首政治应不应当算是罗马国家较幸福的时代?》等，其文都着实令人惊叹。

在他的《特里尔中学毕业证书》上，学校给出了这样的评价："该生对在校所学古典作家作品较容易的地方，不经准备也能熟练而严谨地翻译和解释；如经过适当准备或者稍加帮助，即使对较难的地方，特别是那些不是在语言特点而是在内容和思想联系方面难于理解的地方，也常常能够做到这一点。从实际方面看，他的作文显得思想丰富，对事物有较深刻的理解，不过经常过于冗长"①。

青年时的马克思更加才华横溢，他的博士论文就充分体现出这一点。对于他用半年左右时间完成的博士论文《德谟克利特的自然哲学和伊壁鸠鲁的自然哲学差别》，当时耶拿大学的

---

① 马克思，恩格斯．马克思恩格斯全集：第1卷．2版．北京：人民出版社，1995：932.

哲学系主任卡尔·弗里德里希·巴赫曼教授在答辩推荐书上是这样评价的："学位论文证明该考生不仅有才智、有洞察力，而且知识广博，因此，本人认为该考生完全有资格获得学位。"① 仅1天后，论文答辩就在马克思并未到场的情况下获答辩组全票通过。在马克思的博士学位证书上，答辩组是这样称呼他的："特里尔出生的卓越的和富有学识的卡尔·亨利希·马克思"②。在马克思24岁担任《莱茵报》主编时，学术界曾这样评价这位年轻的博士主编："他既有深思熟虑、冷静严肃的态度，又有深邃敏锐的智慧。请设想一下，如果把卢梭、伏尔泰、霍尔巴赫、莱辛、海涅和黑格尔结合为一人，那么结果就是马克思博士。"③《莱茵报》资助人、莱茵省商人古斯塔夫·梅维森认为，马克思不论是身体还是思想，都像是风暴一样，是"一个强有力的人……两颊、双臂、鼻孔和耳边的毛发又黑又密。他果断、热切、极为自信，同时又很诚恳、有学问"④。

拥有如此傲视群雄的出众才华，自然使马克思具有无比强大的精神魅力和爱情战斗力，仅1836年10月中旬至12月一个半月的时间，才18岁的马克思就为燕妮写出了三本

① 马克思，恩格斯．马克思恩格斯全集：第1卷．2版．北京：人民出版社，1995：942.

② 同①944－945.

③ 韦建桦．马克思的人生境界．人民日报，2018－05－18（9）.

④ 加布里埃尔．爱与资本：马克思家事．朱艳辉，译．长沙：湖南人民出版社，2018：36.

诗集：《爱之书》（一）、《爱之书》（二）和《歌之书》，共收录 57 首情诗，每一本在扉页上都写着："献给我所倾慕的、永远爱恋的燕妮·冯·威斯特华伦"①。如此强大而猛烈的爱情攻势，试问有几个年轻小伙可以发动？又有几个年轻姑娘能抵挡得住呢？况且，这还仅仅是马克思追求燕妮的一个小片段而已。

其次，要有勇气支撑。

马克思是一位真正的勇士，他无惧旧世界的任何反动势力和力量，无论他们有多么强大、多么根深蒂固、多么令人恐惧，在他眼里都不值一提。为了推翻旧世界、建立新世界，为了全人类的解放，他无惧任何艰险困苦，战斗不息，始终坚定地与包括多国政府在内的各种势力进行着英勇无畏、坚韧不拔的斗争，并因此四次遭到驱逐。在他的诗作《人的自豪》中，这位年轻的勇士写下了这样勇气非凡的话语：

面对着整个奸诈的世界，
我会毫不留情地把战挑，
让世界这庞然大物塌倒，
它自身扑灭不了这火苗。②

① 马克思，恩格斯．马克思恩格斯全集：第 1 卷．2 版．北京：人民出版社，1995：469.

② 马克思，恩格斯．马克思恩格斯全集：第 40 卷．北京：人民出版社，1982：668.

在《海上船夫歌》中，他把自己比作勇敢的水手，写下了这样勇毅豪情的诗句：

我在与风浪搏斗中锻炼成长，
并不指望上帝来给我帮忙，
我扬起船帆信心满怀，
仰赖可靠的星辰引航。

在漫长的决死战斗里，
我浑身是喜悦的活力，
我充满了粗犷的热情，
我唱出了豪迈的歌声。①

确实，马克思的勇气支撑起他一生的斗争，贯穿他非凡的、富有传奇色彩的伟大人生；在他对燕妮的爱情攻坚战中，当然也没有例外，这本身也是马克思传奇人生的不可或缺的重要组成部分。对于他和燕妮之间的天壤之别，年轻的马克思当然比任何人都更加清楚明了，同时他也非常清楚他们的爱情面临着怎样的前景。在《歌手的爱情——致燕妮》中，他做出了这样直白的描述：

---

① 马克思，恩格斯．马克思恩格斯全集：第40卷．北京：人民出版社，1982：469.

燕妮，你是天国女王，

怎能同我结成姻缘？①

另外，在 1837 年 11 月初写给父亲的信中，马克思这样描述了自己和燕妮最初的爱情："当我离开了你们②的时候，在我面前展现了一个新的世界，一个爱的——，而且起初是热烈追求的、没有希望的爱的世界。"③ "热烈追求的、没有希望的爱的世界"，这就是马克思对当年自己追求爱情的真实看法，明知"没有希望"，但仍然"热烈追求"，这就是年轻马克思追求爱情的无比强大的勇气。为了获得自己期待的爱情，尽管他与燕妮之间横亘着多条似乎根本无法逾越的巨大鸿沟，但他没有任何一丝丝的胆怯、自卑和犹豫，而是奋不顾身地冲了上去，勇敢地追求自己的心上人，勇敢地和世俗观念、陈规陋习坚决战斗，哪怕是飞蛾扑火，也一往无前。对于当时的马克思来说，这像极了电影中的那句经典台词："看，前面漆黑一片，什么也看不到"，虽然他极为期盼"天亮后会很美"，但"没有希望"。而支撑马克思到"天亮"，直至"夕阳西下"的，就是他无比强大的勇气，这期间，他和燕妮的爱情世界可谓风光无限美，他们陶醉在这无限美丽的风光中，一览众山小。马克思

① 马克思，恩格斯．马克思恩格斯全集：第 40 卷．北京：人民出版社，1982：415.

② "你们"指马克思的父亲和母亲。

③ 同①9.

在《赠给骄傲的美人①》中，是这样写的：

她②身上一切鼓舞我的东西，
都翱翔在金碧辉煌的空际，
用自己闪闪的光辉诱惑我，
我走着走着，浑身都是勇气。

永伴女神，但愿我有幸运……③

马克思浑身的勇气为他带来了永远的幸运。他走着走着，奇迹发生了，“没有希望的爱的世界”变成了春光明媚、生机勃勃、生死不渝的爱的世界。现在，所有人都知道，他早已与“女神”永恒地相伴在了一起。

最后，要有智慧引领。

对于似乎不可能达成的艰难目标，出众的才华、巨大的勇气是攻坚克难创造奇迹的前提、基础和支撑，但如果单凭才华或勇气奋勇拼杀而缺乏智慧引领的话，结果往往只会是遍体鳞伤、铩羽而归。追求爱情，也是这样。有才无谋、有勇无谋，只能是一介莽夫。马克思当然不是莽夫，他充满了智慧，智勇

① “美人”指燕妮。

② “她”指燕妮。

③ 马克思，恩格斯．马克思恩格斯全集：第40卷．北京：人民出版社，1982：743.

双全。

1842 年 4 月，马克思开始给《莱茵报》撰稿，面对普鲁士政府严苛的书报检查令和庞大的检查大军，年轻的马克思博士总是能在清楚表明文章观点的前提下，成功地迷惑政府派来检查“政治纯洁度”的检查官。“他总能把自己的真实意图隐藏起来，巧妙地通过政府的检查”①，同时还把每一篇文章都写得非常精彩，受到一致称赞。由于他的优异表现，1842 年 10 月 15 日他被任命为《莱茵报》总编辑。之后，他采用多种高超策略来对付普鲁士政府并成效显著，令其感到极为头痛，当局颇有一种计穷力竭之感。后来，普鲁士当局曾对他的超群智慧做出了这样的评价：“马克思本人更是众所周知，他手指头里的聪明都比其他人加起来脑袋里的聪明还要多。”② 所以很快，在智勇双全的马克思的领导下，《莱茵报》既让政府无可奈何，又打败了诸多竞争者，第一年的订阅量就从 400 份猛增至 3 500 份，在专制的高压下发出了响亮的自由的声音。当时有投稿人这样描述《莱茵报》的影响力：“普鲁士和德国所有年轻、新近、自由思考和具有革命倾向的……人才都聚集在这里。”③ 而这当然会让普鲁士政府感到如鲠在喉。一名被马

---

① 加布里埃尔．爱与资本：马克思家事．朱艳辉，译．长沙：湖南人民出版社，2018：35.

② 同①205.

③ 同①36.

克思“折磨”得筋疲力尽的政府检查官说：“马克思会死于他的观点，即便他对其中的真理深信不疑”①。

1842 年 12 月，马克思离开科隆去克罗茨纳赫，与燕妮及其母亲卡洛琳共度圣诞节。趁此时机，普鲁士政府以报社没有获得经营许可且有政府禁止的倾向为由，查禁了《莱茵报》。马克思返回后，此事已成定局，但他仍于 1843 年 3 月 17 日主动辞职，希望以自己的离开为代价挽救《莱茵报》，“普鲁士当局对马克思的辞职表示满意”②，但报社还是不得不在 3 月 31 日政府规定期限的最后一天关闭了。

而正是在 3 月初，燕妮写信给马克思，夸赞了他的智慧与大爱。燕妮在这封信中深情地说：“我已看不见你的身影，只有你的形象出现在我的心上，它栩栩如生……沐浴在爱的伟大与智慧的光芒之中……在我心灵的深处你是多么珍贵。”③ “你的形象矗立在我面前，是那样光辉，充满着胜利的力量，我的心渴望着时刻跟你在一起，每当想到要再见到你，我便欣喜若狂，这颗心担忧地到处追随着你。”④ 这些带着崇敬之情的话

① 加布里埃尔．爱与资本：马克思家事．朱艳辉，译．长沙：湖南人民出版社，2018：37.

② 马克思，恩格斯．马克思恩格斯全集：第 1 卷．2 版．北京：人民出版社，1995：1040.

③ 马克思，恩格斯．马克思恩格斯全集：第 40 卷．北京：人民出版社，1982：903.

④ 同③904.

语，说明燕妮已完全认可马克思的智慧并高度赞赏和钦佩这一点，同时也证明了马克思的智慧确实深深打动了燕妮的心。而马克思也确实运用了自己强大的智慧来追求燕妮。他在自己的抒情诗《星星》中做出了这样优雅的表达：

啊！我看见那心灵也在对我闪烁，
那闪光映照着心爱的人，
她①从爱情之星的金色宝座上站起，
欣喜地对他②表示热烈欢迎，
我凭借那纯洁的、智慧的光晕，
怀着无限深情认出了她的倩影。③

那么，在现实中，马克思到底是怎样“凭借那纯洁的、智慧的光晕”的呢？从他发起爱情攻坚战之初的“作战行动”中可一窥端倪。在追求燕妮之初，马克思除“正面进攻”之外，也充分利用有利条件，悄悄围绕燕妮的“外围要害”巧妙地运用迂回战术，从各个角度发起了“运动战”，两者互相配合。在他强大智慧的引领下，他终于漂亮地打赢了这场“没有希望”的爱情攻坚战。

---

① “她”指燕妮。

② “他”指马克思。

③ 马克思，恩格斯．马克思恩格斯全集：第1卷．2版．北京：人民出版社，1995：898.

在和马克思坠入爱河之前，燕妮最深爱的男人有两个，一个是她的父亲路德维希·冯·威斯特华伦，一个是她唯一的亲弟弟埃德加尔·冯·威斯特华伦。燕妮对她父亲的爱自然无须多言，而关于埃德加尔，燕妮说他是“我孩童时心里的宝贝疙瘩……唯一一个让我喜欢的玩伴”①。实际上，埃德加尔始终是燕妮心里的宝贝疙瘩，多年后的1847年2月3日，她和马克思的第一个儿子出生，她就用弟弟的名字“埃德加尔”为这个儿子命名，“从马克思和燕妮的书信中可以看出，埃德加尔从一出生，便是他们最喜欢的孩子”②。显然，他们就是燕妮最重要的“外围要害”，而幸运的马克思和他们二位都交情匪浅。燕妮的弟弟埃德加尔与马克思是同班同学，和马克思非常要好，“是马克思在学校交到的唯一一个长远的朋友”③，并“成为马克思的第一个追随者”④。而燕妮的父亲路德维希，非常欣赏马克思的出众才华，和他是忘年交。1832年时，年方14岁的马克思就经常与62岁的路德维希这位学识渊博、受人尊敬的贵族——特里尔的最高行政长官——在风景如画的山野和森林中漫步，讨论最新的思潮。路德维希并没有把当时的马克思看作一个懵懂无知的孩子，而是把他当作一个成年人和有知识的人来对待。这样的朋友般的交流，他们持续了很多年。

①③④　加布里埃尔．爱与资本：马克思家事．朱艳辉，译．长沙：湖南人民出版社，2018：14.

②　同①95.

在获得博士学位之后，马克思返回特里尔，亲手把自己的毕业论文送给了路德维希。在论文的献词中，他写道："我敬爱的慈父般的朋友，请您原谅我把我所仰慕的您的名字放在一本微不足道的小册子的开头。我已完全没有耐心再等待另一个机会来向您略表我的敬爱之忱了……"①

所以，事情是这样的：年轻的马克思把燕妮最亲爱的父亲变成了自己的好友，把燕妮最心爱的弟弟变成了自己的朋友和追随者。这两个燕妮最深爱的男人，都为马克思折服，燕妮当然不会对马克思无动于衷。而且，这还不是全部，马克思最亲近的姐姐索菲娅和燕妮是闺蜜，她非常疼爱自己的弟弟马克思。也就是说，燕妮生活中"上中下"的最关键"外围要害"，全部被马克思"占领"了。后来，路德维希和燕妮的母亲卡洛琳认可了他们的爱情，埃德加尔在他们的爱情中发挥了重要的促进作用，索菲娅也一直为此奔忙，他们都为马克思和燕妮的爱情撑起了"保护伞"。这些燕妮的"外围要害"，在马克思的强大智慧下，最终成为保卫他们爱情的坚固"堡垒"。

忠于爱情的无畏"女神"

才华打底、勇气支撑、智慧引领，马克思通过这"三板

① 马克思，恩格斯．马克思恩格斯全集：第1卷．2版．北京：人民出版社，1995：9.

斧”成功劈开了爱情世界的大门，进入了他和燕妮共同期待的甜蜜的爱的世界。非常值得一提的是，为了进入这一他们无限期待的爱的世界，赢得他们爱情的伟大胜利，燕妮这位非凡的“女神”从22岁一直奋战到29岁，义无反顾地把自己最美好的青春年华全部投入一条无比艰辛坎坷的爱情之路上。她历尽艰辛并做出了巨大的自我牺牲。面对这份颠覆外界想象的爱情，面对长达7年的异地漫长等待，面对看起来没有希望的未来，面对无比巨大的世俗压力，面对来自家庭和社会的一场场巨大“风暴”，作为一名年轻姑娘，燕妮显然比马克思承受了更多更大的压力、痛苦、折磨和风险。如果没有巨大的牺牲精神、巨大的勇气、忠贞坚毅的品格，哪怕她有任何一点点的犹豫、软弱或退缩，他们都不可能最终走进他们所期待的爱的世界。因此，从1836年订婚到1843年完婚，燕妮是关键。

如果说开始时马克思追求燕妮如同飞蛾扑火般奋不顾身，那么燕妮接受马克思则可谓凤凰涅槃、浴火重生。马克思对此当然十分清楚，他在结婚前不久的1843年3月13日写信给当时的合作者阿尔诺德·卢格，提到：“我可以丝毫不带浪漫主义地对您说，我正在十分热烈地而且十分严肃地恋爱。我订婚已经七年多，我的未婚妻为了我而进行了极其激烈的、几乎损害了她的健康的斗争，一方面是反抗她的虔诚主义的贵族亲属，这些人把‘天上的君主’和‘柏林的君主’同样看成是崇拜的对象，一方面是反抗我自己的家族，那里盘踞着几个牧师和我的其他敌人。因此，多年来我和我的未婚妻经历过许多不必要的严重冲突，这些冲突比许多年龄大两倍而且经常谈论自己的‘生活经验’（我们的‘论中庸’爱用的字眼）的人所经历的还要多。”①

马克思的叙述清楚表明了燕妮在他们的艰辛爱情之路上遭遇到的巨大阻力、危险境况和她对此无数次的竭力抗争。而且，巨大阻力不仅仅来自她自己的家族，也来自马克思的家族，可以想象燕妮当时陷入了多么巨大而复杂的纠葛当中。马克思的父亲亨利希则在写给儿子的信中多次强调燕妮做出的巨大牺牲，他告诉马克思，燕妮“按其出众的才干、社会地位的优越，她是作了巨大的牺牲的：把自己的命运和一个比她年轻的人的命运联结起来，从而拿她灿烂的地位和锦绣前程换取一个靠不住的、阴暗的未来”②。“她以最大的牺牲精神爱着你，这是毫无疑问的，她差不多快要用生命来保证这一点了。”③“在她这样的年龄上，她正为你作出一般姑娘无疑不会作出的牺牲。”④所以，燕妮在他们正式完婚前，做出了难以估量的巨大牺牲，这最终使他们这对几乎所有人都不看好的有情人得以终成眷属。

---

① 马克思，恩格斯．马克思恩格斯全集：第27卷．北京：人民出版社，1972：441-442.

② 马克思，恩格斯．马克思恩格斯全集：第40卷．北京：人民出版社，1982：879.

③ 同②871.

④ 同②872.

忠贞璀璨的“守护星”

然而，历尽千辛万苦终成眷属的他们，此时面对的未来却是高度不确定的。因为这对非凡的、了不起的年轻夫妇坚定地选择了革命道路，而这条道路充满了未知、充满了危险、充满了艰辛，这注定他们在此后的人生道路上必然要经历种种难以想象的坎坷和磨难。但马克思和燕妮对此无所畏惧，他们知道并坚信，只要爱情之火不熄，就没有什么坎坷和磨难能够将他们打倒，熊熊的爱情之火会让他们感到温暖和幸福。马克思在《歌之书》中就曾很有预见性地写道：

> 燕妮！岁月如流，往事恼人，
> 前进的道路啊并不平坦，
> 让万种愁情在暴风雨中
> 或者在静夜里慢慢消散……
> 只要幸福之光刚一倾注闪亮，
> 赐给咱爱情，救星就在爱中藏。
> 我们的眼里将放射喜悦的光芒，
> 星星将向我们温柔地闪闪发亮。①

---

① 马克思，恩格斯．马克思恩格斯全集：第40卷．北京：人民出版社，1982：557.

果然如此。婚后，他们的爱情不但像“救星”一样保护他们，使他们在极度艰辛困苦的生活中和敌人卑鄙无耻的攻击下仍心存幸福感，支撑他们度过了无数次危机，更像“守护星”一样始终守护着他们，使他们同甘苦、共患难、互支撑，在不经意间证明了婚姻不是爱情的坟墓，而是爱情的伟大殿堂，还是事业的稳固后方。尽管贫穷困苦、磨难纷繁始终是他们生活的常态，而且在完婚后的 6 年中他们一直颠沛流离、四处流亡，但马克思和燕妮始终深深爱着对方，他们的爱情如同钻石一般坚固和璀璨。而这座由他们共同筑成的伟大爱情殿堂，既为他们遮风挡雨，也使他们的心灵安宁，是他们永远的温暖家园。虽然他们的生活和事业经常遭遇各种困难和挫折，但由他们共同开辟的这个稳固大后方，为他们源源不断地提供勇气、信心和能量，使他们始终勇敢、始终乐观、始终充满力量。

马克思和燕妮正式完婚后，马克思意气风发地忘我投入革命活动中，燕妮则全身心地、竭尽全力地支持着自己的丈夫。虽然他们的物质生活极其穷困和艰辛，但是，他们熊熊的爱情之火却始终炽热、始终旺盛。1845 年他们在布鲁塞尔时，同样来自德国的 23 岁排字工人斯蒂凡·波尔恩看到了这对非凡夫妻的幸福生活和伉俪情深，他说：“我极少见到如此幸福的婚姻，两个人全身心相互扶持、共享喜悦，共担苦难，共度悲伤。我更没见到过像燕妮那样有魅力的女士，不管是外貌还是精神都如此和谐。”[①] 在燕妮一生中，只要是马克思关心和投入的，她都有极大兴趣。马克思深爱他的妻子，她也共担他的志向。

后来，他们屡遭驱逐，最终流亡到伦敦安家后，燕妮为了全家人的生存，为了全力支持马克思，“她想尽一切办法，向朋友借钱，向当铺抵押，维持一家人的生存。她说自己是‘靴子联盟进步党’的成员，意思是每天下午花费数小时在城里转来转去，想办法维持一家人的生活和财务状况”[②]。而这对于她来说，确实太艰辛了。如 1853 年 4 月底时，全家陷入了生活危机，家中不但没钱而且面临断粮的危险，燕妮竭尽全力、想方设法去维持家人生存，却处处碰壁，万般无奈之下她只得很不好意思地给恩格斯写了一封求援信。信中，她描述了全家人遇到的困境和她尽心竭力的艰难努力。她在信中讲道：“为钱的事给您写信，使我极不愉快。您给我们的帮助确实已经太多了。但是这一次我不知道有任何别的办法，别的出路。我已给波恩的哈根[③]，给格奥尔格·荣克[④]，给克路斯[⑤]，给婆婆[⑥]，

---

① 加布里埃尔．爱与资本：马克思家事．朱艳辉，译．长沙：湖南人民出版社，2018：73.

② 同①267.

③ 泰奥多尔·哈根，汉堡共产主义者同盟盟员，《新莱茵报·政治经济评论》的出版者。

④ 德国政论家，青年黑格尔派成员，《莱茵报》发行负责人之一，小资产阶级民主主义者。

⑤ 阿道夫·克路斯，德国工程师，共产主义者同盟盟员。

⑥ “婆婆”指罕丽达。

给柏林的妹妹都写了信。骇人听闻的信！但至今没有一个人，没有任何一个人回信。这就是说，再没有什么办法了……您能给我们寄点什么来吗？”[①] 处境如此艰难，燕妮仍竭力支撑马克思、支撑全家，她的艰辛与坚韧，由此可见一斑。而支撑她自己，使她无惧任何艰辛困苦始终勇往直前的，无疑便有她和马克思那钻石般坚固璀璨的爱情，这是她生命中的强大精神支柱。

1850 年 5 月 20 日，燕妮给她和马克思的朋友、战友约瑟夫·魏德迈写了一封长信。在这封长信中，燕妮向魏德迈详细描述了她们一家当时的悲惨经历和境况，同时也表露出她对马克思无与伦比的爱和支持，直接、有力地证明了他们无比忠贞璀璨的爱情和她对马克思全身心的倾力支持。她在这封信中写道：“当倒霉的反革命时期到来时，我的丈夫到巴黎去了[②]，随后我带着我的三个孩子[③]也去了。但他还没有来得及在巴黎安身，又被驱逐了[④]，我本人和我的孩子们也被禁止在那里继续逗留。在他之后我也渡过了拉芒什海峡。过了一个月我们的第四个孩子[⑤]出生了……这一切我们只能用当时我们自己所有

① 马克思，恩格斯．马克思恩格斯全集：第 28 卷．北京：人民出版社，1973：653－654.

② 1849 年 5 月，马克思遭到普鲁士政府驱逐，6 月初来到巴黎。

③ 大女儿燕妮、二女儿劳拉和长子埃德加尔。

④ 1849 年 8 月 26 日左右，马克思被法国政府驱逐离开巴黎来到伦敦。

⑤ 亨利希·格维多·马克思。

的钱来支付。但是，我们为数不多的钱在出版《评论》[①] 时已经花光了。虽然订了合同，钱还是拿不到，即使拿到了，也只是零星小数，因此我们在这里的处境十分悲惨。”[②] 然后，燕妮详细讲述了他们当时“十分悲惨”的处境究竟有多么悲惨，真可谓糟透了。

由于雇不起奶妈，尽管胸和背经常痛得很厉害，燕妮还是决定亲自给刚出生的孩子哺乳。但孩子“总是体弱多病，日日夜夜忍受着剧烈的痛苦。他从出生以来，没有一个晚上是睡到两三个小时以上的。最近又加上了剧烈的抽风，所以孩子终日在生死线上挣扎。由于这些病痛，他拼命地吸奶，以致我的乳房被吸伤裂口了；鲜血常常流进他那抖动的小嘴里”[③]。但就在这种情况下，女房东却突然上门要钱，她“否认合同”[④]，要求他们必须支付根本不应付给她的房租欠款。而燕妮根本无钱可付，“于是来了两个法警，将我不多的全部家当——床铺衣物等——甚至连我那可怜的孩子的摇篮以及眼泪汪汪地站在旁边的女孩们的比较好的玩具都查封了。他们威胁说两个钟头以后要把全部家当拿走。那时忍受着乳房疼痛的我就只有同冻得发抖的孩子们睡光地板了。我们的朋友施拉姆赶忙进城去求

① 指马克思编辑的《新莱茵报·政治经济评论》。

② 马克思，恩格斯．马克思恩格斯全集：第27卷．北京：人民出版社，1972：630.

③④ 同②631.

人帮忙。他上了一驾马车，马狂奔起来，他从车上跳下来，摔得遍身是血，被人送回我们家来，那时我正和我可怜的发抖的孩子们在哭泣。第二天我们必须离开这个房子。天气寒冷，阴暗，下着雨。我的丈夫在为我们寻找住处，但是他一说有四个孩子，谁也不愿收留我们”①。

最后，在一位朋友的帮助下，马克思和燕妮终于付清了房租。但是，他们被查封财产的消息早已不胫而走，“药房、面包铺、肉铺、牛奶铺”② 的老板们立即跑来向他们要账，于是燕妮“很快把自己所有的床卖掉”③ 来偿还欠款。床都已经抬出家门装上车了，但是“太阳已经落了，按英国的法律在这个时候是禁止搬运东西的，于是房东领着警察来了，说里面可能有他的东西，说我们想逃到外国去。不到五分钟，我们门前就聚集了不下二三百个看热闹的人，切尔西的流氓全来了”④。这个恶毒女房东的卑劣做法及由此造成的恶劣影响，对任何人来说，都是赤裸裸的欺凌和示众式的莫大侮辱，但马克思和燕妮不得不含垢忍辱，在二三百人的注视下又把床搬了回去，第二天早上再交给买主。最后，他们在“卖掉了一切家当，偿清了一切债务之后”⑤，在一家德国旅馆的两间小屋里“每星期付五个半英镑才凑合住下来了”⑥。

---

①②③马克思，恩格斯．马克思恩格斯全集：第 27 卷．北京：人民出版社，1972：631.

④⑤⑥　同①632.

这种极其糟糕的处境不但"十分悲惨"，而且也令人愤怒。对于大多数人来说，如果遭遇这样的处境，一定会感到无比烦闷和怒不可遏；特别是对一名正在哺育婴儿的母亲来说，这样的欺侮、打击和压力重重的处境，无疑会对身心造成很大伤害，甚至可能导致严重后果。更何况，燕妮出身贵族，年轻时地位优越，作为一名革命者也一直受人尊敬，在艰难时刻竟遭恶人如此欺侮，对她而言这无疑太沉重、太不可接受了。但是，燕妮不愧是大家闺秀、革命斗士，她对此的反应令人十分钦佩。她告诉魏德迈："您不要以为这些小事所造成的烦恼已把我压倒，我非常清楚地知道，在我们的斗争中我们决不是孤独的，而且我有幸是少数幸福者中的一个，因为我的身旁有我亲爱的丈夫，我的生命的支柱。真正使我痛苦万分，使我十分伤心的是，我的丈夫不得不经受这样多的琐屑的苦事，而本来只要很少的东西就可以帮助他；他心甘情愿地、愉快地帮助过很多的人，而在这里却得不到任何帮助。"① 显然，婚后的多年里，燕妮只多不少地深深爱着马克思，他们的爱情给她提供了无穷力量，并无比牢固地支撑着她，使她对于"十分悲惨"的处境和常人难以忍受的巨大欺侮毫不挂怀，在她心中这些仅仅是"小事"而已，只要有马克思在，她就感到非常幸福。真

---

① 马克思，恩格斯．马克思恩格斯全集：第 27 卷．北京：人民出版社，1972：632.

正使她“痛苦万分”和“十分伤心”的不是自己的艰辛困苦，而是马克思“不得不经受这样多的琐屑的苦事”和他热情助人后遭遇的冷漠，这些才是令燕妮无法忍受的。这充分说明，燕妮对马克思的爱已经超越了对自己的爱，她爱马克思甚于爱自己，马克思确实是她“生命的支柱”。

马克思对燕妮也是同样如此。马克思的朋友、俄国社会学家和历史学家马克西姆·科瓦列夫斯基曾就马克思对燕妮深深的爱讲道：“在我认识的所有人当中，甚至包括屠格涅夫[①]在内，马克思最有权利说自己只有唯一的爱。”[②] 这是一个极高的评价。马克思对燕妮深深的爱，与燕妮对他深深的爱完全一样，在完婚之后也同样有增无减，直至人生的尽头。燕妮同样是马克思“生命的支柱”，他们的生命是彼此互相支撑的。

1856 年 5 月 22 日，燕妮带着孩子们回特里尔娘家探望和照顾生病的母亲[③]，马克思则在 6 至 7 月间去曼彻斯特恩格斯那里住了一段时间，虽然这段时间他非常难得地每天和恩格斯住在一起，但这并不影响他对燕妮的无限思念。6 月 21 日，小别仅一个月的马克思便耐不住对燕妮的思念，给她写了一封

---

① 屠格涅夫是 19 世纪俄国批判现实主义作家。他对爱情极为忠贞，对心上人极为痴情，为了心上人而终身不娶、孤老终生。

② 加布里埃尔．爱与资本：马克思家事．朱艳辉，译．长沙：湖南人民出版社，2018：416.

③ 燕妮的母亲卡洛琳·冯·威斯特华伦于 1856 年 7 月 23 日逝世，燕妮住到 9 月 10 日左右才离开特里尔。

深情款款的、长长的炽热情书。信中一开头，他便忧郁地写道：“我又给你写信了，因为我孤独，因为我感到难过，我经常在心里和你交谈，但你根本不知道，既听不到也不能回答我。你的照片纵然照得不高明，但对我却极有用，现在我才懂得，为什么‘阴郁的圣母’，最丑陋的圣母像，能有狂热的崇拜者，甚至比一些优美的像有更多的崇拜者。无论如何，这些阴郁的圣母像中没有一张象你这张照片那样被吻过这么多次，被这样深情地看过并受到这样的崇拜”①。

显然，马克思到曼彻斯特是有备而去的。尽管此时他已 38 岁，与燕妮已经完婚 13 年了，大女儿小燕妮都已 12 岁，但他仍像一个热恋中的小伙子一样，时刻想与自己的爱人厮守在一起并随身带着她的照片，时不时地深情凝视并亲吻这张照片，一日不见如隔三秋，饱受相思之苦。虽然他认为燕妮“这张照片即使不是阴郁的，至少也是郁闷的”②，但马克思仍觉得对他“极有用”，是他“崇拜”的至宝，很明显，这张照片极大地缓解了他的相思之苦，至少能让他部分寄托对燕妮本人的爱与思念。

然后，他炽热地写道：“你好象真的在我的面前，我衷心珍爱你，自顶至踵地吻你，跪倒在你的跟前，叹息着说：‘我爱您，夫人！’”③ 他热烈、亲密地向燕妮倾诉自己抑制不住的

---

①②③ 马克思，恩格斯．马克思恩格斯全集：第 29 卷．北京：人民出版社，1972：512.

爱。他还进一步向燕妮倾诉了离别之后他对自己爱情的发现和认识，他动情地写道："我的爱情就是如此。只要我们一为空间所分隔，我就立即明白，时间之于我的爱情正如阳光雨露之于植物——使其滋长。我对你的爱情，只要你远离我身边，就会显出它的本来面目，象巨人一样的面目。在这爱情上集中了我的所有精力和全部感情。我又一次感到自己是一个真正的人，因为我感到了一种强烈的热情。"① 显然，由于空间的分隔，马克思对燕妮本就是"巨人一样"的爱情随着时间推移而迅速变得更加巨大、更加强烈。虽然马克思和燕妮才分开一个月——并不算太久，但这一个月对他而言，显然太漫长了。

信中，马克思还倾诉了对燕妮的无比依恋乃至依赖之情。他非常动情地写道："诚然，世间有许多女人，而且有些非常美丽。但是哪里还能找到一副容颜，它的每一个线条，甚至每一处皱纹，能引起我的生命中的最强烈而美好的回忆？甚至我的无限的悲痛，我的无可挽回的损失②，我都能从你的可爱的容颜中看出，而当我遍吻你那亲爱的面庞的时候，我也就能克制这种悲痛。'在她的拥抱中埋葬，因她的亲吻而复活'，这正

---

① 马克思，恩格斯．马克思恩格斯全集：第29卷．北京：人民出版社，1972：515.

② "无限的悲痛"和"无可挽回的损失"指爱子埃德加尔的不幸夭折，此事令马克思痛不欲生。在马克思的一生中，这是他遭遇的仅次于燕妮逝世的最沉重的打击。而在此时，这是最令马克思心碎和痛苦的事。

是你的拥抱和亲吻。”① 从这段透着悲伤的情话可以看出，燕妮之所以对马克思具有不可思议的巨大“魔力”和“治愈力”，完全是因为马克思对燕妮深深的、无尽的爱，这份爱集中了马克思的“所有精力和全部感情”，给他带来了无限的美好，使他在遭受最沉重打击之后也能在其中找到慰藉，克制自己的巨大悲痛。因此，可以说，他们的爱情是马克思生命中最美好的事物，也是马克思一生中最强大的精神支柱。

他们的小女儿爱琳娜在回忆双亲时曾做出这样的评价：“是什么样的战斗呵！悲苦贫困的年月，还加上无情的怀疑，卑鄙的诽谤和冷酷的淡漠。但是，整整的一生中，不论在幸福的时刻或在困苦的日子里，爱情和友谊始终联系着他们，他们从不知道动摇和疑虑，他们互相忠实到生命的最后一刻，甚至死也未能使他们分开。”② 爱琳娜生动描述了在燕妮临终时那幕催人泪下的临别场景（当时，马克思患了严重的肋膜炎，也有生命危险）：“我永远不会忘记那个早上，父亲终于有了足够的力气走进亲爱的母亲的房间③里，他们重新焕发了青春——她是盛开的女孩，他是爱慕她的青年……他不是疾病缠身的老

---

① 马克思，恩格斯．马克思恩格斯全集：第 29 卷．北京：人民出版社，1972：516.

② 拉法格．回忆马克思恩格斯．马集，译．北京：人民出版社，1957：138.

③ 当时，生病的马克思住在燕妮隔壁的房间，医生不许他探视燕妮。

人，她也不是垂死的老人。”① “他们在一起又都年轻起来，像一对共同进入生活的热恋中的青年男女，而不是彼此正向生命话别的一个被疾病摧毁了的老人和一个将死的老妇。”② 显然，在燕妮生命的最后时刻，他们的爱情依然无比强烈、炽热，紧紧地把他们连在一起，让他们再次焕发出青春。

陨落

但是，毕竟生离死别已经注定，爱情可以使他们焕发青春，但最终还是无法对抗生命的规律。1881 年 12 月 2 日，燕妮不幸逝世。尽管早有心理准备，但悲剧发生后，已 63 岁的马克思还是没能承受住这个他生命中的最沉重打击，他“生命的支柱”消失了。恩格斯最直白地说出了马克思的反应：“摩尔③也死了”④。值得安慰的是，燕妮是在马克思爱的陪伴下离世的，在那个令人无比心碎的时刻，马克思完全沉浸在他们的爱情之中，他在 1881 年 12 月 7 日给小燕妮的信中写道：“甚至在最后的几小时，也不用同死亡进行任何斗争，而是慢慢地

---

① LIEBKNECHT W. Karl Marx：biographical memoris. London：Journeyman Press，c1975：158.

② 拉法格．回忆马克思恩格斯．马集，译．北京：人民出版社，1957：138.

③ “摩尔”是马克思从大学时起就有的绰号。

④ 同①159.

沉入睡乡；她的眼睛比平时更加富于表情，更加美丽，更加明亮！”① 也许，在那一时刻的马克思已经忘记了生死，他随着燕妮的步步离去而逐渐进入了一种“无我”的状态，他的整个心灵都沉浸在了燕妮和对燕妮的爱中。在马克思眼中，这个正在逝去的、生命中最深爱的人，变得更加美丽动人了，虽然事实上此时燕妮已是一位被病魔长期折磨、已至生命尽头的临终老妇人。可见，马克思对燕妮的爱，已经超越了生死，他们之间的爱情是生死不渝的。

爱琳娜甚至曾这样评价她父亲对母亲的爱：“他一生都不需要去爱他的妻子，他一直爱着她。”② 爱琳娜说的没错，马克思一生中确实一直深深地爱着燕妮，他的生命不息，对燕妮的爱就不止。燕妮逝世后，马克思依然深深地爱着她，只是这份爱转化为最深切的悲伤和无尽的思念。

1882 年 3 月 1 日，当时正在阿尔及尔疗养治病的马克思给恩格斯写了一封信，他在信中写道：“你知道，没有人比我更讨厌随便动感情的了；但如果不承认我的思想大部分沉浸在对我的妻子——她同我生命中最美好的一切是分不开的——的怀念之中，那是骗人的。”③ 这透着悲伤的话语表明，燕妮逝

① 马克思，恩格斯．马克思恩格斯全集：第 35 卷．北京：人民出版社，1971：233.

② 加布里埃尔．爱与资本：马克思家事．朱艳辉，译．长沙：湖南人民出版社，2018：449.

③ 同①42－43.

世后，马克思在大部分时间里默默承受着思念的煎熬，毕竟，这是马克思一生中遭到的最沉重打击。对于这位长期病痛缠身的老人而言，这个最沉重的打击造成的巨大伤害是无法恢复的，15 个月之后的 1883 年 3 月 14 日，马克思不幸逝世。家人在他的胸兜里——离他心脏最近的地方，发现了燕妮的照片，恩格斯将这张照片放入了马克思的棺椁中，让它永远地陪伴马克思。虽然无从得知这张照片是否是马克思在 1856 年 6 月 21 日写给燕妮的信中提到的那张照片，但这张照片无疑寄托了马克思对燕妮全部的爱与思念，它代替燕妮陪伴马克思走完了最后的人生旅程，证明了马克思对燕妮的生死不渝的、最深沉的爱。

广阔肥沃的“爱情土壤”

通过才华打底、勇气支撑、智慧引领这“三板斧”，马克思成功劈开了爱情世界的大门，正式完婚之后，尽管他们穷困不堪并屡遭磨难，但却永沐爱河、生死不离，一生患难与共、风雨同舟，马克思与燕妮是怎么做到的？显然这仅靠马克思的“三板斧”是不够的，同时这也不足以解释他们为何历尽艰辛困苦仍能爱如烈火。这一切的关键和基础，在于他们两人的精神世界高度契合，这才是他们爱情永葆新鲜的真正奥秘所在。爱情是绽放在两个人共同精神世界中的美丽花朵，共同的精神世界是爱情的土壤，没有共同的精神世界就不会有真正的爱情；而高度契合的精神世界，就像肥沃的土壤一样，为爱情之花的生长绽放提供了最好的基础和无尽的滋养。

马克思与燕妮的精神世界均崇高而丰富。马克思立志要成为人间的普罗米修斯，一心推翻旧世界、建立新世界，实现全人类的解放；燕妮则向往浪漫主义，认为应为理想而活，要不计代价地追寻梦想，追求人的自由、平等。很明显，他们的价值观是一致的，精神世界高度契合。马克思 17 岁时在他的中学毕业论文《青年在选择职业时的考虑》中写道："如果一个人只为自己劳动，他也许能够成为著名的学者、大哲人、卓越诗人，然而他永远不能成为完美无疵的伟大人物。"① "如果我们选择了最能为人类福利而劳动的职业，那么，重担就不能把我们压倒，因为这是为大家而献身；那时我们所感到的就不是可怜的、有限的、自私的乐趣，我们的幸福将属于千百万人，我们的事业将默默地、但是永恒发挥作用地存在下去，而面对我们的骨灰，高尚的人们将洒下热泪。"②

这些慷慨激昂、具有浪漫色彩的话语既是年轻的马克思立志为全人类无私奉献的宣言，同时也是他的心声，而他最想倾诉的对象，想必应该是他的心上人——燕妮。或许，在当时马

①② 马克思，恩格斯．马克思恩格斯全集：第 40 卷．北京：人民出版社，1982：7.

克思的心中，这也是他暗暗对燕妮做出的一种精神和人生表白。他所指的“我们”，会是他和燕妮吗？在中学毕业后的第二天，马克思专门找燕妮表达了他的心声，燕妮当时将一只手放在马克思的肩上，说：“我愿意做您各方面永远可以信任的忠实的朋友，我愿意看到您成为一个不平凡的伟人。”① 这个郑重表态，是燕妮对马克思心声的正面回应，说明马克思的话说到了燕妮的心坎上，燕妮完全认同并接受了马克思的精神追求，或者，这同样也是燕妮的心声。就在他们完婚前 3 个月时，1843 年 3 月初，燕妮在写给马克思的信中，再一次以坚定的话语郑重地向马克思表达了自己的态度：“不论你到帕斯里蒂尔，或是到金色的默滕，不论你去找卢格老爹，或是去找潘泽，我都陪伴着你，时而在前，时而在后地追随着你。但愿我能为你扫清和铺平道路，清除你路上的一切障碍！”② 这充分说明，他们的价值观和追求是完全一致的，而且燕妮完全和彻底地信赖着马克思，并决心全力地支持他，他们不仅完全“志同”，也完全“道合”。

马克思也曾在《歌之书》中，热情地赞美他们高度契合的精神世界。他写道：

---

① 谢列布里雅柯娃．马克思的青年时代．刘辽逸，青水，张孟恢，等译．北京：中国青年出版社，1959：173.

② 马克思，恩格斯．马克思恩格斯全集：第 40 卷．北京：人民出版社，1982：904.

我多么自豪——因为你爱我
我的见解你也明如观火……
…………
我和你志同道合心心相印，
我们的心充满永恒的激情，
我们的心将永远共燃不熄，
而波浪将吞没世上的愁伤。①

他们正式完婚后，正如所有人所知，燕妮不但彻底做到了当年所讲，而且做得更好、更全面、更彻底。她是马克思贤良的妻子、坚定的战友、尽职的秘书，她与马克思琴瑟和谐、鸾凤和鸣，一起应对人生的大风大浪。为了马克思、为了家庭、为了他们共同的精神追求和事业，燕妮心甘情愿毫无保留地承担了一切、奉献了全部，她默默地站在马克思背后，全力支撑马克思成为“不平凡的伟人”。

燕妮逝世后，恩格斯在她墓前的讲话中是这样评价她婚后的人生的：“从此以后②，她不仅和丈夫共患难、同辛劳、同斗争，而且以高度的自觉和炽烈的热情积极投身其中”③，“她

① 马克思，恩格斯．马克思恩格斯全集：第40卷．北京：人民出版社，1982：556-558.

② 指她和马克思完婚后。

③ 马克思，恩格斯．马克思恩格斯全集：第19卷．北京：人民出版社，1963：322.

的一生表现出了极其明确的批判智能，卓越的政治才干，充沛的精力，伟大的忘我精神；她这一生为革命运动所做的事情，是公众看不到的，在报刊上也没有记载。她所做的一切只有和她在一起生活过的人才了解”①。小女儿爱琳娜是这样评价的：“可以毫不夸大地说，没有燕妮·冯·威斯特华伦，就不会有今天的卡尔·马克思。他们两人志趣相投，互相取长补短。”②马克思与燕妮，这对了不起的非凡的伴侣，以他们高度契合的精神世界为基石，魔法般地把爱情、事业和追求完美地融合到了一起，并且互相促进，这太值得我们所有人好好学习了。

幸福“路线图”

也许你会想，马克思是“不平凡的伟人”，他和燕妮这样的爱情对你来说太遥远了；也许你会认为，婚姻是爱情的坟墓，结婚后爱情就会消逝；或者，你只想享受爱情，不想或不敢考虑家庭。其实，这都是对爱情、婚姻和家庭存在错误认知的具体表现。

第一，爱情是青年回避不了的。歌德在其著名的诗作《绿

---

① 马克思，恩格斯．马克思恩格斯全集：第19卷．北京：人民出版社，1963：323.

② 中共中央马克思恩格斯列宁斯大林著作编译室．摩尔和将军：回忆马克思恩格斯．北京：人民出版社，1982：135.

蒂与维特》中写道：

> 青年男子谁个不善钟情？
>
> 妙龄女人谁个不善怀春？
>
> 这是我们人性中的至洁至纯。

所以，年轻人，明白了吧，你不但绕不过去爱情，而且甜蜜的爱情也是你心底的渴求。

第二，爱情、婚姻和家庭是不同的。爱情是两相情愿的美好结果，婚姻是社会的认可象征，家庭是最亲密的社会关系结合体，它们之间虽联系紧密，但不是一回事。

第三，爱情、婚姻和家庭是层层递进的。爱情是婚姻的基础，婚姻则是家庭的基础。真正的爱情，必然指向婚姻和家庭，最终指向家庭；同样，美满的婚姻、温馨的家庭则是甜美爱情的必然结果。因此，青年是无法回避爱情的，由此指向的婚姻和家庭也就无法回避，迟早都要面对。

马克思指出："家庭的灵魂只能体现为爱情"[①]。既然如此，那么何不认真考虑一下如何找准自己理想的人生伴侣并组成家庭呢？而答案，马克思和燕妮已经通过他们的一生用身教告诉你了，就是要找到那个和你拥有共同的价值观、精神世界高度契合的人，以高度契合的精神世界为基石，建立你们的爱

---

① 马克思，恩格斯．马克思恩格斯全集：第1卷．北京：人民出版社，1956：254-255.

情、婚姻和家庭。

每个人都有选择自己人生的权利，当你面对爱情、婚姻和家庭时，不管持有什么样的想法、做出什么样的决定，你一定希望你的想法和决定为你带来幸福。正好，甜蜜的爱情、美满的婚姻、温馨的家庭、成功的事业，它们每一个都能让你感到幸福，如果这些你能全部拥有，那你一定会成为公认的人生大赢家。那么，何不统统拥有呢？这不算太贪心，只要你的伴侣和你的精神世界高度契合，所有这些幸福就全都有可能了，因为它们是互相联系、互相促进的。另外，要知道，伟大并不代表脱离现实，平凡也不意味着无须奋斗。所有的伟大，都是在平凡中奋斗出来的；平凡中的奋斗，也都是伟大的闪光点。所以，不必妄自菲薄，生而为人，理应努力，干出一番事业，才能不枉此生。如果在奋斗过程中你的伴侣也这样认为，那么恭喜你，你的事业将升级为你们共同的事业，你的单打独斗将升级为共同奋斗，你们的爱情和事业将互相促进、良性循环，你们的人生也会因此而升级，进入更高的境界，就像马克思和燕妮那样，这本身就是他们这对“金牌伴侣”的成功经验。

找准人生伴侣，享受甜蜜的爱情，追求共同的目标和事业，成为自己人生的主宰者、胜利者，确实很美好，听起来也许有点太理想化了。但是，马克思和燕妮用他们的一生证明，这个理想完全可以照进现实、照亮现实、变成现实。诚然，实现这个理想有难度，需要很多，除了才华、勇气和智慧之外，还要有忠诚、坚韧、真心的付出、持续的奋斗，等等。但其实并不复杂，一切的前提和基础，在于双方精神世界高度契合，这是关键。从高度契合的精神世界出发，谈情说爱也好、共同奋斗也罢，两条路殊途同归，你的美好理想和美满人生终会变成现实。如果这样说还是烦琐模糊不简洁，那么送你一幅人生伴侣幸福“路线图”，请查收。

↗爱情→婚姻→家庭↘

高度契合的精神世界　　↕　　幸福

↑　↘　共同的事业　↗　↓

↑　↓　↓

←←←←←←←←←←←←←←←←

第二章

冲上光辉的顶点

——马克思是如何学习的

“马克思是全世界无产阶级和劳动人民的革命导师，是马克思主义的主要创始人，是马克思主义政党的缔造者和国际共产主义的开创者，是近代以来最伟大的思想家。”① 以他为主创立并以他的名字命名的马克思主义，极大地推进了人类文明进程，是人类思想史上对人类产生最为广泛而深刻影响的思想体系和话语体系。在当今世界，马克思是公认的“千年第一思想家”。人们不禁好奇，马克思究竟是怎样一步步登上人类思想的万山之巅的？这其中，不懈的、极为勤奋刻苦的学习就是他不断前进并最终登顶的阶梯。从他创立马克思主义的历程中，我们可以找到答案。

① 习近平．在纪念马克思诞辰200周年大会上的讲话．人民日报，2018－05－05（2）．

马克思从小就热爱学习，对学习的热爱伴随了他的终生。他一生手不释卷，极其广博而又极其深入、极其刻苦地学习。1868 年，年已半百的马克思在回答大女儿小燕妮提问的《自白》中讲道，自己最喜欢的事是“啃书本”。1883 年 3 月，恩格斯《在马克思墓前的讲话》中客观总结了他对唯物史观和剩余价值理论的发现，然后做出了这样的评价：“一生中能有这样两个发现，该是很够了。即使只能作出一个这样的发现，也已经是幸福的了。但是马克思在他所研究的每一个领域，甚至在数学领域，都有独到的发现，这样的领域是很多的，而且其中任何一个领域他都不是浅尝辄止。”① 这不但是对马克思一生奋斗的总结与致敬，也是对马克思学习广度、深度与成果的准确概括。

回顾马克思的学习历程，你会发现，终其一生，他从来都不是为了学习而学习，而是为了消除困惑、探寻真理、造福人类而学习。为了达成学习目的，他创造出了一个无限循环、精进上升的学习模式：学习—吸收—反思—批判—超越—再学习。通过这个良性循环的学习模式，他把学习变成了一个持续的自我进步和自我超越的蝶变过程，实现了他个人思想持续的进步和突破。从年少时信奉唯心主义到青年时向唯物主义转

① 马克思，恩格斯．马克思恩格斯选集：第 3 卷．3 版．北京：人民出版社，2012：1003.

向、靠拢，再到后来创建辩证唯物主义和历史唯物主义，直至创立马克思主义一整套理论体系，他一直在不停地学习，不断对马克思主义理论体系进行丰富和完善。只要他不“停止思想”，他就在自己的学习模式中前进不止。

小天才璞玉初现

马克思并没有上小学，而是在家接受家庭教育，12 岁时直接进入特里尔公立的弗里德里希·威廉中学学习，这很可能是他父亲亨利希·马克思经过深思熟虑之后做出的决定。一方面，亨利希本人完全可以胜任马克思的启蒙导师这一角色，他学识渊博、善于思考、能力出众，精通拉丁语、希腊语、法语等多种语言，喜欢阅读伏尔泰、莱布尼茨、牛顿等启蒙思想家的作品，热爱古希腊艺术，是莎士比亚、歌德、席勒等浪漫主义艺术家的“粉丝”，在文学和哲学方面颇有造诣，是一位很有思想、才华和远见的人。另一方面，年幼的马克思天资聪颖，在语言和哲学等多个方面表现出惊人的天赋，完全具备在家学习、接受父亲教导的素质和能力。1837 年 11 月 17 日，亨利希曾写信给正在柏林上大学的马克思，信中提及孩提时马克思的状况。亨利希认为，命运从摇篮时代就垂青于马克思，大自然慷慨地赋予他才华。这位十分严谨的特里尔的著名律师、政府法律顾问和律师公会会长如此评价小马克思，足见孩童时的马克思极为聪颖善学。

最关键的是，亨利希深爱着马克思，他对马克思寄予了极大的期望。1838年2月10日[①]，当时已病重的亨利希强打精神振作起来，用颤抖的手给马克思写了最后一封完整的信，信中他对马克思说："有一点你要永远相信，任何时候都不能怀疑，这就是你在我内心占着很大的位置，你是我生命中最强大的杠杆之一……我累极了，亲爱的卡尔，我不得不搁笔了。可惜我不能象我希望的那样去写，我多想倾尽全心拥抱你啊，可是我的病情使我无法这样做。"[②] 所以，当年的亨利希应该非常期望和乐于按照儿子聪颖异常的实际和自己开明的思想，亲手把小马克思这块璞玉雕琢打磨成大器，最起码在小学这一启蒙阶段，一定要打下坚实的基础，决不能耽搁了这位小天才，没有任何人比他自己更适合这一重任了，他也完全能够胜任。

亨利希在家中教授小马克思德语、数学、绘画等课程，给他阅读伏尔泰和孟德斯鸠的经典作品，讲历史故事，带他出去参观各种展览、游览名胜古迹，一起感受各地的风俗，分享新鲜的消息。小马克思很认真地学习和接受父亲传授给他的各种知识和信息，在有意识地认真学习和家庭文化氛围潜移默化地熏陶下，小马克思具备了很好的文化底蕴和国际视野，独立思

① 整3个月后，1838年5月10日亨利希·马克思逝世。

② 马克思，恩格斯．马克思恩格斯全集：第40卷．北京：人民出版社，1982：885.

考的能力也逐渐养成并不断提高。当然，在这个过程中，童年时的马克思也受到了父母和社会上的基督教信仰的影响，因此不可避免地具有了和父母相同的宗教信仰，自然且必然地站在了唯心主义的立场上。

广泛学习的进步中学生

1830 年 10 月，亨利希把年满 12 岁的马克思送进了特里尔的弗里德里希·威廉中学。当时，这所中学有一批持进步思想的教师，其中校长约翰·胡果·维滕巴赫与亨利希过从甚密，他是德国历史学家和教育家，为马克思所在班级教过历史，他受到了启蒙思想的强烈影响，“反对宗教蒙昧主义，崇尚科学和理性，努力引导学生培养高尚品德、追求自由进步”①。数学和物理老师施泰宁格“推崇科学，信奉唯物主义”②。希伯来语老师施内曼反对专制、支持民主、赞同革命，等等。也因此，在马克思就读期间，弗里德里希·威廉中学受到了普鲁士政府的严密监视，关于师生活动的秘密报告被不断发往柏林。一名政府特务报告说：“在特里尔马克思就读的学校，教师过于信奉自由主义，让学生阅读被禁的书籍、写政治

---

①② 顾锦屏，周亮勋，吴惕安，等．马克思的伟大一生．北京：北京出版社，1983：4.

文章。”① 普鲁士政府对此非常恼火，本想将维滕巴赫撤职，但又慑于他在特里尔的威望，就暂时没有这样做，但任命学校的拉丁语和希腊语教师勒尔斯为副校长，此人以反动观点著称，负责监视校内师生是否可靠和加强当局的思想控制。在马克思中学毕业后不到两个月，深受欢迎的维滕巴赫校长就被辞退，不得不黯然离开，他的处境令亨利希“极其难过”②，“真想为此人的受屈放声一哭”③，勒尔斯则被任命为校长。

马克思以自己的实际行动表示了对勒尔斯的蔑视和厌恶，1838 年 8 月，在毕业离校前夕，他到维滕巴赫和其他老师家中一一辞行，唯独不去勒尔斯家——故意不理会他。这让勒尔斯非常不高兴，亨利希为此“不得已撒了一个无辜的谎”④，说“到过他那里，正好他不在家”⑤。而当时采取相同行动的学生除了马克思之外，只有一个。这说明，此时的马克思不但能够明辨是非、思想进步，而且具有强烈的正义感和斗争精神；更可贵的是，年少的他能够勇敢地将自己的想法付诸实际行动。

马克思在弗里德里希·威廉中学学习期间，学习刻苦努

---

① 加布里埃尔．爱与资本：马克思家事．朱艳辉，译．长沙：湖南人民出版社，2018：14.

②③ 马克思，恩格斯．马克思恩格斯全集：第 40 卷．北京：人民出版社，1982：833.

④⑤ 同②832.

力，充分发挥自己在语言和哲学方面的良好功底和非凡天赋，古代语、德语、拉丁语、希腊语、法语等各门语言课程都学得非常好，取得了优异的成绩，多次受到老师的表扬。有一次，“他的作文被老师挑出来在同学里示范，并获得了一张奖状”①。1835 年 8 月中下旬，当时 17 岁的马克思顺利通过了非常严格的中学毕业考试②，于当年 9 月 24 日正式毕业，维滕巴赫校长亲自颁发给他中学毕业证书。在当时的普鲁士，拿到中学毕业证书就可以不经考试直接升入大学深造；小马克思通过勤奋刻苦的学习，顺利地为自己开辟出一条阳光大道。在他的中学毕业证书上，记载着对他“知识和技能”的评价，其中最差的评价也是“知识中等”③，来自物理，其他全部科目都得到了高度评价，如“特别好”“相当好”“很好”④，等等。

中学期间，热爱学习的小马克思除了认真学习校内各门课程，同时也在积极地学习和吸收来自各方面的知识，他的学习内容已远远超出了学校的课程。除了认真接受学校老师和父亲亨利希的悉心教导外，马克思还一直跟随着一位十分特殊、十

---

① 王兴斌．马克思的学生时代．北京：北京出版社，1980：17－18.

② 马克思的中学毕业考试分为笔试和口试两个环节：8 月 10 日至 16 日进行笔试，8 月 21 日至 23 日进行口试，有一半左右的学生考试不及格。

③④ 马克思，恩格斯．马克思恩格斯全集：第 40 卷．北京：人民出版社，1982：827－828.

分重要的人物努力学习，这个人就是马克思的另一位父亲——燕妮的父亲路德维希·冯·威斯特华伦，也就是小马克思未来的岳父；事实上，从童年起马克思就一直接受着他认真且用心的教导，他与马克思亦师亦友亦父①。可以说，除亨利希之外，路德维希也是小马克思成长中最重要的导师，他的教导对马克思产生了十分重要、十分深远的影响。路德维希学识渊博，并且具有很强的反抗和斗争精神。1813 年，他在被拿破仑占领的西普鲁士地区鼓动普鲁士人造反，勇敢地站出来反抗法国统治，被法国判处“叛国罪”②，由于同年拿破仑在莱比锡会战中失败才得以释放。更重要的是，他的思想非常进步开明，尽管他是普鲁士政府任命的官员，但他认真研究并接受了社会主义思想，他“极为欣赏法国社会主义创始人克劳德·昂利·圣西门”③，并崇拜为社会主义理想而奋斗的社会主义者，“在他看来，社会主义理想不仅具有很好的连贯性，而且具备实行的条件”④。面对特里尔的与贫困相关的各种社会问题，

---

① 其理由一是，1841 年 3 月马克思在博士论文献词中称路德维希为敬爱的慈父般的朋友；二是，1841 年 12 月，路德维希病重，在外地的马克思专门回到特里尔，住进燕妮家照顾路德维希 3 个月左右，应是在路德维希去世后才离开，此时他与燕妮还没有结婚。因此，即便不论其翁婿关系，也完全可以说路德维希与马克思情同父子。

② 加布里埃尔．爱与资本：马克思家事．朱艳辉，译．长沙：湖南人民出版社，2018：10.

③ 同②9.

④ 同②11.

比如犯罪、乞讨、卖淫和传染病等，他认为“社会不应轻易放弃民众，社会有责任解决问题”①。路德维希希望把这些思想传播出去，特别是传播给愿意倾听的人。他聪颖的女儿燕妮自然就成为首批也是最亲近的被传播者之一，在父亲的教育下，燕妮学习了“浪漫主义和来自法国的乌托邦哲学——社会主义”②，而除燕妮之外，他“最积极的学生”就是小马克思。

路德维希也教小马克思学习了和燕妮相同的学问③，而异常聪颖的小马克思用他天才的大脑非常快速地吸收早期乌托邦社会主义观点④。所以，很明显，是路德维希将社会主义思想的种子播进了小马克思的心田，并使之扎下了根。从这个意义上讲，路德维希是马克思在思想上的引路人，他为马克思指出了正确的前进方向，从而使马克思走上了进步的道路。几十年后，马克思曾回忆说，“他是在威斯特华伦家里第一次听到圣西门的名字的”⑤。另外，在这位未来岳父的教育下，小马克思对浪漫主义也产生了浓厚兴趣，对文学兴味盎然，“他尤其喜爱莎士比亚、席勒以及歌德的作品”⑥，而这些也是燕妮所

---

①⑥　加布里埃尔．爱与资本：马克思家事．朱艳辉，译．长沙：湖南人民出版社，2018：11.

②　同①9.

③　路德维希也教燕妮的弟弟埃德加尔学习了这些，所以他是马克思、燕妮、埃德加尔三人事实上的共同导师。

④　乌托邦社会主义即空想社会主义。

⑤　王兴斌．马克思的学生时代．北京：北京出版社，1980：47.

喜爱的。马克思与燕妮具有相同的“三观”及兴趣爱好，与路德维希的培养分不开。马克思与燕妮的精神世界之所以能够高度契合，其根源就在于此。同时，浪漫主义也对马克思产生了深刻的影响，如在文风方面，被马克思运用得炉火纯青、出神入化的反讽手法，就是浪漫主义的文学创作手法。因此，毫不夸张地说，路德维希的教导深刻影响了马克思和燕妮的一生。

在亨利希、路德维希和学校老师们的共同教育下，中学时期的马克思思考更加独立、更加活跃，趋向进步，喜欢刨根问底、求解答案，并非常推崇康德哲学和费希特哲学。此时，独立的、进步的思想已经开始在他的天才的头脑中逐渐形成，但年少的他作为一名基督信徒还不可避免地停留在唯心主义的立场上。1834 年 3 月，未满 16 岁的马克思在父母的安排下行了坚信礼①，中学毕业证显示，他“信仰属福音教派”②。他在毕业考试的宗教作文中这样写道：“人是自然界唯一达不到自己目的的存在物，是整个宇宙中唯一不配做上帝创造物的成员。”③ “在同基督的结合中，我们首先是用爱的眼神注视上帝，感到对他有一种最热忱的感激之情，心悦诚服地拜倒在他

① 坚信礼是一种基督教仪式，只有被施坚信礼后，才能成为教会正式教徒。

② 马克思，恩格斯．马克思恩格斯全集：第 40 卷．北京：人民出版社，1982：827.

③ 马克思，恩格斯．马克思恩格斯全集：第 1 卷．2 版．北京：人民出版社，1995：450.

的面前。在这之后，在一轮更加绚丽的太阳由于我们同基督结合为一体而为我们升起的时候，在我们充分地感觉到自己的卑贱，同时又为自己得到拯救而欢呼的时候，我们才会爱上那位先前我们认为是受辱的主宰者，而现在看来却是宽宏大量的父亲、善良的教导者的上帝。”① 由此可以看出，此时年少的他对上帝态度虔诚，虽然学习广泛而高效，有自己独立的思考和见地，并吸收了一些空想社会主义的观点，在思想上追求进步，但总体上仍囿于宗教的框架，尚未突破唯心主义的桎梏。

奋进的波恩大学学生

1835 年 10 月 15 日凌晨 4 点多，年轻的马克思从特里尔坐船出发去波恩上大学，新的学业正等待着他：听从了亨利希的意见，他在波恩大学攻读法律专业。富有远见的亨利希对他优秀的儿子及其学业充满了自豪和期待，他相信，“不论是法律、文学还是政治领域，都有大把机会在等着他”②。他丝毫不担心马克思的学习，最担心的是马克思的健康，极了解马克

① 马克思，恩格斯．马克思恩格斯全集：第 1 卷．2 版．北京：人民出版社，1995：452.

② 加布里埃尔．爱与资本：马克思家事．朱艳辉，译．长沙：湖南人民出版社，2018：17.

思的他生怕这个热爱学习的儿子因为学习而使健康受损。亨利希的担心是很有道理和预见性的，马克思到了波恩大学后，学习劲头十足，第一学年就选了十门课程，他在给父亲的信中汇报了这件事，并且对刚开始的大学学习表示满意。亨利希在1835年11月给马克思的回信中高兴地说："你的良好愿望、你的勤奋努力，以及你想做一些扎扎实实的事情的坚定志向，我丝毫也不怀疑。而现在又使我感到高兴的是，刚刚开始的学习使你感到满意，也不费劲，并且你对你的专业也产生了兴趣。"① 但他同时也说："九门课程②，在我看来多了一点。我不希望你学的东西超过你的身体和精力所能支持的限度。"③ 马克思经过认真考虑，在1835—1836年度冬季学期选择了六门课程，1836年度夏季学期选择了四门课程。有观点认为，马克思在波恩大学期间个性张扬、表现乖张，并未好好学习。但事实并非如此。马克思在波恩大学的这一年，虽然形象和行为确实不羁，花钱也大手大脚，但这一年中亨利希和他的通信与波恩大学颁发给他的肄业证书都充分证明，马克思学习极为勤奋刻苦。

---

①③　马克思，恩格斯．马克思恩格斯全集：第40卷．北京：人民出版社，1982：831.

②　其中有两门课程——欧洲国际法、自然法，均由一位叫作普盖·爱德华的教授讲授，亨利希误以为是一门课程，其原因可能是马克思之前在给父亲的信中提及此事时发生笔误。

这一年中，亨利希几乎在写给马克思的每一封信中都向他反复强调不要过度用功以至损害健康。如在 1835 年 11 月的信中，亨利希告诫马克思："在这个悲惨的世界上身体是智慧的永恒伴侣，整个机器的良好状况都取决于它。一个体弱多病的学者是世界上最不幸的人。因此，望你用功不要超出你的健康所能容许的限度。"① 但马克思并未听从父亲的告诫。在刚到波恩大学的两个多月里，他昼夜攻读苦学，确实损害了他的健康，"他开始失眠，脸色变得苍白，人也消瘦了"②。后来，他生病了。之后，他听从父母的建议，于 1835 年圣诞节前夕去荷兰尼姆韦根的姨夫家过节，在那里休养了一段时间。但回到波恩大学后，他又把父亲的话抛到了脑后，一如既往地刻苦学习，还购买了大量的书籍，其中不乏"大部头的历史著作"③。

亨利希在 1836 年 2 月至 3 月初写给马克思的信中无奈地讲道："至少我希望，令人痛心的经验应使你对自己的健康更加注意一些。要知道一个人除了纯洁的良心而外，健康就是他的最大财富……在类似情况下甚至连过度用功也是愚蠢的"④。

---

① 马克思，恩格斯．马克思恩格斯全集：第 40 卷．北京：人民出版社，1982：832－833.

② 王兴斌．马克思的学生时代．北京：北京出版社，1980：36.

③ 同①836.

④ 同①835－836.

在信的最后，感到无可奈何且伤心难过的亨利希以伤感的口吻说道："现在我再也没有什么话要说的了，我只是再次劝你要保重身体。再也没有比一个体弱多病的学者更为可怜的了，再也没有比亲眼看到自己用舍己精神培养起来的、大有希望的儿子日渐消瘦下去的父母更为不幸的了。要记住这一点。我只能向你的心灵呼吁，因为我相信，你的心灵是善良的、高尚的。热诚地紧紧拥抱你。"①

相对于亨利希晓之以理、动之以情、苦口婆心的劝诫，马克思的波恩大学肄业证书更直接有力地证明了他在这一年里的学习是非常认真刻苦的。证书记载了马克思在波恩大学所学的十门课程及六位授课教授一一给出的评语，其中有一门课程被评价为"极为勤勉和用心"②，两门课程为"十分勤勉和经常用心"③，一门课程为"十分勤勉和用心"④，其他除欧洲国际法、自然法两门课程因授课的普盖教授于1836年8月5日突然逝世而未加评语外，均为"勤勉和用心"⑤ 及"勤勉"⑥。1836年8月22日，马克思离开波恩大学时，学校"在给他的介绍信中说他学习刻苦，学业优秀"⑦。

---

① 马克思，恩格斯．马克思恩格斯全集：第40卷．北京：人民出版社，1982：838.

②③④⑤ 同①844.

⑥ 同①844. 另注：只有一门课程的评价为"勤勉"。

⑦ 加布里埃尔．爱与资本：马克思家事．朱艳辉，译．长沙：湖南人民出版社，2018：18.

柏林大学里的“疯狂”天才

1836 年 10 月 22 日，马克思转入了柏林大学法律系，对他来说这是一个非常重大的变动。这件事在这一年的 3 月之前就已经决定，是马克思和亨利希共同的决定和愿望，原因极有可能是他们都对波恩大学的教学质量和学习环境不满意，而“柏林大学学生多达 2 000 人，比波恩大学学生多了将近 3 倍；同时，柏林大学是当时欧洲最出色的大学之一，强调个体学习和原创性研究”①。和马克思同时代的费尔巴哈也曾就读于柏林大学，他对柏林大学的评价是：“柏林大学学风太好了，这里的学生没有不认真读书的，也从不考虑什么喝酒打架的事情。和柏林大学比起来，德国的其他大学简直就是酒馆。”② 显然，这对于热爱学习、善于独立思考、刻苦钻研的马克思来说真是再好、再适合不过了，对他而言，到柏林大学学习真正是如鱼得水。

亨利希对此也非常高兴，但富有远见的他还是极为担心马克思会在学习中过度用功，以致又损害他的健康。1836 年 11 月 9 日，他就写信给刚到柏林大学的马克思，叮嘱道：“我对

---

① 加布里埃尔．爱与资本：马克思家事．朱艳辉，译．长沙：湖南人民出版社，2018：19.

② 内蒙轩．马克思靠谱．北京：东方出版社，2016：5.

你只有一个要求，希望你在学习上不要过于用功，千万要保护好你的体力和你已经很差的视力。你选修了很多门重要课程——自然，你是有理由勤奋学习的，但不要把自己搞得精疲力竭。上帝恩赐，你来日方长”①。同时，他还提出了一个令人极为震惊，但极具远见、部分准确的预言：“你将为你自己造福，为你的家庭造福，如果我的预感没有错的话，也将为全人类造福。”② 这位眼光非凡的老父亲，猜中了结局，却没有猜中开始。他的极为出色的儿子在未来，确实将以不可思议的力量和伟大的牺牲精神为全人类造福，全身心地开创并投入“为全人类造福”的事业中，一直到壮丽人生的最后一刻。但从世俗或物质的角度看，马克思没有为自己和家庭创造“幸福”，并且牺牲了自己的健康、幸福和家庭。

到了柏林大学以后，马克思开始踏上了“为全人类造福”之路。对于父亲的叮嘱、唯一要求，此时沉醉于学海中的他根本听不进去，这一次，他把亨利希的话抛到了九霄云外。他断绝了从前的一切交往，几乎把所有的时间和精力全部投入学习中。第一个学期，他完全陷入了一位作家所说的“孤独天才的疯狂”模式。③ 这种学习模式究竟有多“疯狂”，仅通过他在

---

①② 马克思，恩格斯．马克思恩格斯全集：第 40 卷．北京：人民出版社，1982：847.

③ 加布里埃尔．爱与资本：马克思家事．朱艳辉，译．长沙：湖南人民出版社，2018：19.

1837年11月11日写给亨利希信中的自述，就可见一斑。下面，请看仔细，18岁的马克思在柏林大学的第二学期前[1]究竟是如何“疯狂”学习的。

他阅读了：黑格尔大部分弟子的著作，海奈克齐乌斯的《按照〈罗马法全书〉次序叙述的民法原理便览》和蒂博的《罗马法全书的体系》以及各种文献，克莱因的《德国一般刑法原则》《普鲁士国家立法和法学年鉴》以及他所有的文学新作，培根的《论科学的价值和发展》。

他阅读、摘录并写下了感想：莱辛的《拉奥孔：或论绘画和诗歌的界限》，佐尔格的《埃尔温。关于美学和艺术的四问答》，温克尔曼的《古代艺术史》，卢登的《德国民族史》。

他细读了：黑格尔的著作，赖马鲁斯的《关于动物本能主要是它们的复杂本能的总的考察：探明世界、造物主和我们自身之间的联系》。

他研究了：德国法，费尔巴哈的《德国现行一般刑法教科书》和《成文刑法的原则和基本概念的修订》1799年爱尔福特版第一部和1800年开姆尼茨版第二部，格罗尔曼的《刑法科学的原则》，克拉麦尔的《论〈罗马法全书〉和〈[查士丁尼]法典〉不同版本的词义》，韦宁-英根海姆的《一般民法教科书，

---

① 马克思这封信写于他在柏林大学第一学年的第二学期刚刚开始，信中他未提及第二学期的学习情况。

根据海泽为讲授罗马法全书而写的一般民法体系的原理编纂》1822—1823年慕尼黑版第1—3卷，萨维尼的《占有权。民法研究》，米伦布鲁赫的《关于罗马法全书的学说》1823—1825年哈雷版第1—3卷，劳特巴赫文集中的《供研究五十卷罗马法全书的理论实践文集——按综合法编写》第1—43卷及索引、民事诉讼法、教会法，格拉齐安的宗规法汇编《矛盾宗规的协调》（并做了摘要），朗切洛蒂的《宗规法纲要》。

他翻译了：罗马法全书头两卷①，塔西佗的《日耳曼尼亚》②，奥维狄乌斯的《哀歌》③，亚里士多德的《修辞学》一部分④。

他创作了：约有三百印张的法哲学思想的文章⑤，一篇将近二十四印张的对话《克莱安泰斯，或论哲学的起点和必然的发展》，幽默小说《斯科尔皮昂和费利克斯》，幻想剧本《乌兰内姆》。

他自学了外语：英语，意大利语。

第一学期终了，他又学习了缪司的舞蹈和萨蒂尔的音乐。此外，他还写了若干首诗和小说草稿等⑥，但由于感到不满

① 译成德文。
② 从拉丁文译成德文。
③ 从拉丁文译成德文。
④ 从希腊文翻译成德文。
⑤ 这时，马克思试图建立一个新的法哲学体系，但并未成功。
⑥ 具体数量不明。

意，就全部烧掉了。

怎么样，是不是被惊得目瞪口呆了？马克思就是这样“疯狂”地学习的，甚至“疯狂”都不足以形容这样的学习强度，用“玩命”来形容可能更合适。但这在当时的马克思看来，根本就不算什么，他甚至简直对此视若无物。更让人震撼的是，他竟然认为：“但是这一切都没有使我大大充实起来，不仅如此，我还忽视了自然、艺术、整个世界”①！如此学习的气势、境界、追求，震古烁今，令人钦佩。最早的马克思主义史学家、马克思的传记作者弗兰茨·梅林，这样评价过马克思在柏林大学头两个学期的学习内容：“如果按照学院的喂养方法，20 个学期也学不完”②。但是，这样玩命的学习必然要花费极大的时间和精力，大脑必须始终开足马力全速运转，马克思对父亲说：“在作这种种事情的时候，我在第一学期熬过了许多不眠之夜，经历了许多斗争”③，无疑这会严重损害他的健康。

虽然当时马克思是个 18 岁的小伙子，但如此“玩命”是任何人的身体都无法承受的。就在柏林大学的第一学期，他又一次生病了，“身体和精神都出现了问题”④。医生劝他去农村

---

①③ 马克思，恩格斯．马克思恩格斯全集：第 40 卷．北京：人民出版社，1982：14.

② 内蒙轩．马克思靠谱．北京：东方出版社，2016：36.

④ 加布里埃尔．爱与资本：马克思家事．朱艳辉，译．长沙：湖南人民出版社，2018：20.

疗养，他听从了这个建议。1837 年 4 月，他第一次穿过柏林全城，“徒步走了 4 英里，来到位于柏林大学东南方向的施特拉劳，一个紧邻施普雷河的小渔村”①。他在这里住了一段时间，和房东一起打猎，也经常和朋友们见面。即便如此，他还是没有停下学习的脚步。他告诉父亲：“在患病期间，我从头到尾读了黑格尔的著作，也读了他大部分弟子的著作。”② 这对马克思产生了十分重大的影响。在施特拉劳恢复健康并回到柏林后，他加入了由青年黑格尔派成员组成的“博士俱乐部”，成为其中最年轻的成员。但很快，他就成为这个俱乐部的精神领袖之一。

对于马克思这个天才来说，如此玩命的学习当然会取得极大的成果。这一时期，马克思在思想上开始发生重大转变，在学习上取得了重大进步和突破，他不再单纯、单向地获取和吸收别人传授的知识，他的思考已经足够活跃、独立、广泛和有力，这使他能够对所学内容进行更加深入且超然于其上的分析和判断，对左右自己思维、思考的文化背景进行反思，探寻其中的问题和不足，进而进行批判。换言之，马克思已开始了彻底的批判，并以此为基础开展学习和

---

① 加布里埃尔．爱与资本：马克思家事．朱艳辉，译．长沙：湖南人民出版社，2018：20.

② 马克思，恩格斯．马克思恩格斯全集：第 40 卷．北京：人民出版社，1982：16.

思考。此时的他，之前一直坚持的唯心主义立场和宗教信仰开始松动。

这一点直接表现在，他对自己在中学时代所推崇的理想主义的康德哲学和费希特哲学进行了认真的反思，发现了其中的问题和不足并进行了批判。但此时的他并未立即摆脱康德和费希特的理想主义，仍在徒劳地固守。同时，在柏林大学第一学期时的他还是名基督信徒，他努力地从不同角度去揭示神性，但经过认真的分析和思考后，他惊愕地发现所得出的结论与自己的思想立场是对立的；此时的他对于刚刚接触到的黑格尔哲学，特别是黑格尔的客观唯心主义思想还有些抵触。这些使他陷入了极大的烦恼、困惑和痛苦之中。在写给父亲的信中，马克思就他试图建立的新的法哲学体系提到："一切都是按费希特的那一套"① 来构建"体系的纲目近似康德的纲目"② 的法哲学体系，但他经过充分深入的论证，"看到了全部体系的虚假"③。于是，马克思把探索的目光从"太空飞翔"④ 的康德和费希特身上投向现实本身，"只求深入全面地领悟在地面上遇到的日常事物"⑤。他对父亲说："我从理想主义，——顺便提

---

① 马克思，恩格斯．马克思恩格斯全集：第40卷．北京：人民出版社，1982：10.

②③ 同①13.

④ 同①651.

⑤ 同①652. 注：原文为诗作，此处按行文需要仅将两句合并，未做任何更改。

一提，我曾拿它同康德和费希特的理想主义比较，并从其中吸取营养，——转而向现实本身去寻求思想。如果说神先前是超脱尘世的，那么现在它们已经成为尘世的中心。”① 他所创作的那部二十四印张的对话——《克莱安泰斯，或论哲学的起点和必然的发展》，就是他把神放到尘世中心，“通过概念本身、宗教、自然、历史这些神性的表现从哲学上辩证地揭示神性”② 的一部著作。但马克思万万没有想到的是：“我最后的命题原来是黑格尔体系的开端……这部著作，这个在月光下抚养大的我的可爱的孩子，象欺诈的海妖一样，把我诱入敌人的怀抱。”③ 这个“敌人”，就是大名鼎鼎的黑格尔。而此时马克思之所以把黑格尔称为“敌人”，是因为黑格尔认为上帝不存在，主导人类命运的不是上帝而是“绝对观念”，对于还是基督信徒的马克思来说，黑格尔当然是“敌人”。这些思想上的碰壁令他感到非常迷惘和痛苦，陷入困窘、尴尬之境，也促使这位天才进行反思，寻求突破。

而马克思之所以转而向现实本身去寻求思想，就是因为通过对康德和费希特的理想主义的反思，他发现他们就像“鸡汤文”一样，仅在抽象的原理间进行“空对空”的推理，而没有提供通向具体现实的桥梁，也没有说明其与具体现实之间究竟

---

①②③ 马克思，恩格斯．马克思恩格斯全集：第 40 卷．北京：人民出版社，1982：15.

有何关系，飞翔在“太空”中毫不接地气，在抽象和具体之间、实然和应然之间是对立的。因此，马克思批判和嘲讽他们“在太空飞翔”①，并试图通过“向现实本身去寻求思想”，从而为康德和费希特的理想主义搭建起连接“太空”和“地面”的“桥梁”。但这一尝试不但必然地失败了，而且竟然还南辕北辙地把“桥梁”搭到了“敌人”的前沿阵地。但是，这并不代表马克思的尝试没有价值和意义，它意味着，年轻的马克思经过反思和批判，已经超越了康德和费希特。同时，这一尝试使他发现黑格尔哲学的辩证法解释了抽象原理究竟是如何逐步转化为具体现实的，克服了康德和费希特的理想主义所存在的问题，最终把他“诱入敌人的怀抱”，他也因此实现了思想上的重要突破，并开始倾心于黑格尔哲学，积极投入对黑格尔哲学的学习中。

至此，马克思完成了他“学习—吸收—反思—批判—超越—再学习”的学习模式的第一轮循环，并顺利进入第二轮循环。在第二轮循环中，马克思认真刻苦地学习黑格尔哲学，深入细致地思考以解答自己的问题和困惑，不断从中吸收营养充实自己。他的思想在不断向黑格尔靠拢。1840 年下半年至 1841 年 3 月撰写博士论文期间，马克思对黑格尔哲学已经有了非常深刻的理解和把握，并受其影响从一名虔诚的基督信徒

---

① 马克思，恩格斯．马克思恩格斯全集：第 40 卷．北京：人民出版社，1982：651.

彻底转变成为无神论者。

在马克思的博士论文《德谟克利特的自然哲学和伊壁鸠鲁的自然哲学的差别》中，他深刻阐述了自己坚定的无神论观点。如在论文中，他称赞站在无神论立场上的伊壁鸠鲁是“最伟大的希腊启蒙思想家”①，并指出：“对神的存在的一切证明都是对神不存在的证明，都是对一切关于神的观念的驳斥”②，“因为思想不存在，所以神才存在”③，“非理性就是神的存在”④，等等。马克思经过深入剖析后认为，伊壁鸠鲁思想中蕴含着古希腊哲学家所固有的辩证因素，伊壁鸠鲁实质上提出了事物自我运动的辩证思想。这一认识充分体现出黑格尔客观唯心主义的立场观点，说明此时的马克思已经深刻理解并吸收了黑格尔的概念辩证法，并能以此为思想工具独立且纯熟地加以运用，他已深深陷入了黑格尔的“怀抱”。但是，这完全不代表此时的马克思对黑格尔是全盘接受的。

在博士论文中，马克思已经开始了对黑格尔的反思和批判。在论文序言中，他讲到：“虽然黑格尔大体上正确地规定了上述各个体系⑤的一般特点，但是一方面，由于他的哲学

---

① 马克思，恩格斯．马克思恩格斯全集：第1卷．2版．北京：人民出版社，1995：63.

②③ 同①101.

④ 同①102.

⑤ 指伊壁鸠鲁主义、斯多亚主义和怀疑主义。

史——一般说来哲学史只能从它开始——的令人惊讶的庞大和大胆的计划，使他不能深入研究个别细节；另一方面，黑格尔对于他主要称之为思辨的东西的观点，也妨碍了这位巨人般的思想家认识上述那些体系对于希腊哲学史和整个希腊精神的重大意义。这些体系是理解希腊哲学的真正历史的钥匙。”① 这预示着热爱学习、善于思考的马克思，会在日后对黑格尔哲学的学习研究中发现更多的问题和不足，终有一天他会超越黑格尔，虽然此时的他还站在唯心主义的立场上。

大器初成

1842 年 4 月，从柏林大学毕业的马克思开始为《莱茵报》撰稿；同年 10 月 15 日，他成为《莱茵报》主编。走出“象牙塔”的马克思深深扎入社会，投入报社的具体工作中。他每天都能接触到各种政治、社会和经济问题，时刻关注社会舆论舆情，同时还不得不天天与政府斗智斗勇，和其他报刊论战，这使他以前所未有的力度关注现实、研究现实，用所学知识分析和解释现实，进而影响现实、改变现实。但在现实面前，他感到黑格尔的概念辩证法越来越苍白无力，这在客观上促进了他

---

① 马克思，恩格斯．马克思恩格斯全集：第 1 卷．2 版．北京：人民出版社，1995：11.

对黑格尔哲学的反思和批判，也促进了他向现实学习；而对现实问题的思考和现实对他的磨砺，也为他后来彻底突破黑格尔的唯心主义提供了科学基础和现实准备。这一时期的马克思，在物质和精神的关系、国家的性质和作用方面仍站在唯心主义的立场上，但在面向现实的学习、思考和实践中，他已经必然地向着唯物主义的方向转变和前进了。

1843 年 3 月，尽管马克思离开了《莱茵报》，但他从未停止过学习、停止过思考。不久后，他终于发现，黑格尔的概念辩证法是从抽象的概念出发，在“绝对精神”中不断地辩证运动，理论和现实事实上是对立的。1843 年夏秋之际，他以笔记的形式对黑格尔进行了深入的批判，如黑格尔的市民社会理论、国家制度理论、辩证法等，并指出了黑格尔的客观唯心主义颠倒了现实关系。后来，马克思根据这些内容整理完成了著名的《〈黑格尔法哲学批判〉导言》，发表在 1844 年 2 月的《德法年鉴》上，这表明此时马克思的唯物史观已经萌芽，他离黑格尔的概念辩证法越来越远，并且开始超越黑格尔了。几十年后，马克思在回应反马克思主义的杜林的攻击时曾这样说道：“我和黑格尔辩证法的关系很简单。黑格尔是我的老师……但是，我敢于以批判的态度对待我的老师，剥去他的辩证法的神秘外壳，从而在本质上改变它，如此等等。”①

---

① 马克思，恩格斯．马克思恩格斯全集：第 50 卷．北京：人民出版社，1985：35.

在马克思认识到黑格尔概念辩证法存在的不足和问题时，他对于如何“在本质上改变它”却一时没有办法，陷入了困惑。此时，费尔巴哈的唯物论吸引了他的眼球，“他找到了辩证法的现实根源”①。费尔巴哈在其1841年出版的《基督教的本质》中，站在唯物主义的立场上阐释物质与精神的关系，对宗教进行批判，他认为：不是上帝创造了人，而是人创造了上帝这一影像。1842年，他在《关于哲学改造的临时纲要》中，继续站在唯物主义的立场上对思维和存在的关系进行论述，以此批判黑格尔哲学。“1843年，费尔巴哈又发表了一系列文章，指出之前的哲学家，尤其是黑格尔，不应该把思想看作像宗教一样来自人之外、像闪电一般进入人的脑海；实际上，是人产生思想，并通过思想创造了上帝和哲学。”② 这些对马克思产生了很大的触动，吸引马克思认真地学习和研究费尔巴哈哲学，从而学会了唯物论并从中汲取营养。随后，马克思当然也对费尔巴哈哲学进行了反思，“他发现费尔巴哈的唯物论是机械的，不能动的，只看到了人的自然性，没有看到人的社会实践性”③。于是，1845年春天，马克思写下了著名的《关于费尔巴哈的提纲》，简明扼要但十分犀利深刻地对费尔巴哈进

①③ 内蒙轩．马克思靠谱．北京：东方出版社，2016：95.

② 加布里埃尔．爱与资本：马克思家事．朱艳辉，译．长沙：湖南人民出版社，2018：42.

行了批判，揭示了费尔巴哈唯物主义的不彻底性、局限性和形而上学性，指出了实践在社会生活和人的思维中的重要作用。如马克思在提纲第一条就开门见山地指出：“从前的一切唯物主义——包括费尔巴哈的唯物主义——的主要缺点是：对事物、现实、感性，只是从客体的或者直观的形式去理解，而不是把它们当作人的感性活动，当作实践去理解，不是从主观方面去理解。”① 此外，马克思在提纲第十一条，写下了那句广泛传播于全世界的著名论断和名言：“哲学家们只是用不同的方式解释世界，而问题在于改变世界。”② 后来，这句话被镌刻在马克思的墓碑上。1888 年，恩格斯在《路德维希·费尔巴哈和德国古典哲学的终结》一书的序言中评价道：“它作为包含着新世界观的天才萌芽的第一个文献，是非常宝贵的。”③

在对黑格尔哲学和费尔巴哈哲学认真学习、吸收、反思和批判的基础上，天才的马克思汲取了二者的精华，并把他们结合了起来。他吸收了黑格尔概念辩证法的“合理内核”与费尔巴哈唯物主义的“基本内核”，将它们统一了起来，实现了两大有机统一：“一是实现了唯物主义和辩证法的有机统一，让

---

① 马克思，恩格斯．马克思恩格斯全集：第 3 卷．北京：人民出版社，1960：3.

② 同①6.

③ 马克思，恩格斯．马克思恩格斯选集：第 4 卷．3 版．北京：人民出版社，2012：219.

唯物主义贯穿辩证法形成辩证唯物主义，让辩证法建立在唯物主义基础上形成唯物辩证法；二是实现了自然观和历史观在人类社会实践基础上的有机统一，彻底解决了思维与存在这一哲学基本问题。”① 这样，马克思又同时实现了对黑格尔和费尔巴哈的非凡超越。这一次超越，意义十分重大，通过这次超越，形成了唯物辩证法、辩证唯物主义和历史唯物主义，这完全可以用“伟大”来形容。就马克思个人而言，经过这次伟大的超越，他的思想又向前大大地迈出了一步，他已经超越了黑格尔、费尔巴哈以及之前的哲学家。不久之后，在 1845 年 9 月至 1846 年 8 月，马克思和恩格斯一起创作了著名的《德意志意识形态》这部巨著。在这部巨著中，他们第一次系统深入地阐明和论述了历史唯物主义的基本原理，把唯物史观牢牢地树立了起来。

巨匠诞生

此时的马克思，思想已经成熟、道路已经明确，已经完全且彻底地站在了自己创立的辩证唯物主义和历史唯物主义立场上。除了他自己，任何人已经不能也不可能左右他的思想，也

---

① 王伟光．与时偕行的哲学（之一）．中国社会科学报，2015-04-03（2）.

无法、无力阻止他在自己的思想轨道上继续发展进步。在这位天才的脑海中，马克思主义的轮廓、框架和主要内容均已形成，即将诞生。

这一时期，马克思满腔激情，把自己的思想和理想直接投入现实的革命实践中，而不是继续停留在自己的思考和创作上；他已不满足于单纯地“解释世界”，开始积极主动地“改变世界”了。就在《德意志意识形态》的创作过程中，1846年，马克思、恩格斯和一名叫菲力浦·日果的比利时图书管理员一起，在布鲁塞尔创立了共产主义通讯委员会，向工人传播科学社会主义的理论，这是“马克思尝试组建的第一个国际性组织，是他整个政治运动的源头”①。为此，他全力以赴、忘我地开展工作，“马克思说自己那段时间每天大概只能睡 4 个小时，而且都是在快天亮的时候才能入睡”②。一年之后的1847 年春天，他又加入了德国工人的秘密组织——正义者同盟，这是“马克思同意加入的第一个无产阶级组织”③；这一年 6 月初，同盟在伦敦召开了第一次代表大会，进行改组，改组为“共产主义者同盟”，成为历史上第一个共产主义国际组织。马克思积极参与了同盟的改组工作，但由于经济原因，他未能参加这次大会，尽管他非常想去。他在 5 月 15 日给恩格

①② 加布里埃尔．爱与资本：马克思家事．朱艳辉，译．长沙：湖南人民出版社，2018：86.

③ 同①95.

斯的信中说："我不能去伦敦了。经济情况不允许我去……在钱的方面，我现在非常窘迫"[①]。之所以"非常窘迫"，是因为他此时本就缺钱且没有收入，还要筹钱自费出版[②]他刚写好的新书《哲学的贫困》，这部非常重要的著作6月就要付印了，他必须把出版的钱准备好才行。而之所以急着出版这部著作，是为了批判蒲鲁东刚出版的《贫困的哲学》[③]——这本书中充斥着唯心主义和形而上学的观点，马克思认为这本书非常之坏。在此之前，特别是在上一年即1846年，马克思已经"系统地批判了所有在他努力构建自己的理论体系时学习过的理论家"[④]，而蒲鲁东是他此时唯一尚未批判过的重要理论家。7月初，《哲学的贫困》这部重要的著作终于成功出版了，至此，马克思完成了对所有相关重要思想理论名家的成功批判。与此同时，他一直在紧张忙碌地开展各种革命工作。8月，他担任了共产主义者同盟布鲁塞尔区部和支部的领导人；8月底，他和恩格斯又在布鲁塞尔成立了德意志工人协会；10月，他忙着为"创办一家月刊性的评论杂志"[⑤]四处筹款和寻找撰稿

---

① 马克思，恩格斯．马克思恩格斯全集：第27卷．北京：人民出版社，1972：96.

② 自费的原因是当时没有出版商愿意出版这部著作。

③ 马克思在1846年12月底看到了这本书。

④ 加布里埃尔．爱与资本：马克思家事．朱艳辉，译．长沙：湖南人民出版社，2018：92.

⑤ 同①496.

人，此时他还打算在布鲁塞尔“建一个自己的印刷厂”①；11月底，一贫如洗、债台高筑②的他硬咬着牙去伦敦参加了共产主义者同盟第二次代表大会，“因为恩格斯说，面对新的威胁，只有他亲自前往，才能巩固已有成果”③。12月初大会结束时，与会各方委托马克思和恩格斯尽快起草一份纲领。1848年1月底，马克思最后完成了这份纲领，他立即把这份23页的手稿寄到了伦敦。2月24日，这份纲领印刷了800份，正式出版发行。这就是科学社会主义的纲领性文献、共产党人的“圣经”——《共产党宣言》。《共产党宣言》的出版发行，标志着马克思主义正式诞生。

至此，马克思从一个完全站在唯心主义立场上的虔诚的基督信徒脱胎换骨，成为马克思主义的主要创始人，在思想上完成了他的化茧成蝶。此时，距他30周岁生日还有69天。三十而立。他在而立之年到来之际，成长为思想巨人并立在了人类思想的万山之巅，更一直屹立不倒，真可谓空前绝后。“千年第一思想家”，马克思实至名归。如此年轻就取得了不世之业，

① 马克思，恩格斯．马克思恩格斯全集：第27卷．北京：人民出版社，1972：496.

② 除1845年夏天他有一笔预支的1 500法郎稿酬收入外，至此时他未有任何收入进账。除了亲友资助，他和燕妮靠欠债度日，而且，他们的房租将在12月到期，那笔预支稿酬的出版商也在要他还钱。

③ 加布里埃尔．爱与资本：马克思家事．朱艳辉，译．长沙：湖南人民出版社，2018：99.

显然他的学习模式发挥了无可替代的重大作用。可以清楚地看到，马克思正是在他“学习—吸收—反思—批判—超越—再学习”的无限良性循环中，强力推动思想不断地积累、不断地超越、不断地突破，从无到有、从青涩到成熟、从探索到完善，致广大而尽精微，持续精进上升，终于积量变为质变，化茧成蝶，自成一家，树立起马克思主义的伟大旗帜。郑板桥在《与江宾谷、江禹九书》中言道：“学者当自树其帜”，马克思就是全世界学者自树其帜的光辉典范。

《共产党宣言》出版发行后，马克思一刻不停地投入“解释世界”和“改变世界”的伟大事业中，学习的步伐从未停止也不可能停止。他继续延用自己创立的科学高效的学习模式学习、进步。与《共产党宣言》出版发行前唯一不同的是，这时的马克思将学习和革命、斗争更加紧密地结合了起来，学以致用、用以促学，这是他此后一生学习中的最大底色。同时，这也使马克思在此后的思想理论研究和斗争实践中都获得了巨大的成就和崇高的威望。1881 年 10 月 25 日，恩格斯在写给爱德华·伯恩施坦的信中这样评价马克思：“马克思由于他在理论上和实践上的成就已经赢得了这样的地位，各国工人运动的最优秀的人物都充分信任他。他们在紧要关头都向他请教，而且总是发现他的建议是最好的。他已经在德国、法国、俄国赢得了这种地位，至于在比较小的国家就更不用说了。所以，并不是马克思把自己的意见，更谈不上把自己的意志强加于人，而是这些人自己来向他求教的。马克思所起的特殊的和对运动极端重要的影响，就是建立在这种基础上的。”①

令人景仰的学习精神

纵观马克思的学习历程，他在持续地“学习—吸收—反思—批判—超越—再学习”的循环过程中，除了极其勤奋刻苦外，还有以下几个鲜明的特点。

一是永不停息。马克思的学习模式就是终身学习的模式，他按照自己的学习模式永不停息地顽强学习，直到生命的尽头。这一点，一直到他晚年仍表现得特别明显。马克思在晚年频繁遭受各种病痛的折磨，但他仍十分顽强地学习着。如 51 岁时，他在病痛中开始学习俄语。1869 年 11 月 29 日，他在给朋友路德维希·库格曼的一封信中说道：“由于彼得堡给我寄来了一本关于俄国工人阶级（当然也包括农民在内）状况的书②，我已开始学俄文；最后，我的健康状况远远不能令人满意。”③ 1870 年 1 月 17 日左右，无可奈何的燕妮在写给恩格斯

① 马克思，恩格斯．马克思恩格斯全集：第 35 卷．北京：人民出版社，1971：224－225.

② 这本书是 1869 年 10 月 12 日马克思的俄国好友丹尼尔逊寄给他的刚出版的俄文版《俄国工人阶级的状况》。

③ 马克思，恩格斯．马克思恩格斯全集：第 32 卷．北京：人民出版社，1974：624.

的信中抱怨道：马克思“身体不好，不停地咳嗽，他不去关心自己的健康，却非常热心地研究起俄语来，很少外出，饮食不定时，在腋下的痈已经肿得很大并且变硬以后才给人看……但愿最近这次考验对他是个警告”①。1月30日，小燕妮在给库格曼的信中提到了马克思当时“远远不能令人满意”的健康状况究竟是怎样的，“他腋下长痈已将近三星期了，可怜的摩尔疼得连胳膊都不能动……摩尔已难受了好几个月”②。看来，马克思这样永不停息地顽强学习，从上大学起就令他的亲人操碎了心；但同时，他学习的成效也同大学期间一样出色。

尽管一直是在病痛的折磨下学习，马克思还是学习得认真刻苦并成效非凡。1871年1月21日，马克思在给美籍德国社会主义者齐格弗里特·迈耶尔的信中讲起了他的俄语学习成效，他说：“现在我可以相当自如地阅读了……成绩是要付出努力才取得的，象我这样年纪的人，为了学会一种与古典语、日耳曼语和罗曼语截然不同的语言，是要下一番功夫的。”③虽然长期遭受各种病痛的折磨，虽然燕妮和孩子们、恩格斯、朋友们及医生担忧并劝阻他，马克思依然倔强地、永不停息地

① 马克思，恩格斯．马克思恩格斯全集：第32卷．北京：人民出版社，1974：694.

② 同①695.

③ 马克思，恩格斯．马克思恩格斯全集：第33卷．北京：人民出版社，1973：177－178.

顽强学习。最终，他也从没达到父亲亨利希对他提出的“在学习上不要过于用功，千万要保护好自己的健康”这个唯一的要求，也没有任何人能够使他完全达到这一要求，所有人都在无可奈何中痛心地接受了这个事实，并且不得不满足他的学习要求。

这确实给马克思的健康造成了很大损害。除了老年时所患的各种疾病之外，还有一个没有被充分注意到的严重的健康问题，那就是由于长期在昏暗的烛光和煤油灯光下熬夜学习、工作，马克思在刚去柏林上大学时已经很差的视力此时变得极差了，虽然其中“煤油灯倒是更亮，但在狭小的空间里气味太大”①，对他的眼睛、呼吸道及肺部等都是一种直接危害。1881 年 12 月 2 日燕妮去世后，独自外出后回家的马克思“双眼极度近视，回来后经常找不到自家的门，直到发现钥匙插不进锁芯，才发现自己要开的是邻家的门”②。但即便如此，他还在顽强地学习着。

1882 年 10 月 27 日③，已 64 岁且身体状况不佳的马克思托恩格斯给伯恩施坦写信，迫切地想让伯恩施坦寄一本瑞士的第一部工厂法《联邦关于工厂劳动的法令》给他，还让恩格斯

---

① 加布里埃尔．爱与资本：马克思家事．朱艳辉，译．长沙：湖南人民出版社，2018：198.

② 同①451.

③ 此时距马克思逝世已不足 5 个月。

帮他订购当时德国最新的工商业条例[1]，用以为出版《资本论》第一卷德文第三版做学习研究之用。恩格斯 1882 年 11 月 6 日写信给马克思，信中说："我每天都在等着瑞士工厂法，我已经替你订了德国最新的工商业条例，其中也包括工厂法。"[2] 几天后，恩格斯终于得到了瑞士工厂法，在 11 月 11 日寄给了马克思。此时，马克思已经来到了英国怀特岛文特诺尔[3]疗养，试图恢复健康。12 月 4 日这一天，他被当地一名医生"判处软禁"[4]，只好待在房间里闭门不出，只与恩格斯和家人保持通信联系。12 月 23 日，无法外出的马克思写信给小女儿爱琳娜，让她把《生理学》和《欧洲史》带给他学习，这两部著作可能是马克思生命中最后学习的内容[5]。马克思真正是活到老、学到老，思想不息、学习不止。我们今天所倡导的

---

① 此条例为 1882 年颁布的《在同业公会法基础上制定的最新德国工商业条例，以及在维尔腾堡、巴登、巴伐利亚和阿尔萨斯-洛林实施该条例的有关法令，经修改、补充和增加，附有 1876 年 4 月 7 日通过的关于注册的互助储金会法，以及联邦会议通过的各项实施决定》。

② 马克思，恩格斯．马克思恩格斯全集：第 35 卷．北京：人民出版社，1971：100.

③ 马克思于 1882 年 10 月 30 日至 1883 年 1 月 12 日在英国文特诺尔疗养。

④ 同②117.

⑤ 马克思于 1883 年 3 月 14 日不幸逝世。经研究马克思、恩格斯和马克思家人在他逝世前后一段时期的信件，未发现有提及马克思再学习其他内容的记载。关于马克思逝世前最后所阅内容的记载，为恩格斯在 3 月 2 日给考茨基的信中提到的：马克思"在看法国小说"。

终身学习，马克思早在近200年前就身体力行地为我们做出了示范。

二是时不我待。马克思在其一生中从没有也绝不会虚度光阴。对他来说，学习的时间总是不够的。除了熬夜学习之外，他抓紧一切可利用的时间刻苦学习，哪怕是在他和燕妮新婚燕尔的蜜月期间，他也在不停地学习。1843年6月19日，马克思与燕妮在克罗茨纳赫小镇完婚之后，去德国的莱茵-普法尔茨度蜜月。即使是在这短暂的蜜月之旅中，马克思也在争分夺秒地学习。在这位25岁的新郎官的行李箱中，装的是“他随身携带、打算在蜜月期间研读的45本书，其中包括黑格尔、卢梭、马基雅维利和夏多布里昂的作品”①。如此时不我待地学习，真是令人钦佩。如果说燕妮是马克思生命中的最爱之人，那么书就是马克思生命中的最爱之物，学习就是马克思生命中的最爱之事②。

在短暂的蜜月之旅后，这对新婚夫妇回到了克罗茨纳赫，马克思又一头扎入书丛中刻苦地学习起来。1843年7月和8月，马克思认真学习了24本著作，包括卢梭的《社会契约论》、孟德斯鸠的《论法的精神》、马基雅维利的《君主论》、

---

① 加布里埃尔．爱与资本：马克思家事．朱艳辉，译．长沙：湖南人民出版社，2018：41.

② 这个表述与马克思在《自白》中所说的“啃书本”是完全一致的。

施密特的《法国史》、兰克的《宗教改革时期的德国史》、沙多勃利昂的《从1830年看法国》和《新建议》，等等。所学内容时间跨度从公元前600年一直到19世纪30年代，长达2 500年。马克思对学习的这24本著作做了非常认真的笔记，他一共写了5册共255页密密麻麻的学习笔记，这就是马克思蜜月期间的主要学习成果——著名的《克罗茨纳赫笔记》。《〈黑格尔法哲学批判〉导言》和另一篇马克思的著名著作《论犹太人问题》，均出自《克罗茨纳赫笔记》。马克思在笔记中逐字逐句地摘抄了大量内容，并标出了准确的页码，还为第2册、第4册补充了主题索引和文献目录，等等，足见他学习之认真、细致和深入。因此，完全可以说，马克思的蜜月是在书丛中度过的。

1843年10月底，马克思和燕妮离开克罗茨纳赫，迁居巴黎，马克思马上投入了《德法年鉴》的紧张筹办工作中，之后又积极投身革命活动。1845年1月，在巴黎仅居住了不到15个月的马克思被法国政府驱逐，被迫在2月2日离开巴黎前往比利时的布鲁塞尔。但就在巴黎这一年多的紧张工作和生活①中，他还是抓紧时间刻苦地学习。这期间，他认真学习了亚当·斯密和大卫·李嘉图的劳动价值论，圣西门、傅立叶、欧

① 马克思的大女儿小燕妮于1844年5月1日出生，此时的马克思已成为父亲。

文等人的空想社会主义学说，阅读了很多书籍，“尤其是法国和英国经济学家的著作，光笔记就写满好几本”①。这些笔记就是大名鼎鼎的《1844 年经济学哲学手稿》。此外，1844 年 9 月至 11 月间，他还和恩格斯第一次合写了《神圣家族》，其中马克思完成了绝大部分内容，恩格斯“至多只写了一个半印张”②。

马克思不但在健康时一直时不我待地刻苦学习，在生病时也是如此。他总会抓紧时间想方设法地去学习新知识，绝不让时间白白流逝。1857 年 5 月 22 日，正在病中的马克思写信告诉恩格斯：“为了使你宽心，我可以告诉你，因为我原来的并且我想是遗传的肝病复发，已经有三个星期，并且直到今天我都泡在药水和丸药里头。我以最大的努力才能供应‘市场’（我是指《论坛报》③），其实我已完全不能工作。为了使时间不完全虚度过去，而又没有更适合的事做，我就学习丹麦语”④。如此珍惜时间，如此执着和刻苦地学习，确实令人肃然起敬。对于马克思而言，他的学习和工作完全如孔子所言：逝者如斯夫，不舍昼夜。

---

① 加布里埃尔．爱与资本：马克思家事．朱艳辉，译．长沙：湖南人民出版社，2018：55.

② 马克思，恩格斯．马克思恩格斯全集：第 27 卷．北京：人民出版社，1972：19.

③ 指美国的《纽约每日论坛报》，马克思曾为此报撰稿超过 10 年。

④ 马克思，恩格斯．马克思恩格斯全集：第 29 卷．北京：人民出版社，1972：132.

三是结合现实。如前所述，马克思从儿童时起学习面就非常广。随着年龄的增加和思想的不断发展进步，他的学习面越来越广，同时他也越来越注重将学习和现实相结合。在他从波恩大学转到柏林大学之后，这一点表现得尤为明显。再后来，他在学习中极为注重与现实的紧密结合，把现实作为全部学习的最终参照系、出发点和落脚点。马克思青年时之所以能够实现从虔诚的基督信徒向坚定的无神论者的转变、从唯心主义向唯物主义的飞跃、从“太空”向“地面”的回归，并最终创立出马克思主义，根本原因就是他在学习中发现，无论是宗教、康德和费希特的理想主义、黑格尔的客观唯心主义、费尔巴哈的机械唯物主义，抑或是其他的相关思想理论，它们要么脱离现实，要么在现实面前软弱无力，都未能正确和充分地“解释世界”。

马克思与青年黑格尔派的决裂就是这一根本原因的具体体现，也是他结合现实学习的必然结果。在《莱茵报》报社工作时，马克思就已经非常厌恶青年黑格尔派，尤其是其中以鲍威尔兄弟为首的“自由人”小组，他们脱离现实、沉醉于抽象的哲学争论且夸夸其谈的虚浮做派令马克思非常反感，他坚决反对他们在《莱茵报》发表脱离现实、浮夸又空泛的文章。后来，他和恩格斯合著的《神圣家族》就是专门为批判青年黑格尔派特别是“自由人”小组而创作的。所谓“神圣家族”，这是马克思对他们的嘲讽，讽刺他们自以为是高高在上、俯视人间的大神。其实，他和恩格斯原本将这本书定名为《对批判的批判所做的批判。驳布鲁诺·鲍威尔及其伙伴》。在排印过程中，马克思把这个名称改为了副标题，换成“神圣家族”这个主标题。这个更改极为天才，可谓神来之笔，把此时青年黑格尔派特别是“自由人”小组的自大和狂妄展现得淋漓尽致。

而这时的马克思，为了能够正确和充分地“解释世界”，早已立足现实继续进行着广博的学习。其中，在他的“主战场”社会科学领域，除了继续学习哲学、法学、历史学等知识外，他还学习了政治经济学、金融学、原始文化史等知识。在自然科学领域，他也进行了令人惊叹的广博且精细的学习，比如，他深入学习了农业化学、土壤学、物理学、代数学、微分学，等等。1868 年，马克思为了创作《资本论》第三卷中的地租部分，在以往学习的农业化学和土壤学知识基础上进一步深入学习；当年 1 月 3 日，他在给恩格斯的信中提到了一些非常具体的学习内容：“我想向肖莱马打听一下，最近出版的有关农业化学的书籍（德文的）哪一本最新最好？此外，矿肥派和氮肥派之争现在进行得怎样了？（从我最近一次研究这个问题以来，德国出版了许多新东西。）他对近来反对李比希的土壤贫瘠论的那些德国作者的情况了解点什么吗？他知道慕尼黑农学家弗腊斯（慕尼黑大学教授）的冲积土论吗？”① 这充分

① 马克思，恩格斯．马克思恩格斯全集：第 32 卷．北京：人民出版社，1974：5－6.

说明马克思对这些知识的关注和学习是非常深入、精细和前沿的。这一点在后来他写给恩格斯的信中得到了进一步的印证。在当年8月4日写给恩格斯的信中，他向恩格斯询问："你怎样翻译gravel〔砾石〕，以区别于sand〔砂〕和flint〔燧石〕？怎样翻译peat〔泥炭沼泽〕，以区别于bog〔沼泽〕？此外，在'可怜的受轻视的国家'里，好象还在使用六种不同的名称来表示泥炭土壤的细微差别。"① 这足以说明，马克思对土壤的学习确实"尽精微"了。他对土壤如此深入精微的学习研究当然会取得非凡的学习成果，1869年，马克思对此做出了一个马克思主义的论断："肥沃绝不象所想的那样是土壤的一种天然素质，它和现代社会关系有着密切的联系。"② 他还结合其他论述，把大卫·李嘉图的地租理论③连根拔起，创建了马克思主义地租理论。

对于马克思而言，这样的学习当然不是结束。如之前所述，这一年年底时，马克思又不顾健康、不理病痛，开始刻苦学起了俄语，"因为在探讨土地问题时，就不可避免地要从原文材料中去研究俄国的土地所有制关系"④。马克思紧密结合

---

① 马克思，恩格斯．马克思恩格斯全集：第32卷．北京：人民出版社，1974：124－125.

② 同①384.

③ 大卫·李嘉图认为：地租是比较肥沃的土地的收入和最贫瘠的土地的收入之间的差额。

④ 同①673.

现实进行广博的学习的态度，由此可见一斑。他的勤奋学习甚至使身边一些革命者产生了依赖心理。恩格斯在1853年4月12日写给约瑟夫·魏德迈的信中说："我们中间也有一些人遵循这样的原则：'我们干嘛要刻苦学习呢，那是马克思老爹的事儿，他的职责就是什么都要懂。'"① 而此时的马克思，还不到35岁。因此，可以说，客观现实就是马克思心中的"世界"，为了正确和充分地解释它，马克思紧密结合现实认真学习了他需要学习的一切知识。

在《资本论》第一卷法文版序言和跋中，马克思这样讲道："在科学上没有平坦的大道，只有不畏劳苦沿着陡峭山路攀登的人，才有希望达到光辉的顶点。"② 这可看作马克思一生学习的生动写照，因为他就是这个"不畏劳苦沿着陡峭山路攀登的人"。为了正确、充分地解释世界，科学、有力地改变世界，他不畏任何艰难困苦"沿着陡峭山路"不懈向上攀登，最终冲上了光辉的顶点——人类思想的万山之巅，并屹立在那里，为改变世界、造福全人类奉献出耀眼的马克思主义真理。

---

① 马克思，恩格斯．马克思恩格斯全集：第28卷．北京：人民出版社，1973：588.

② 马克思，恩格斯．马克思恩格斯全集：第23卷．北京：人民出版社，1972：26.

第三章

人生满载五十一

——马克思和恩格斯的无上友谊

马克思说："最深厚的感情是最难以用言语表达的。"[①] 用这句话来形容他和恩格斯之间的友谊，再适合不过了。他们之间的深厚友谊，确实是很难用言语表达出来的。对此，列宁是这样表达的："古老传说中有各种非常动人的友谊的故事。欧洲无产阶级可以说，它的科学是由这两位学者和战士创造的，他们的关系超过了古人关于人类友谊的一切最动人的传说。"[②] 德国著名的马克思恩格斯著作和传记研究者海因里希·格姆科夫在其所著的《恩格斯传》中是这样表达的："尽管两人都各自保有别具一格和独立的个性，但在思想、感情和志向上他们

① 马克思，恩格斯．马克思恩格斯全集：第30卷．北京：人民出版社，1975：591.

② 列宁．列宁选集．第1卷．3版．北京：人民出版社，2012：95.

是一个人。”[①] 马克思和恩格斯共同的好友与战友、德国工人运动和国际社会主义运动的著名活动家李卜克内西在其著作《我景仰的人》中是这样描述的：恩格斯是马克思“精神上的孪生兄弟”[②]，“一个和马克思旗鼓相当的人，卡尔·马克思的第二个‘我’，因为早在那个时候[③]他们两人就已融为一体了。”[④] 马克思的二女婿保尔·拉法格在《回忆马克思恩格斯》一书中也做出了几乎完全相同的表述，他直接称恩格斯是马克思的“第二个我”[⑤]。意大利的一家革命杂志在恩格斯逝世后刊登的纪念文章中是这样写的：马克思和恩格斯“思想感情完全相同，以致在任何情况下都无法把他们分开，也无法区别，哪些是恩格斯的精神遗产，哪些是马克思的精神遗产。他们不仅思想一致，作风一致或志向一致，他们的心灵也完全一致”[⑥]。

所有这些表达都非常符合实际，都是对他们“最难以用言语表达的”深厚友谊的准确生动描述。马克思和恩格斯确实如

---

① 格姆科夫，等．恩格斯传．易廷镇，侯焕良，译．北京：人民出版社，2000：232.

② 于姗姗，何锴琦．恩格斯的一生．长春：吉林出版集团有限责任公司，2013：1.

③ 指19世纪40年代。

④ 中共中央马克思恩格斯列宁斯大林著作编译局．回忆恩格斯．北京：人民出版社，2005：31.

⑤ 拉法格，等．回忆马克思恩格斯．马集，译．北京：人民出版社，1973：18.

⑥ ［苏德］马列主义研究院．恩格斯逝世之际．斯人，译．北京：北京出版社，1985：177.

此，有时他们甚至会对同一事情做出完全相同的结论和表述。1882年8月1日左右，马克思的小女儿爱琳娜惊讶地发现，当时正身处异地[①]的马克思和恩格斯对两本书[②]所做的评价及用语“一字不差地完全相同!”[③] 马克思在8月3日写给恩格斯的信中就此说道：“我们——你和我——不仅得出了完全一模一样的结论，而且对这一结论用了完全相同的表达方式!”[④] 所以，完全可以说，这两位伟人确实“合二为一”了。通过他们之间“最难以用言语表达的”的无上友谊，马克思和恩格斯将彼此的生命融汇，相与为一。“我”和第二个“我”，都是一个“我”——一个更伟大、更强大的“我”。也就是说，“马克思和恩格斯”，成为“一个独立的人”；而马克思与恩格斯之间的友谊，便是“马克思和恩格斯”的灵魂。

一个马克思式的孤寂天才

弗里德里希·恩格斯，1820年11月28日生于德国巴门，

---

① 当时，马克思在法国阿尔让台镇的大女儿小燕妮家中，恩格斯在伦敦。

② 这两本书可能是意大利资产阶级社会学家和经济学家阿基尔·洛里亚所著的《意大利经济学家的价值理论》和《人口规律和社会制度》。

③④ 马克思，恩格斯．马克思恩格斯全集：第35卷．北京：人民出版社，1971：77.

比马克思小两岁半，是家中长子。他的父亲老弗里德里希是一个大规模纺纱厂的工厂主，他一心想让恩格斯子承父业，成为一名成功的商人，日后接掌家庭的大生意。因此，恩格斯是妥妥的“富二代”。老弗里德里希为了让恩格斯走上经商之路，于 1837 年强迫正在中学读书的恩格斯退学，跟他学习做生意。而此时 17 岁的恩格斯，与 17 岁时的马克思一样，都是才华横溢、品学兼优、很有思想的优秀小伙子，但他对商业并无兴趣，也不想退学，只是由于无法违抗父命，才不得不退学经商。时任校长约翰·卡尔·勒贝雷希特·汉契克博士对此感到非常惋惜，在他的中学肄业证书上写道：“该生由于不得不选择商业工作为职业而中止他过去所计划的学习，于学年结束时（本年 9 月 15 日）转入商业工作。签署者与亲爱的学生告别，并致以最良好的祝福。愿上帝保佑他，给他引路！”① 他对恩格斯的品行和学习给予了很高的评价：“该生在高年级学习期间操行优异，特别是他的谦虚、真诚、热情引起教师们的重视；该生不仅资质很高，而且表现出一种力求扩大自己的科学知识的值得赞许的愿望，因此取得了可喜的进步”②。就具体的课程而言，即便是与马克思中学期间所获的评价相比，也毫不逊色。比如在写作方面，恩格斯“作文具有良好的、独立的

① 马克思，恩格斯．马克思恩格斯全集：第 41 卷．北京：人民出版社，1982：693.

② 同①692.

思想，而且大都组织得当；叙述均有依据，表达富有准确性”[①]。他的语言天赋同样不逊于马克思，甚至还强于马克思。肄业证书显示，恩格斯的拉丁文、希腊语、德语和法语都掌握得非常好，如拉丁文“能毫无困难地理解无论是散文作家或诗人的作品”[②]，法语“能熟练地翻译法语古典著作。通晓语法”[③]，等等。在写给别人的信中，恩格斯经常同时使用多种语言。1839 年 4 月，正在德国北部城市不来梅一家贸易公司“营业所里见习”[④] 的恩格斯给朋友威廉·格雷培写了一封信，这封信中他甚至同时使用了 9 种语言；同年 9 月 28 日，他写信告诉妹妹玛丽亚：“我学了土耳其语和日语，这样，我现在懂得二十五种语言。”[⑤] 而此时的他，尚不满 19 岁。

此外，这时的恩格斯也和马克思一样，爱好文学，博览群书，喜爱写诗。他喜欢歌德、席勒、莎士比亚、伏尔泰、卢梭、巴尔扎克、莱辛、海涅等名家的作品，尽管当时年轻的他离家在外每天忙碌地工作，但他还是如饥似渴地阅读名家大作、世界名著。1838 年 10 月，他写信给玛丽亚，让她“经常不断地每

---

① 马克思，恩格斯．马克思恩格斯全集：第 41 卷．北京：人民出版社，1982：692 - 693.

② 同①692.

③ 同①693.

④ 马克思，恩格斯．马克思恩格斯全集：第 50 卷．北京：人民出版社，1985：530.

⑤ 同①521.

隔两三天就提醒妈妈，请她在圣诞节前把歌德的作品寄给我。我确实非常需要它们，因为无论读什么书，总是引证歌德的话”①。而在不到一个月之前，这位17岁的年轻人在9月16日的《不来梅杂谈》杂志第40期发表了他的处女诗《贝都英人》。此后，他继续乘胜前进，创作和发表了很多诗作。

更重要的是，年轻的恩格斯与马克思一样酷爱学习和思考。1839年3月，他在《德意志电讯》匿名发表了一篇具有进步倾向的文章《乌培河谷来信》，引起了轰动，而这是他发表的第一篇政论文章。这一年秋后，他认真自学了黑格尔的《历史哲学》，“每晚必读”②，在汲取其中精华的同时，他还对黑格尔的历史观进行了批判，并与马克思一样，超越了黑格尔。就在学习《历史哲学》期间，也就是1839年11月至1840年1月，他一边自学，一边撰写了一篇题为《时代的倒退征兆》的文章③，这篇文章批判了黑格尔认为的历史是平行线条式前进、终于君主立宪制的观点，树立了他自己提出的历史是螺线式无限前进的观点。他在文章中提出：“我宁愿把历史比作信手画成的螺线，它的弯曲绝不是很精确的。历史从看

---

① 马克思，恩格斯．马克思恩格斯全集：第41卷．北京：人民出版社，1982：428.

② 同①546.

③ 1839年12月初时，恩格斯仍然在自学《历史哲学》，这篇文章是他边学习边撰写完成的。

不见的一点徐徐开始自己的行程，缓慢盘旋移动……不时擦过它的旧路程，又不时穿过旧路程。而且，每转一圈就更加接近于无限。谁能预见到终点呢?”[①] 这篇闪烁着唯物史观火花的文章马上被《德意志电讯》于 1840 年 2 月份发表，并连载了 3 期。[②] 作为一名连中学都没上完就退学经商的 19 岁小伙子，能有如此不可思议的高远视野和深邃见解，创作出如此大作，着实让人惊叹。

1841 年 9 月，恩格斯到驻守柏林的近卫炮兵旅第十二步兵连服兵役，担任炮手。卓越且思想斗争活跃的柏林大学对于酷爱学习和思考的恩格斯来说，无疑具有无法抗拒的巨大吸引力，他与马克思一样，都被柏林大学深深地吸引。恩格斯一边服役，一边以旁听生的身份去柏林大学听课。在夏季学期刚开始的一个早晨，他就“走进了大学”[③]。他尤其喜欢听哲学讲座。由于对黑格尔的认可，他不但加入了青年黑格尔派的柏林小组，更积极投入激烈的思想斗争中。在刚开始的几个月里，他主要对谢林的客观唯心主义哲学进行了猛烈的轰击，这位年轻的炮手，对当时大名鼎鼎的哲学权威谢林连续轰出了三记“重炮”，将谢林哲学轰得片甲不留。第一记“重炮”是写于

---

① 马克思，恩格斯．马克思恩格斯全集：第 41 卷．北京：人民出版社，1982：32.

② 载于 1840 年 2 月《德意志电讯》杂志第 26、27 和 28 期。

③ 同①299.

1841年11月中下旬的《谢林论黑格尔》，并以“弗里德里希·奥斯渥特”的笔名立即发表于12月的《德意志电讯》杂志第207和208期；紧接着，这位年轻的炮手又轰出了第二记“重炮”——写于1841年年底至1842年年初的《谢林和启示》，1842年以单行本的形式在莱比锡出版发行；紧接着，他又轰出了第三记“重炮”——写于1842年年初的《谢林——基督哲学家，或世俗智慧变为上帝智慧》，在这一年以单行本的形式在柏林出版发行。后两记“重炮”，恩格斯都没有署名，深藏功与名。当时，人们都以为这些文章一定出自某位睿智且博学多识之士之手，极少有人知道，这些文章出自一位21岁的年轻“炮手”——弗里德里希·恩格斯。

历史的必然与偶然

1842年4月，恩格斯开始为《莱茵报》撰稿，而几乎同时，马克思也开始为《莱茵报》撰稿。此时，这两人虽然素未谋面，但他们不约而同地在历史的同一时刻为《莱茵报》撰稿，并发表了很多同类型的政论文章，这不仅仅是历史的偶然。偶然的背后，一定有着历史的必然。从1842年4月12日恩格斯在《莱茵报》发表第一篇文章《北德意志自由主义和南德意志自由主义》起，至9月18日其发表《集权和自由》，这位年轻的“炮手”在即将到来的10月退役和马克思担任《莱茵报》主编前夕①，至少在《莱茵报》发表了12篇文章。但是，恩格斯撰稿时在署名上延续了他之前的风格，即不署名或使用笔名。12篇文章中，有10篇未署名，另两篇署以笔名“弗·奥·”②。因此，尽管马克思极有可能在这段时间看到了恩格斯的文章，但他对作者可能一无所知，此时他对恩格斯的所知可能仅限于朋友圈的耳闻。而恩格斯此时已从青年黑格尔派成员的口中，听说了大名鼎鼎的马克思，他也看到了马克思的文章，并对马克思产生了良好印象，也许他还产生了一种英雄相惜的敬佩与好奇。

可以说，此时的恩格斯在精神高度上与马克思相当，而且他们有着相似的精神特质及兴趣爱好，“他们都聪明、敏锐、有预见性、有创造力，同时又都具有优越感、喜欢争论。他们都喜欢抽烟（马克思用烟管，恩格斯抽雪茄）、喝酒（恩格斯喜欢喝葡萄酒和啤酒，马克思什么都喝）、大笑（通常是嘲笑敌人，马克思经常笑出眼泪）”③。更重要的是，他们志同道合，而且都思想进步，关注现实，倾向革命。这样的两个年轻人，一旦相遇，必定会成为挚友，这是历史的必然。但是，正

---

① 恩格斯于1842年10月8日正式从军队退役，马克思于1842年10月15日担任《莱茵报》主编。

② 马克思，恩格斯．马克思恩格斯全集：第41卷．北京：人民出版社，1982：304，312.

③ 加布里埃尔．爱与资本：马克思家事．朱艳辉，译．长沙：湖南人民出版社，2018：81.

如此时的恩格斯自己所认为的，历史“绝不是很精确的”“螺线”。那么，在不精确的地方存在着的，就是各种偶然，即历史的必然中夹杂着历史的偶然。马克思和恩格斯的第一次会面，就正好发生在了“并不精确的历史转弯处”，必然的结果在此时并未显现，反而是一个与必然完全相反的偶然占据了必然应该出现的位置。换句话说，他们的第一次会面是一次出乎意料的失败。

1842 年 11 月底，恩格斯按照父亲指令，离家去英国曼彻斯特的欧门-恩格斯纺纱厂工作。途中，他来到科隆的《莱茵报》编辑部进行拜访，也许他心中对《莱茵报》和马克思怀有一种好奇和亲近感，或者还带着开怀畅谈的热情和期望，但“马克思极为冷淡地接待了他，只是礼节性地约他为《莱茵报》撰稿”①，两人的会面没用多长时间就草草结束了。马克思当时的态度很可能令恩格斯感到失望甚至恼怒，当他“离开编辑部走在街上的时候，不由将手中华贵的手杖折断了，那是父亲刚刚送给他的礼物”②。1895 年 4 月底，恩格斯在回忆这段历史时讲道：“这就是我们十分冷淡的初次会面。”③

---

① 陈林．恩格斯传．北京：天地出版社，2018：99.

② 于姗姗，何锴琦．恩格斯的一生．长春：吉林出版集团有限责任公司，2013：65.

③ 马克思，恩格斯．马克思恩格斯全集：第 39 卷．北京：人民出版社，1974：452.

那为什么会出现如此令人大跌眼镜的情况呢？这还得从青年黑格尔派的“自由人”小组说起。这是由于，“自由人”站在唯心主义立场上夸夸其谈、高高在上，并在错误的方向和道路上越走越远，而此时的马克思正高度关注现实，持续地向唯物主义前进、靠拢，正处在关键转弯处，无论是在思想、立场上，还是在对《莱茵报》的看法上，他们之间的分歧已经大到无可弥合、无可逆转，矛盾十分尖锐。马克思对“自由人”已是十分不满，甚至厌恶和蔑视，坚决地反对他们。而此时的恩格斯正专心于学习，和报刊界的联系较少，不了解他们之间的尖锐矛盾和巨大分歧；更不巧的是，退役后这段时间他没有继续向《莱茵报》撰稿，而是和“自由人”的“鲍威尔兄弟有书信来往”①，另外他还当过由“自由人”创办的《艺文》杂志的编辑。因此，当时马克思误以为恩格斯是“自由人”的盟友，所以“极为冷淡”地对待恩格斯，他们的第一次会面就这样匆忙地不欢而散了。

事实上，此时的恩格斯和马克思完全一样，也正处于自己的关键转弯处，他也正在费尔巴哈的影响下从唯心主义向唯物主义转变，在思想上已远离了青年黑格尔派的“自由人”。他们这两位天才，正各自走在通向唯物主义的大道上，只是当时

---

① 马克思，恩格斯．马克思恩格斯全集：第39卷．北京：人民出版社，1974：453.

彼此并不知道罢了。虽然历史在这个“绝不是很精确”的关键转弯处出现了这样出人意料的偶然，但是，这根“绝不是很精确的”“螺线”始终在以自己的规律持续前进着，历史的必然总会在前进中的某一时刻必然地出现。

尽管经历了这次很不愉快的会面，但显然这次冷遇不可能对恩格斯正在昂扬前进的思想和步伐造成什么影响。正所谓成大事者不拘小节，虽然他和马克思此时都是 20 多岁的年轻人，但他们都是有着崇高追求和思想境界的人，不会对这件不愉快的小事耿耿于怀。恩格斯在到达曼彻斯特之后，还是对马克思礼节性的约稿请求给予了高度重视。他在 1842 年 11 月 29 日至 12 月 22 日这不到一个月的时间里，连续写了 5 篇文章寄给《莱茵报》，分别是写于 11 月 29 日的《英国对国内危机的看法》、11 月 30 日的《国内危机》、12 月 19 日的《各个政党的立场》、12 月 20 日的《英国工人阶级状况》、12 月 22 日的《谷物法》。而马克思主编当然慧眼识珠，立即将这些文章全部刊登在 12 月份的报纸上，其中前两篇文章从恩格斯写完至见报仅用了 9 天时间，后 3 篇文章仅用了 6 天。要知道，那可是在 1842 年，这些文章从英国曼彻斯特漂洋过海抵达遥远的德国科隆《莱茵报》编辑部，全靠书信邮递；即便在现在，两地之间的最短路程也将近 800 公里。因此，文章见报速度简直可用快如闪电来形容。这不仅说明这些文章在邮递到《莱茵报》之后是立即被排版印发的，也说明马克思对恩格斯并无成见，更说明这些文章很对马克思的胃口（而如果是“自由人”撰写的文章，这位钢铁般的主编是绝不会同意刊印的，更别提会如此神速了）。不仅如此，通过这些文章，马克思对恩格斯的思想、立场及写作风格开始有了进一步的认识。而恩格斯，也一定在连续的闪电发文中对马克思有了更准确和更深刻的认识。历史正必然地向着历史的必然稳步前进。

英雄相惜

“绝不是很精确的”“螺线”很快画到了 1843 年，这一年在马克思身上发生了很多大事，他非常忙碌。3 月份，《莱茵报》被查禁，这位勇猛智慧的主编悲壮地离开了报社；6 月份，他和燕妮结婚，随后完成了《克罗茨纳赫笔记》；10 月份，他和燕妮离开克罗茨纳赫迁居巴黎，和阿尔诺德·卢格一起筹办《德法年鉴》，再次成为主编。恩格斯这一年也没闲着，除了学习和开展欧门-恩格斯纺纱厂的工作外，他还经常深入“像他这种上层社会的人连收租都不愿踏足的区域”① ——工人居住区实地调研，并结交了很多革命者和普通工人。对恩格斯这样的天才人物而言，这样的付出和努力必定会产生了不起

① 加布里埃尔．爱与资本：马克思家事．朱艳辉，译．长沙：湖南人民出版社，2018：65.

的思想成果。确实如此，而且成果来得很快，也很重大：在这一年年底至1844年1月期间，他完成了他的第一篇经济学著作——著名的《政治经济学批判大纲》（当时以《国民经济学批判大纲》为名发表），并立即发表在了2月出版的《德法年鉴》双月刊上[①]。马克思对这篇文章高度重视，十分赞赏，不但认真学习研究了这篇文章，还专门写下了《弗里德里希·恩格斯〈国民经济学批判大纲〉一文摘要》，并在他的《1844年经济学哲学手稿》序言中进行了专门推荐，后来又在《〈政治经济学批判〉序言》中称赞它是“批判经济学范畴的天才大纲”[②]，更在《资本论》中多次引用了其中的观点和语句。

《政治经济学批判大纲》对马克思的影响是重大而深远的，“在很大程度上影响了马克思的科学研究的性质，它（连同其他原因）激励了马克思紧张地研究政治经济学”[③]。而对于他们的深厚友谊而言，这篇文章就像是媒人一样把这两大天才有效地联系到了一起，是他们深厚友谊的真正源头。马克思说：

---

① 这是《德法年鉴》唯一出版过的一期，但十分重磅，其中还刊载了马克思的《论犹太人问题》和《黑格尔法哲学批判导言》，以及恩格斯的另一篇著作，这些著作标志着马克思和恩格斯最终地转到了唯物主义和共产主义。这一期出版后，由于马克思和卢格在原则问题上存在分歧和经济问题，便停刊了。

② 马克思，恩格斯．马克思恩格斯全集：第13卷．北京：人民出版社，1962：9.

③ 马克思，恩格斯．马克思恩格斯全集：第42卷．北京：人民出版社，1979：485.

"自从弗里德里希·恩格斯批判经济学范畴的天才大纲（在'德法年鉴'上）发表以后，我同他不断通讯交换意见"①。这表明了一个重要的历史事实，即正是从此时起，马克思与恩格斯开始了漫长但极为频繁的通信史，这是两位伟人深厚友谊的重要见证和直接反映。即便抛开他们通信的内容不论，仅从通信的时间跨度、数量和频率上，也足以证明他们的友谊之深厚。从时间上看，从此时即 1844 年 2 月算起，至 1883 年 1 月 10 日②止，他们通信的时间跨度长达 40 年；从数量上看，从 1844 年 10 月初至 1883 年 1 月 10 日，仅保存下来的信件就多达 1 386 封；从频率上看，这 1 386 封信，"除去两人同住一座城市的 16 年零 10 个月，平均每隔五六天就有一封书信往来"③。而如果算上没有保存下来的和由燕妮及其他人代笔、代交的信件，那么他们之间书信往来的频率就更高了。这些足可谓空前绝后了。另外，从马克思收到恩格斯书信后的态度，也可以看出他们的友谊之深厚。"马克思的一个女儿回忆说，家里最高兴的时候便是穿着红色军式礼服、戴着黄色条纹礼帽的邮差到来的时候，每当他敲响住处的门，孩子们都会从楼上飞快地冲下来，因为

① 马克思，恩格斯．马克思恩格斯全集：第 13 卷．北京：人民出版社，1962：9.

② 这一天，马克思给恩格斯写了一封信，应是保存下来的信件中他们最后的通信。

③ 陈林．恩格斯传．北京：天地出版社，2018：97.

他们知道‘恩格斯叔叔’的来信会让父亲何等开心”①。而邮差到来的具体时间，他们全家早已烂熟于心。有一次，“喝醉了的邮差已经走过去了，琳蘅②赶上去把信拿来了”③。

横空出世

显然，《政治经济学批判大纲》发表后，他们友谊的巨轮就已经起锚。1844 年 8 月底，恩格斯从英国曼彻斯特回德国巴门，他专门绕道巴黎去拜访马克思。8 月 28 日，历史的必然终于必然地出现了，并出现在了一个无比合适的地点。这一天，在巴黎范尼大街一家历史悠久的、富有历史意义的、见证了诸多历史名人的、具有传奇色彩的、名满欧洲的全世界第一家咖啡馆——普洛可甫咖啡馆④，两位巨人历史性地会面，他

---

① 加布里埃尔．爱与资本：马克思家事．朱艳辉，译．长沙：湖南人民出版社，2018：184-185.

② 即海伦·德穆特·琳蘅，她本为威斯特华伦家的小女佣，比燕妮小 9 岁，与燕妮和马克思一起长大，1845 年 4 月到马克思家帮助他们，从此陪伴和照顾了马克思和燕妮一生，与马克思一家同甘共苦，与至亲无异。她逝世后，安葬在海格特公墓马克思夫妇的旁边。

③ 马克思，恩格斯．马克思恩格斯全集：第 28 卷．北京：人民出版社，1973：445. 另注：拿回的这封信是恩格斯寄给马克思的。

④ 该咖啡馆于 1686 年开张，伏尔泰、卢梭、雨果、巴尔扎克、拿破仑等人都曾光顾。拿破仑有一次在此喝咖啡但没带够钱，竟用自己的军帽作抵押换了一杯咖啡喝，现在，这顶军帽仍在这里等待它的主人。

们友谊的巨轮在这一刻鸣笛起航了。这一次，他们都满怀友好与真诚，他们第一次在一起开怀畅谈。这一谈，整整 10 天，他们的伟大友谊正式开始了。“马克思和恩格斯”诞生了。

他们相见恨晚、一见如故、极为投缘，而这时恰巧燕妮在特里尔的娘家，恩格斯就直接住进了马克思家里，两个志同道合的天才年轻人就这样朝夕相处了 10 天——非常宝贵、非常重要、非常充实、非常愉快的 10 天。这 10 天中，他们互相支持、互相帮助，深入地交流思想和见识，“恩格斯对曼彻斯特工厂的讲述，和他从内部视角对整个工业体系运作的描述，都让马克思如获至宝”①。而马克思除了与恩格斯分享自己的思想理论外，还把恩格斯介绍进了自己在巴黎的朋友圈，带他参加社会主义者和共产主义者的聚会，与工人交流，与革命者建立联系，等等。这 10 天里，恩格斯帮助马克思进一步搭建了理论和现实之间的桥梁，同时使马克思验证了自己思想理论的正确性；马克思则进一步丰富和充实了恩格斯的理论思考，同时帮助恩格斯增强了他的革命才干。在深入的交流中，他们都发现彼此在思想上是高度一致的。而想必在此之前，这两大天才一定都有一种强烈的曲高和寡、知音难觅的孤独感和寂寞感，现在突然遇到了精神契合、深达灵魂且思想高度匹配的知

① 加布里埃尔．爱与资本：马克思家事．朱艳辉，译．长沙：湖南人民出版社，2018：62.

音，他们马上迸发出巨大的激情，友谊的巨轮立即开足马力破浪向前。

经过这10天的朝夕相处，马克思和恩格斯已经成为至交。10月初，恩格斯回到巴门后立即写了一封长信给马克思，信中一开头就说："我没有早些把我的情况告诉你，你大概感到奇怪，你这样想是有道理的。但是，我何时回去，现在还是不能确切地告诉你。"① 这是因为马克思"一直催促恩格斯11月就回到巴黎来"②。恩格斯在这封信中无话不谈，有他自己的家事、生活、思考等各种事情，甚至还提到了马克思的"内弟"③ ——燕妮心爱的弟弟埃德加尔，而此时恩格斯连燕妮都还没有见到过，这足以说明这10天中他们交流之广泛深入和他们友谊之深厚。此时从恩格斯的口吻可以看出二人已非常熟络亲密，完全就是多年好友的样子，比如"总之，应该加紧工作，赶快出版④……并快点来信告知一切。此信到时如未被拆开，那就请按'爱北斐特弗·维·施特吕克尔公司'这一地址

① 马克思，恩格斯．马克思恩格斯全集：第27卷．北京：人民出版社，1972：5.

② 加布里埃尔．爱与资本：马克思家事．朱艳辉，译．长沙：湖南人民出版社，2018：66.

③ 同①8.

④ 恩格斯这里指的是马克思曾经打算要写的一本著作：《政治和政治经济学批判》。1845年夏天，出版商为这部书预支给马克思1 500法郎的稿酬，但马克思由于过于忙碌未能完成这一著作，导致后来出版商要他还钱。

寄信，信封上尽可能用商人的字体书写；否则，就按我留给艾韦贝克[①]的地址之一寄信。我很想知道，我这封具有纯粹女士外表的信能否骗得过把守邮局的狗东西”[②]。在信的最后，恩格斯这样说道：“好吧！祝你健康，亲爱的卡尔，望马上回信。我还从来没有一次象在你家里度过的十天那样感到心情愉快，感到自己真正是人。”[③] 这充分证明了此时的他们是多么兴奋、多么激动、多么投缘，各自心底里盘踞多年的深深的孤独感、寂寞感被对方荡涤一空，友谊的阳光洒满了他们的心田，预示着“马克思和恩格斯”必将迸发出无穷无尽的巨大能量。

后来，1885 年恩格斯在《关于共产主义者同盟的历史》中回忆他们这次历史性会晤时说：“我们在一切理论领域中都显出意见完全一致，从此就开始了我们共同的工作。”[④] 实际上，他们不仅仅是从此开始了共同的工作，他们共同的生命也从此开始了，“马克思和恩格斯”的“人生”也开始了，历史从这个起点向着未来的必然继续必然地前进了。

此后一生，“马克思和恩格斯”为了自己的理想信念和事

---

① 奥古斯特·海尔曼·艾韦贝克，德国医生和政论家，曾是正义者同盟巴黎支部的领导者和共产主义者同盟盟员。

② 马克思，恩格斯．马克思恩格斯全集：第 27 卷．北京：人民出版社，1972：8－9.

③ 同②9.

④ 马克思，恩格斯．马克思恩格斯选集：第 4 卷．3 版．北京：人民出版社，2012：202－203.

业无比坚定、无比勇毅地奋进、开拓、战斗，马克思和恩格斯则在事业、生活、精神等所有方面互相支持、互相帮扶，彼此用彻底的、无可比拟的关怀、信任和付出凝成了他们“最难以用言语表达的”深厚友谊，为“马克思和恩格斯”源源不断地输入强大能量和生命营养。对于“马克思和恩格斯”的诞生、存在，世界并没有意识到，马克思和恩格斯本人也都没有意识到。但随着时间的推移，“马克思和恩格斯”一天天成长壮大，不停地奋斗拼搏，迟早会有人发现“他”的。11 年后的 1855 年，一位名叫路德维希·西蒙的特里尔律师出版了一部名叫《流亡纪事》的两卷本著作，书中把“马克思和恩格斯”视为一个人。马克思在 1856 年 8 月 1 日写给恩格斯的信中说：“最奇怪的是，这个家伙把我们俩人看成是单数：‘马克思和恩格斯说’等等。”① 这里的动词“说”，按德语语法应用复数“sagten”，但却故意用了单数“sagt”。这也意味着，“马克思和恩格斯”，终于有人看到了。

能量爆发

在两大巨人历史性的巴黎十日会晤中，“马克思和恩格斯”

① 马克思，恩格斯．马克思恩格斯全集：第 29 卷．北京：人民出版社，1972：65.

决定并立即动手撰写一部清算青年黑格尔派思想，捍卫自己的唯物主义和共产主义思想的著作，即《神圣家族》，这是“马克思和恩格斯”的第一部著作，也是两大巨人深厚友谊的第一个结晶。在“马克思和恩格斯”的事业中，马克思和恩格斯既同心协力、互相支撑、密切配合，也共同面对和应对一切风险、挑战及各种困难。在“马克思和恩格斯”完成了《神圣家族》并于 1845 年 2 月出版之后，这一年 9 月，“他”又乘胜前进，再一次开始了天才的创作，这一次历时将近一年，至 1846 年 8 月，“他”又完成了一部长达五百多页、分两卷的重磅巨著——《德意志意识形态》，这部著作的完成标志着唯物史观的创立。这部宏伟巨著是“马克思和恩格斯”的第二部著作，也是两大巨人深厚友谊的第二个结晶。琳蘅数年后回忆说：“马克思和恩格斯在房子里一边写作，一边畅笑不止，把所有人都吵醒了。”① 而这时的“他”，刚满“2 岁”；马克思和恩格斯“他俩”，则一个 28 岁，一个还不满 26 岁，风华正茂，这预示着“他”此后必然还有更多、更伟大的著作和成果，“他俩”也必然还有很多次这样的畅笑不止。

“绝不是很精确的”“螺线”很快画到了 1847 年，这一年 6 月 2 日，共产主义者同盟第一次代表大会在伦敦召开，恩格

① 加布里埃尔．爱与资本：马克思家事．朱艳辉，译．长沙：湖南人民出版社，2018：85.

斯为这次大会起草了纲领草案《共产主义信条草案》。他在这部文件中采用一问一答的形式，简明扼要地提出了 22 个代表性问题并一一回答，提交大会进行讨论。6 月 9 日，大会最后一次全体会议肯定了这一纲领草案。10 月底，恩格斯所在的共产主义者同盟巴黎区部委员会委托他“草拟一篇新的教义问答在本星期五的区部会议上进行讨论，并且要背着各支部直接寄往伦敦”①，恩格斯接受了这项任务。他在《共产主义信条草案》基础上，进行了大幅修改、精简和完善，拟出了一份新的有 25 项问答的文件，其问题更加深入犀利，回答更加详细精准，结构更加科学严谨，这就是恩格斯的《共产主义原理》。“从篇幅上看，《共产主义原理》对 25 个问题的回答相当于《共产主义信条草案》所回答的 22 个问题的三倍。”② 但是，恩格斯对这种教义问答的形式并不满意。11 月 23 日，他写信给马克思说：“我想，我们最好是抛弃那种教义问答形式，把这个东西叫做《共产主义宣言》。因为其中必须或多或少地叙述历史，所以现有的形式是完全不合适的。”③ 这个天才的想法得到了马克思的赞同。6 天后的 11 月 29 日，共产主义者同盟第二次代表大会在伦敦召开，由于恩格斯对《共产主义原

① 马克思，恩格斯．马克思恩格斯全集：第 27 卷．北京：人民出版社，1972：114.

② 陈林．恩格斯传．北京：天地出版社，2018：126.

③ 同①123.

理》的“教义问答形式”不满意，大会未将这个文件提交讨论，并委托马克思和恩格斯尽快起草一份新的纲领。

接过这一重任后，“马克思和恩格斯”便开始着手研究具体的创作方案，“马克思认为《共产主义原理》阐述的一切基本原则都是正确的，论述逻辑也是可取的。两人一致同意新的纲领基本上按《共产主义原理》的内容框架展开，但抛弃它的‘教义问答形式’”①。12 月 8 日大会结束后，他俩先后回到布鲁塞尔，“进一步商讨新纲领的内容、结构和表达方式，拟定写作大纲”②。12 月底，恩格斯返回了巴黎③。马克思按照“马克思和恩格斯”的想法，在大体保留《共产主义原理》基本内容和结构的基础上，于 1848 年 1 月底在布鲁塞尔最终完成了《共产党宣言》，2 月 24 日付印出版了 800 份。“马克思和恩格斯”的最伟大著作就这样诞生了，两大巨人深厚友谊的最伟大结晶也终于产生了。这时，“马克思和恩格斯”3 岁半，马克思 29 岁，恩格斯 27 岁，“他”和“他俩”就像毛泽东在《沁园春·长沙》中所写的那样：

恰同学少年，风华正茂；书生意气，挥斥方遒。

指点江山，激扬文字，粪土当年万户侯。

---

①② 陈林．恩格斯传．北京：天地出版社，2018：129.

③ 恩格斯于 1846 年 8 月 15 日受布鲁塞尔共产主义通讯委员会委托前往巴黎开展革命工作，1848 年 1 月 29 日被法国政府驱逐出境，1 月 31 日回到布鲁塞尔。

曾记否，到中流击水，浪遏飞舟？

“马克思和恩格斯”不但在解释世界的事业中迅速迸发出巨大能量，在改造世界的事业中“他”也是完全如此，迅速迸发出天翻地覆般的巨大能量。就拿“螺线”刚刚画到的1848年来说，这一年是“他”动荡、危险和战斗的一年，因为在这一年，革命的风暴席卷欧洲大陆。马克思和恩格斯非常艰辛，他俩时而在一起紧密地并肩战斗，时而分别去欧洲各地积极地参加各种革命活动。在四五月间，“马克思和恩格斯”积极筹备出版《新莱茵报》①，使这份重磅报纸在5月31日提前一天出版了创刊号，这是“他”的重大成就，是他俩无上友谊的重大结晶。在《新莱茵报》，马克思任主编，恩格斯任编辑，二人全力以赴，注定了这份重磅报纸将成为一个无比强大坚固的思想堡垒和政治阵地，注定了这份报纸会在历史上留下浓墨重彩的一笔。创刊后仅3个月，即到9月时，报纸的发行量快速增长，订阅人数增加到5 000人（考虑到报纸在咖啡屋和酒馆里传阅，读者人数显然比这个更多），成为39个德意志邦国中阅读人数最多的报纸之一。”后来，恩格斯评价《新莱茵报》是“革命年代德国最著名的报纸”②，因为“没有一家德国报纸——无论在以前或以后——像《新莱茵报》这样有威力和有

① 报社设在德国科隆。

② 马克思，恩格斯．马克思恩格斯文集：第4卷．北京：人民出版社，2009：7.

影响，这样善于鼓舞无产阶级群众”①。列宁则认为，《新莱茵报》是“革命无产阶级最好最卓越的机关报”②。当时普鲁士王室的态度也从反方向证明了《新莱茵报》无与伦比的威力，王室认为，它是“‘邪恶的报纸’中最坏的”③。当然，这也意味着普鲁士政府必然会对《新莱茵报》进行疯狂打击，而对《新莱茵报》来说极为重要的商人股东们显然对此十分惧怕。

峥嵘岁月

1848年这一年，由于马克思和恩格斯的革命活动与言论，俩人先后遭到了所在国家的驱逐。恩格斯被驱逐了两次，除了1月29日遭到法国政府驱逐外，还在10月4日被比利时警察抓捕并驱逐到法国。马克思则在3月4日遭比利时政府抓捕并被驱逐。④ 3

---

① 马克思，恩格斯．马克思恩格斯文集：第4卷．北京：人民出版社，2009：12.

② 列宁．列宁全集：第26卷．2版（增订版）．北京：人民出版社，2017：84.

③ 加布里埃尔．爱与资本：马克思家事．朱艳辉，译．长沙：湖南人民出版社，2018：145.

④ 比利时国王莱奥波德一世于1848年3月2日签署命令驱逐马克思，永远禁止他回比利时。4日凌晨1点，警察突然来到马克思一家居住的旅馆搜查并逮捕了马克思。燕妮随后外出寻找朋友帮助，也遭警逮捕并审讯，和三个妓女一起被关到漆黑的牢房里。马克思说当晚他和一个疯子关在了一起。天亮后，他们没有受到任何指控，于下午3点被释放，此时离驱逐令最后时限仅剩几个小时。

月 5 日，马克思、燕妮、琳蘅和三个孩子抵达了巴黎。马克思深知流亡中的恩格斯处境艰难，这一年他一直千方百计采取各种办法全力支持恩格斯。特别幸运的是，这年 2 月初，他收到了母亲预支的 6 000 法郎遗产。3 月 12 日左右，他写信告诉恩格斯："请向布赖埃尔①取一百法郎（这是他发誓答应要在一星期之后还我的），向日果②取三十法郎，向赫斯③取十法郎……迈因茨④将在卡斯耳那里贴现一张一百十四法郎的期票，并将此款付给你。你把所有这些钱收起来用吧。"⑤ 10 月 26 日，他写信给刚流亡到日内瓦的恩格斯，说："现在我尽我手头所有给你寄去，此外还有一张舒耳茨⑥寄给日内瓦一个公民的五十塔勒汇票，从这个公民那里你还能够得到另一些资助。我早就已经向巴黎寄五十塔勒给你和德朗克⑦，并且同时把你的护照寄给了布鲁塞尔的日果……立即回信。要不要把你的衬衣等物寄去？"⑧ 由此可见，马克思对恩格斯的关心和帮

① 布鲁塞尔的医生，布鲁塞尔民主协会会员。

② 菲利普·日果，比利时工人运动和民主主义运动的参加者，共产主义者同盟盟员。

③ 德国小资产阶级政论家。

④ 德国法学家，布鲁塞尔大学教授，布鲁塞尔民主协会会员。

⑤ 马克思，恩格斯．马克思恩格斯全集：第 27 卷．北京：人民出版社，1972：135.

⑥ 科隆商人，《莱茵报》的发行负责人。

⑦ 德国政论家，《新莱茵报》编辑之一。

⑧ 同⑤145－146.

助可谓精细入微。

1848 年 11 月中旬，马克思尽己所能给刚流亡到瑞士洛桑的恩格斯寄了一些钱，并且以他的超凡智慧全力保护和支持恩格斯。在此时写给恩格斯的信中，马克思话语平实，但情深意长、感人至深。“我（不是发行部）很早以前就已经按照指定的日内瓦地址给你寄去了六十一塔勒——十一塔勒纸币和五十塔勒期票。因此，你查问一下并立即来信。我有邮局收条，可以把钱要回来。此外，我曾给日果寄去二十塔勒给你们用，稍后又给德朗克寄去五十塔勒，都是我自己的钱，共约一百三十塔勒。明天我再寄一些给你。但是你要查问一下那笔钱。同时在期票里附有一封给你用的介绍信，去见一个有钱的洛桑庸人。我的钱勉强够用……同时，我还没有从报纸①得到一文钱。至于你们的编辑职务，我这样做了：(1) 在第 1 号报上就立即指明，编辑委员会原有成员不变；(2) 向愚蠢而反动的股东们声明：他们可以随意把你们不再看做编辑部的人员，但我有权随意付出我所要给的稿费，所以，他们在金钱上将丝毫占不了便宜。”② 马克思“这样做”极为智慧，他看似有所让步，实则既维护了恩格斯在《新莱茵报》的地位，又保证了恩格斯有可靠的收入来源，绝不仅仅是让愚蠢而反动的股东们“在金

---

① 指《新莱茵报》。

② 马克思，恩格斯．马克思恩格斯全集：第 27 卷．北京：人民出版社，1972：146－147.

钱上将丝毫占不了便宜”那么简单。

马克思在信中还说道：“本来，不向报纸投入这样大笔款子，对我更加合理些，因为我被三四起违反出版法的诉讼案所缠，每天都可能被捕，那时我就会象鹿渴求清水那样渴求金钱了。但是问题在于，在任何情况下都要坚守住这个堡垒，不放弃政治阵地。”① 这充分体现出马克思对革命事业的旺盛斗志和顽强坚守。之后，马克思建议恩格斯从洛桑去伯尔尼，并写些“愿意写的东西”②，这样，恩格斯就会有稿费收入了。在信的最后，马克思动情地说道：“我能把你丢开不管吗？哪怕是一会儿，那也是纯粹的幻想，你永远是我的最知心朋友，正象我希望的我是你的最知心朋友一样。”③ 这将“马克思和恩格斯”的深厚友谊展现得淋漓尽致，真令人钦佩和羡慕。要知道，此时的马克思也正被大麻烦缠身，这就是马克思所说的导致他“每天都可能被捕”的“三四起违反出版法的诉讼案”。他极有可能是怕恩格斯担心，故意将这几个案件说得好像无足轻重、家常便饭似的。实际上，这几个案件均十分严重，他先后被政府指控犯有公开号召叛乱罪、叛国罪，被王室指控犯有诽谤罪等，个个都是重罪。

恩格斯在接到马克思的信后，按照马克思的建议，在 11

---

①②③ 马克思，恩格斯．马克思恩格斯全集：第 27 卷．北京：人民出版社，1972：147.

月 29 日前到达了伯尔尼，并连续写了好几篇文章在《新莱茵报》发表，但流亡的他还是非常缺钱。到 1849 年 1 月初，他已身无分文了。1 月 7 日，他写信给马克思，同时又附上了所写的一篇文章，并让马克思立即给他寄些钱来。他说："现在，在我过了几个星期造孽的生活，从我的灾难和流浪中恢复过来之后，我感到，第一，需要把工作重新干起来（附上的论马扎尔和斯拉夫人问题的文章①就是一个确证）；第二，需要钱。后者是最迫切的，如果你们在接到这封信的时候，还什么也没有给我寄，那就请立即办好这件事，因为我已经好几天一文不名了，而在这个糟糕的城市里，借是借不到的。"② 虽然马克思对这封信的回信没能保存下来，但完全可以肯定的是，马克思一定立即把钱给恩格斯寄了过去。这是因为，1 月中旬时局好转，恩格斯立即回到了科隆与马克思会合，如果当时他没有收到钱，同时又借不到钱，那么身无分文的他连回科隆的路费都没有，要知道，即便是现在，从瑞士伯尔尼到德国科隆，走最短的路也要五百多公里。

恩格斯回到科隆后，立即与马克思继续并肩战斗，不但撰写了大量的社论、时评和政论文章在《新莱茵报》上发表，更

---

① 即恩格斯所写的《匈牙利的斗争》，发表于 1849 年 1 月 13 日的《新莱茵报》。

② 马克思，恩格斯．马克思恩格斯全集：第 27 卷．北京：人民出版社，1972：150.

“和马克思一同面对庭审”[①]，在法庭上并肩作战，并取得了胜利，法庭“一次次取消指控或宣告他们无罪”[②]。此外，他俩还一起参加了很多革命活动，使“马克思和恩格斯”的奋力拼杀取得了很好的战果。但从 1849 年 5 月开始，挫折还是陆续地到来了。《新莱茵报》在普鲁士政府的疯狂打击下，“编辑部人员有一半受到法庭迫害；另一半作为非普鲁士人被驱逐出境”[③]。5 月 16 日，马克思也收到了普鲁士政府的驱逐令，《新莱茵报》被迫停刊终于成为定局。“马克思和恩格斯”抓紧时间，在 5 月 19 日出版了《新莱茵报》的最后一期（第 301 号）。“这一期全部用红色油墨印刷，广受欢迎，卖出了 2 万份……有的价格涨到原价的 10 倍。”[④] 真可谓“洛阳纸贵”。但这对此时的马克思和恩格斯来说，可能也只是在心理上感到光荣、骄傲和安慰，因为他们马上就不得不离开了。

1884 年 2 月中旬至 3 月初，恩格斯曾回忆当时的情况并告诉世人：“在它[⑤]被禁止时，它又有了 6 000 订户，而当时

---

① 加布里埃尔．爱与资本：马克思家事．朱艳辉，译．长沙：湖南人民出版社，2018：145.

② 同①147.

③ 马克思，恩格斯．马克思恩格斯文集：第 4 卷．北京：人民出版社，2009：11.

④ 同①150.

⑤ 指《新莱茵报》。

《科隆日报》①，据它自己承认，也不过只有 9 000 订户。”② 这样，创办还不到一年的《新莱茵报》就以至少 11 000 订户的傲人成绩，光荣、骄傲、悲壮地离开了历史舞台。“马克思和恩格斯”在这一期以编辑部署名的《致科伦工人》中这样写道：“‘新莱茵报’的编辑们在向你们告别的时候，对你们给予他们的同情表示衷心的感谢。无论何时何地，他们的最后一句话始终将是：工人阶级的解放！”③ 后来，这最后一期《新莱茵报》在欧洲成为收藏家争抢的藏品，“经常听说有人花大价钱把这期报纸裱起来”④。恩格斯在对这段悲壮经历进行回忆时，充满了骄傲和自豪，他说：“我们不得不交出自己的堡垒，但我们退却时携带着自己的武器和行装，奏着军乐，高举着印成红色的最后一号报纸的飘扬旗帜”⑤。

在这最后一期报纸开售的时候，“马克思和恩格斯”再次踏上了流亡之路，并在 1849 年 5 月底去德国宾根的途中“被军队抓住，一路带到法兰克福，关押了几天。被释放后，两人

---

① 《科隆日报》于 1802 年就开始出版发行。

② 马克思，恩格斯．马克思恩格斯文集：第 4 卷．北京：人民出版社，2009：12.

③ 马克思，恩格斯．马克思恩格斯全集：第 6 卷．北京：人民出版社，1961：619.

④ NICOLAIEVSKY B，MAENCHEN-HELFEN O. Karl Marx：man and figther. Philadelphia and London：J. B. Lippincott，c1936：197.

⑤ 同②11.

决定分开走”[①]。马克思去了巴黎。恩格斯去了德国普法尔茨，“做了维利希[②]志愿军团中的副官”[③]，并参加了 6 月 13 日至 7 月 11 日的巴登-普法尔茨起义，但不幸失败。恩格斯遭到普鲁士政府通缉，再次被迫流亡，8 月 24 日到达了洛桑。而此时在巴黎仅待了还不到 3 个月的马克思，由于革命活动也遭到法国政府驱逐，被迫在同一天即 1849 年 8 月 24 日离开法国流亡。这两位伟人同时受难。马克思原本想去瑞士和恩格斯会合，但法国政府不给他去瑞士的护照，无奈之下他只得又一次开始了流亡之旅，前往伦敦。此时的马克思可谓“泥菩萨过河——自身难保”，并已穷得叮当响，但就在这样的危难关头，他仍尽己所能帮助和保护恩格斯。他一边忙着为这次流亡做准备，一边担心着恩格斯的安危，同时还在筹划着“马克思和恩格斯”未来的事业。8 月 23 日，马克思在匆忙中给恩格斯写了一封短信，他在信中以果断而坚决的口吻告诉恩格斯：“瑞士本来会很快被严密地关闭起来，老鼠会一下子全被捉住的。此外，我在伦敦创办德文杂志[④]有肯定的希望。一部分钱已有

---

① 加布里埃尔．爱与资本：马克思家事．朱艳辉，译．长沙：湖南人民出版社，2018：151.

② 奥古斯特·维利希，普鲁士军官，因政治信仰退职，曾是共产主义者同盟盟员。

③ 马克思，恩格斯．马克思恩格斯文集：第 4 卷．北京：人民出版社，2009：12.

④ 指《新莱茵报·政治经济评论》。

保证。所以，你必须立即前往伦敦。而且你的安全也要求这样做。普鲁士人会枪毙你两次：(1) 由于巴登；(2) 由于爱北斐特①……你不能留在瑞士。在伦敦我们将有事情干。”② 在信的最后，马克思还特别强调：“再说一遍：我估计你是一定不会辜负我的。”③ 恩格斯接受了马克思的建议，他在瑞士进行了一个月左右的革命活动之后，向伦敦出发，在 11 月 10 日左右到达了伦敦，终于和之前抵达的马克思胜利会合，两位伟人终于又在一起了。

“我”的事业

在“马克思和恩格斯”的事业中，马克思对恩格斯情深义重；恩格斯对马克思也是完全如此，他总是直接、热情、迅速地出钱、出力，全力支撑和帮助马克思开展事业。马克思遇到的问题就是恩格斯遇到的问题，马克思遇到的困难就是恩格斯遇到的困难。恩格斯总是满腔热忱地想方设法为马克思排忧解难，全力帮助马克思破浪前行，推动“马克思和恩格斯”不断前进。

---

① 恩格斯参加了 1849 年 5 月的爱北斐特起义。

② 马克思，恩格斯．马克思恩格斯全集：第 27 卷．北京：人民出版社，1972：160.

③ 同②161.

沿着“绝不是很精确的”“螺线”回溯到“马克思和恩格斯”诞生后的一个特殊时刻：1845 年 2 月 3 日。在这一天，马克思的漫长流亡生涯正式开启了；而仅在 5 个月前，他刚刚与恩格斯结束了他们在巴黎的历史性会晤。由于遭到法国政府驱逐，马克思被迫在这一天离开巴黎，开始了他的流亡之旅，第一站是布鲁塞尔，2 月 5 日他抵达了那里。恩格斯一听说马克思被驱逐，就立即想方设法、四处联系为他筹款。一方面，恩格斯知道马克思必然急需用钱；另一方面，恩格斯无论如何也不愿看到马克思这位英雄汉被钱所难倒。而此时的恩格斯连马克思的通信地址都不知道，他心急如焚，“长时间到处发信询问”①，打听到地址后便立即提笔给马克思写了一封长信。在写于 2 月底或 3 月初的这封信中，恩格斯一开始就说：“我一听到你被驱逐的消息，就认为有必要立即进行募捐，以便按共产主义方式让我们大家分担你因此而支出的意外费用。这件事办得很顺利……过不几天就能全部收齐，然后把汇票给你寄到布鲁塞尔去。我还不知道，这些钱够不够使你在布鲁塞尔安顿下来，所以不言而喻，我是万分乐意把我的第一本关于英国的书②的稿酬交给你支配的；这本书的稿酬我不久至少可以拿到一部分，而我现在不要这笔钱也过得去，因

① 马克思，恩格斯．马克思恩格斯全集：第 27 卷．北京：人民出版社，1972：22.

② 指恩格斯所著的《英国工人阶级状况》。

为我会向我的老头[1]借钱。至少，不能让那帮狗东西因为用卑劣手段使你陷入经济困境而高兴。”[2] 深情厚谊跃然纸上，隔着纸背都能感受到恩格斯滚烫火热的心，真可谓字字千钧、直抵人心。

恩格斯直接出力帮助马克思开展事业也是常有的事，特别在马克思向他求援时，他总会在第一时间伸出温暖的手。比如1851年8月至1862年3月这11年间，马克思一直为美国的《纽约论坛报》撰稿，但他总是太忙碌、时间精力太有限，有时还生病，导致无法按时完成稿件，所以他经常找恩格斯帮他给《纽约论坛报》写稿。这11年间，他们一共为这份报纸写了500多篇文章，其中恩格斯写了120篇以上。

从一开始，恩格斯就对这件事特别热心。在1851年8月8日这一天，马克思写信给恩格斯，说：“《纽约论坛报》愿意出稿费邀请我和弗莱里格拉特[3]作撰稿人。这是北美发行最广的一家报纸。如果你能用英文写一篇关于德国局势的文章，在星期五早晨（8月15日）以前寄给我，那将是一个良好的开端。”[4] 虽然此时恩格斯已经“很久不写文章了”[5]，但他还是

---

① 指恩格斯的父亲。

② 马克思，恩格斯．马克思恩格斯全集：第27卷．北京：人民出版社，1972：22－23.

③ 德国革命诗人，后来脱离革命斗争。

④ 同②316.

⑤ 同②334.

立即答应了马克思，在8月10日左右回信急切地询问马克思对文章的具体要求："要赶快写信告诉我，文章应该写成什么样子——是随便写一篇单篇的文章，还是你想要写一组文章，其次是如何写，因为关于《纽约论坛报》的政治面目，我只知道它代表美国辉格党人的观点。请把你所能知道的情况全部告诉我，帮助我做好这件事。"① 8月14日，马克思回信说："《纽约论坛报》的事，我由于搞政治经济学忙得要命，现在需要你的帮助。请你写一些关于1848年以来的德国的文章，要写得俏皮而不拘束。"② 8月21日，恩格斯把写好的第一篇文章寄给了马克思，"很久不写文章"的他觉得"这篇东西写得十分枯燥"③，但4天后，马克思回信给他，一开头就高兴地说："首先要感谢你写的文章。它不象你说的那样一塌糊涂，而是写得很出色，我毫无改动地寄到纽约去了。你写得非常适合《论坛报》的口味。我一收到该报的头几份，马上就寄给你，以后便按时寄去。"④ 这篇文章，就是《德国的革命和反革命》的第一篇，以后，恩格斯便帮马克思一直写了下去，仅这组文章就写了1年。到1852年9月，一共写了19篇。相应地，

① 马克思，恩格斯．马克思恩格斯全集：第27卷．北京：人民出版社，1972：324－325.

② 同①332.

③ 同①334.

④ 同①336.

《纽约论坛报》也刊登了 1 年，从 1851 年 10 月 25 日起一直刊登到 1852 年 10 月 23 日，署名都是马克思。1913 年马克思和恩格斯的通信发表之后，世人才知道这组文章原来是恩格斯所写。

从那时起，恩格斯像以往一样继续帮马克思写文章，同时他还经常帮马克思把他的文章翻译成其他语言或进行修改润色。在 1851—1852 年，马克思自己写给《纽约论坛报》的文章，都是由恩格斯译成英文的，恩格斯为此经常忙碌到深夜，即使有时生病了也不停歇。

这种直接而有力的帮助即便在马克思逝世后也没有停下来，这些无私的付出使"马克思和恩格斯"变得更加伟大。1883 年 3 月 14 日马克思逝世之后，为了帮助马克思实现他一生的追求，为了"马克思和恩格斯"的事业，恩格斯毅然停下了自己正在创作的宏伟大作——《自然辩证法》，竭尽全力帮助马克思继续完成他尚未全部完成的一生的心血结晶——《资本论》第二卷和第三卷，而这是一项极其艰巨、艰辛、艰难的工作。对于首先要出版的《资本论》第二卷，恩格斯说："这不是一件小事。第二册的手稿有四稿或五稿，其中只有第一稿是写完了的，而后几稿都只是开了个头。这需要花费不少的劳动，因为象马克思这样的人，他的每一个字都贵似金玉。但是，我喜欢这种劳动，因为我又和我的老朋友在一起了。"①

① 马克思，恩格斯．马克思恩格斯全集：第 36 卷．北京：人民出版社，1975：28.

其实，虽然马克思此时已经离世，但只要恩格斯还在，“马克思和恩格斯”就还在。在1885年3月8日恩格斯写给马克思二女儿劳拉的信中，他这样说道：“不管怎样，我要把整理摩尔的书[①]的工作坚持下去。这部书将成为他的纪念碑，这是他自己树立起来的，比别人能为他树立的任何纪念碑都更加宏伟。到星期六就是两年[②]了！然而，说实在的，在整理这部书时，我感到好象他还活着跟我在一起似的。”[③] 恩格斯的这种感觉可能非常强烈，除了因为他正在完成马克思、“马克思和恩格斯”尚未完成的毕生的事业，还因为在马克思逝世后，他特意将马克思的一些家具拿回了家，其中就包括马克思在逝世时所躺的那把安乐椅——恩格斯专门把这把安乐椅放到了自己的书房里。这些马克思的遗物，在感情上对恩格斯的意义无疑很重大，想必通过这些家具、特别是那把安乐椅，恩格斯无论在工作中还是在生活中，都能时刻感到马克思还跟他在一起，而这也一定是他无比期盼和追求的。在马克思逝世后，为了完成马克思的未竟事业、“马克思和恩格斯”的伟大使命，恩格斯、“马克思和恩格斯”又全力以赴连续工作了11年。1894年5月11日，恩格斯把《资本论》第三卷最后一部分手

---

① 指《资本论》。

② 指马克思逝世两周年。

③ 马克思，恩格斯．马克思恩格斯全集：第36卷．北京：人民出版社，1975：286.

稿寄给了出版社；12月初，《资本论》第三卷在德国汉堡正式出版发行。《资本论》，这项凝结着马克思、恩格斯、“马克思和恩格斯”无数智慧、汗水，甚至泪水和生命的最重大成果，两位伟人深厚友谊和毕生心血的最重大结晶，终于完成了。为了它，恩格斯和马克思一样，耗尽了自己的宝贵生命。仅8个月后，恩格斯便不幸因喉癌逝世。他自己的《自然辩证法》，则永远不可能完成了，留给世人的，是一部未完成的草稿。

恩格斯也经常倾力贡献他的宝贵智慧帮助马克思开展事业。马克思经常会向他询问一些问题，征求他的意见和看法，而他总是知无不言、言无不尽，尽己所能、尽己所长，全心全意地帮助马克思，还经常给马克思出谋划策，帮助马克思应对难题。比如1851年3月31日，马克思写信问恩格斯：“商人、工厂主等等怎样计算他们自己消耗的那一部分利润？这些钱是否也是从银行家那里取，还是怎样取？请对此给予答复。”① 恩格斯收到信后，马上在4月3日给马克思回信，非常详细、非常清楚地回答了马克思的问题，还专门列出了一个“年终的平衡表”②，并专门注明这个平衡表是“在没有虚账和在单式簿记的情况下”③。5月5日，马克思又写信给恩格斯，一开头

---

① 马克思，恩格斯．马克思恩格斯全集：第27卷．北京：人民出版社，1972：245.

② 同①248.

③ 同①248－249.

就开门见山地说："附上一份关于在农业中应用电的文章的抄件①，是逐字逐句用英文抄下来的。请你立即答复我：（1）你对这个问题有什么看法；（2）请你用普通的德语给我解释这个事情，因为我不完全明了。"② 恩格斯一如既往地立即进行了回复。5 月 9 日，他回信给马克思，不但非常清楚地解释了马克思摘录的内容，还非常细致、深入地阐述了他的看法，并对摘录内容及其作者提出了两点非常明确的质疑，最后，他告诉马克思："总之，这种事情不经过试验和取得结果，是无法加以判断的"③，提醒马克思不要轻信摘录的这些内容。

到 1851 年 11 月，马克思遇到了一件令他非常恼火的事情：一位名叫勒文塔尔的德国出版商之前曾答应出版马克思的《哲学的贫困》德译本④，但当马克思认真完成了所有准备工作之后，勒文塔尔马上使出了卑鄙手段耍花招，假意忘记了此事，"对这个稿件连提都不提了"⑤，拒不签订出版合同，以此恶意压低应付给马克思的稿酬——他"只能出'很少'的价钱"⑥ ——

---

① 这个抄件是马克思从 1845 年 4 月 26 日和 5 月 3 日《经济学家》杂志第 17 期和第 18 期发表的《电和农业》一文中摘录的，摘录内容具有很强的专业性、技术性。

② 马克思，恩格斯．马克思恩格斯全集：第 27 卷．北京：人民出版社，1972：263.

③ 同②271.

④ 从法文译成德文。此前，马克思找过其他出版商，但对方都未答应出版这一著作。勒文塔尔是后来经别人介绍认识的。

⑤⑥ 同②392.

妄图卡住马克思的脖子逼迫他就范。这种卑鄙无耻的手段一时让马克思没了办法。11 月 24 日，他写信给恩格斯说这件事情，提到了自己的打算，并向恩格斯问计，他说："如果他出版我想首先出版的东西，我就同意。但是，如果他要迫使我毁掉整个计划，那他一定要象我直接根据他的约稿而写作那样付给我稿酬……你说该怎么办？"①

恩格斯收到信后，马上就给马克思出了个锦囊妙计。11 月 27 日，他回信给马克思，说："你最好做得客气一点，但一有可以接受的条件，无论如何要和勒文塔尔签订合同：要趁热打铁。同时你最好采取同西维拉②相反的办法。他从一印张上扣掉你的每一个金路易，你应当让他得到更多的印张，使你的收入总数不变，而且加上去的印张，你可以用引证等来填满，这在你并不费事。二十印张，每印张三英镑，或三十印张，每印张二英镑，反正都是六十英镑。……既不用花钱，又不费时间，而实际上是轻而易举的，同时你的书将更'富有教育意义'……"③ 恩格斯的这个锦囊妙计，绵里藏针、虚实结合、攻防兼备，确实精妙高超，令人佩服。而

---

① 马克思，恩格斯．马克思恩格斯全集：第 27 卷．北京：人民出版社，1972：392.

② 古代走四方的"女预言家"之一。她的占语被编成《西维拉占语集》，在古代罗马的宗教生活中产生过重大作用。

③ 同①396.

且不止于此，恩格斯还进一步提出了马克思接下来应开展的重点工作和治本之策，他说："最重要的是，你要拿出一部巨著在公众面前重新登台，最好是丝毫不伤人的东西，如历史……况且一定要打破由于你长期不在德国的书籍市场上露面和出版商们后来的胆怯心理所造成的束缚。只要出版了你一两本富有教育意义的、学术性的、论据充分的，同时又很有趣的书，那末[①]情况就完全不同了，如果出版商们想付很低的稿酬，你就可以不理睬他们。"[②] 同时，为了能尽快签订合同、尽快出版这本书，恩格斯也根据当时实际提醒和劝说马克思："如果在白纸黑字地签订合同之前，联邦议会制定了出版法，那你的事也就吹了。你可能会因小失大，不然就要对不大顺心的事忍耐一点……这一次可得要讲点生意经！"[③] 真是处处为马克思着想。

毫无疑问，恩格斯如此满腔热忱、千方百计地出钱、出力、出智慧，不但极大地推动了马克思的事业，也使"马克思和恩格斯"更加睿智、更加强大，使"马克思和恩格斯"的事业开展得更好、更顺利。

---

① 应为"么"，原文如此。

② 马克思，恩格斯．马克思恩格斯全集：第27卷．北京：人民出版社，1972：396－397.

③ 同②397.

“我”的生活

在生活中，马克思和恩格斯关系极为密切，从他俩在巴黎的历史性会晤开始，两人就一直无话不谈、交流密切，彼此分享各自的一切喜怒哀乐和所思所想、所忧所虑。有了恩格斯，马克思就没有迈不过去的坎；有了马克思，恩格斯的人生也更加丰富和美满。到晚年时，他俩的“生活已经完全交织在一起，以至于他们在马克思的书房里分别拥有地毯的一部分，他们各自在自己的区域上踱步”①。两位伟人的深厚友谊，就像是太阳一样，给他俩与“马克思和恩格斯”都带来了极大的温暖和幸福。1866 年 2 月 20 日，马克思在写给恩格斯的信中这样说道：“亲爱的朋友，在所有这一切情况下比任何时候更感觉到，我们之间存在的这种友谊是何等的幸福。你要知道，我对任何关系都没有作过这么高的评价。”②

这封信中所说的“情况”，是指马克思此时正遭受贫困和病痛的双重折磨：家庭已两次面临被查封财产的危险，此时正患流行性感冒的恩格斯及时寄来 10 英镑化解了被查封的危险；

---

① 加布里埃尔．爱与资本：马克思家事．朱艳辉，译．长沙：湖南人民出版社，2018：439.

② 马克思，恩格斯．马克思恩格斯全集：第 31 卷．北京：人民出版社，1972：185.

而马克思在这一天自己拿起锐利的刮脸刀亲手切开了自己的一个痈，脓血像喷泉一样一个劲地流；而此时他还有一个“越来越凶恶，非我所能控制，并使我彻夜不能成眠”① 的痈；同时，他还在遭受已长达两年半的腹股沟发痒和脱皮的折磨。恩格斯在 1866 年 2 月 22 日给他回信，信的全部内容是劝他找医生治病，还让他去曼彻斯特恩格斯那里养病，其言晓之以理、动之以情，发自肺腑，情深意切，感人至深。恩格斯以恳求的口吻说道：“这一次请你给我赏个面子……就请来这里，以便你能够最后复元。老是这样拖延和耽搁下去，只会毁灭你自己；没有一个人能够长久地忍受痈这种慢性病，更不用说有一天可能出现一个让你回老家②的痈。到那时候，你的书③和你的家眷怎么办呢？你知道，我准备尽我的可能去做一切……不过你要理智，并且只是给我和你的一家赏个面子——治治病罢。万一你出了什么事情，整个运动会怎样呢？如果你这样一意孤行，事情必然要弄到这个地步。说真的，在我使你不陷入这种境遇以前，我日夜不会平静；每天，只要得不到你的消息，我就忐忑不安，以为你的病又恶化了。”④ 两人间的深情

---

① 马克思，恩格斯．马克思恩格斯全集：第 31 卷．北京：人民出版社，1972：184.

② 指死亡。

③ 指《资本论》。

④ 同①187.

厚谊，跃然纸上。

恩格斯这么说当然是有原因的。马克思自从离开《莱茵报》之后，贫困潦倒、一贫如洗是常态，偶尔宽裕是例外，而且这种例外极少，往往是在收到亲人和朋友馈赠的遗产[①]后，才偶尔会出现。这是因为，不论他得到多少钱，总是有大量的债务需要立即偿还，得到的钱在偿还债务之后往往就所剩无几了，甚至经常把所得都用于还债也还不清债务。每天都惦记着马克思，总是去马克思家找他或一直写信联系他的，除了恩格斯之外，就是流水般的债主了。一家人经常性地遭到讨债大军逼债，这给马克思造成了极大的精神压力，用他自己的话说，就是："一句话，魔鬼找上门了"[②]。1855 年 7 月，马克思一家到伦敦南部坎伯威尔的朋友家[③]散心[④]和躲债，一名债主甚至追到了这里讨债。马克思无奈之下又一个人秘密前往曼彻斯特躲债，12 月偷偷回到伦敦住处闭门不出，以防被债主发现，而燕妮"她们一回来，便被讨债大军发现，围上了门"[⑤]，其

① 有的遗产是马克思提前要来的，如从他母亲那里；有的遗产是燕妮继承的。

② 马克思，恩格斯．马克思恩格斯全集：第 30 卷．北京：人民出版社，1975：309.

③ 是马克思在科隆的教师朋友彼得·伊曼特借给马克思一家住的，他要去苏格兰。

④ 3 个月前的 4 月 6 日，马克思和燕妮的爱子埃德加尔不幸因病去世。

⑤ 加布里埃尔．爱与资本：马克思家事．朱艳辉，译．长沙：湖南人民出版社，2018：228.

窘迫状况可见一斑。在恩格斯的坚强支撑和真诚帮助下，马克思及其家庭才得以把生活继续下去。列宁在其所著的《卡尔·马克思》中这样评价道："如果不是恩格斯牺牲自己而不断给予资助，马克思不但无法写成《资本论》，而且势必会死于贫困。"①

列宁的这一评价非常客观，的确如此，恩格斯非常及时的雪中送炭，成功化解了马克思无数次的生活危机。而这对于保障"马克思和恩格斯"的健康、卫护"马克思和恩格斯"的生命，具有同样重大的意义。从他俩的通信中可以清楚地看出，如果没有恩格斯的经济援助，马克思即便不会因饥饿而死，也必然会因贫困被病魔夺去生命。要知道，这些生活危机，只要一次未能成功化解，都很可能导致无法想象的灾难性后果。可能你会觉得"无数次的生活危机"这样的表述太夸张了，但事实确实如此。对于马克思一家来说，生活危机是再寻常不过的事情了，以至于有研究者做出了这样的评价："马克思家的经济一直如此糟糕，根本谈不上什么时候算危机。"②

马克思自己也亲口透露过这一点，他在 1851 年 7 月 31 日写给恩格斯的信中这样讲道："在家里，由于一切总是处于紧

① 列宁．列宁全集：第 26 卷．2 版（增订版）．北京：人民出版社，2017：51.

② 加布里埃尔．爱与资本：马克思家事．朱艳辉，译．长沙：湖南人民出版社，2018：271.

急状态，并且流不尽的眼泪使我整夜烦恼和生气……我感到对不起我的妻子。”① “一切总是处于紧急状态”，这清楚地表明马克思一家的生活总是处在千钧一发的状态中，危如累卵，只要没有支撑，灾难和不测随时可能降临。这毫不夸张，因为马克思欠债过多、过久，在较长一段时间内他都无法继续赊账，“一切都必须用现金支付，任何一种赊账都停止了”②。在 1858 年 2 月 22 日写给恩格斯的信中，他这样讲道：“至于个人的生活，依我看，我是在过着所能想象到的最不幸的生活。”③ 为了能拿到钱活命，马克思把家里能当掉的东西全都当掉了，“甚至包括靴子和鞋子”④ 在内。在这一年 7 月 15 日写给恩格斯的信中，他就正在经受的“所能想象到的最不幸的生活”讲道：“象这样的泥沼，甚至是我最凶恶的敌人，我也不希望他在其中跋涉。”⑤ 所以，“死于贫困”，这对于马克思完全是真实的、的的确确出现过的危险。

1849 年 7 月 13 日，刚被普鲁士当局驱逐到巴黎才一个月

① 马克思，恩格斯．马克思恩格斯全集：第 27 卷．北京：人民出版社，1972：312.

② 马克思，恩格斯．马克思恩格斯全集：第 29 卷．北京：人民出版社，1972：226.

③ 同②274.

④ 加布里埃尔．爱与资本：马克思家事．朱艳辉，译．长沙：湖南人民出版社，2018：272.

⑤ 同②330.

的马克思给约瑟夫·魏德迈写了一封求援信，从这封信可以看出马克思正在遭遇“死于贫困”的危险，他在信中直言：“我全家在这里已无分文……如果我得不到任何方面的援助，我就完了，因为我全家都在这里，而且我妻子的最后一件首饰也已经送到当铺里去了。”①

1852 年 9 月初，已流亡到伦敦的马克思一家又陷入山穷水尽的困境，除马克思之外，一家大小②全病倒了。9 月 8 日，他写信给恩格斯说：“医生，我过去不能请，现在也不能请，因为我没有买药的钱。”③ 而且不止是“没有买药的钱”，此时他连吃饭的钱都没有，“八至十天以来，家里吃的是面包和土豆，今天是否能够弄到这些，还成问题”④。而之所以“成问题”，是因为这八至十天的饭钱都是他硬着头皮借来的，对于 9 月 8 日这一天还能不能继续借到钱，他并不乐观。他在信中说：“最近八至十天，我从某些庸人那里借了几先令和便士，这对我来说是最不痛快的事情；不过，为了不致饿死，这是必要的。”⑤这句话可以看出，马克思亲口说出了一个确实存在的、极其严峻的事实，就是马克思一家人确实曾遇到快要饿死的现实危险，

---

① 马克思，恩格斯．马克思恩格斯全集：第 27 卷．北京：人民出版社，1972：524－525.

② 包括琳蘅。

③④ 马克思，恩格斯．马克思恩格斯全集：第 28 卷．北京：人民出版社，1973：126.

⑤ 同③128.

而“为了不致饿死”，他不得不去做“最不痛快的事情”。

但是，有恩格斯在，他就绝不会让马克思“死于贫困”，也不会让“马克思和恩格斯”的生命力受损。就在这时，柳暗花明的一幕出现了：在马克思把写给恩格斯的这封信寄出之后，他立即①就收到了恩格斯寄来的四英镑，这笔钱足够他解燃眉之急了。马克思在第二天②写给恩格斯的信中说：“医生刚刚来过，除我以外给全家人开了药方。我的妻子情况较好，小劳拉③的情况最坏。”④ 后来，她们陆续痊愈。在恩格斯的支撑下，马克思一家有惊无险地度过了这次危机。

有的时候，是因为马克思生病了，所以全家陷入严重生活危机。1854 年 5 月，马克思连续“两三个星期”⑤ 病得“非常厉害”⑥，而且屋漏偏逢连夜雨，他的三个孩子⑦此时也都得了麻疹，“整个家变成了诊疗所”⑧。被病魔狠狠折磨且穷困不堪的马克思由于“根本不能写东西”⑨ 而没有收入，只好让燕妮

---

① 也存在同时的可能性，因为邮差是上门服务，同时递送和收取邮件。

② 指 1852 年 9 月 9 日。

③ 指马克思的二女儿。

④ 马克思，恩格斯．马克思恩格斯全集：第 28 卷．北京：人民出版社，1973：129.

⑤⑧ 同④614.

⑥ 同④663. 另注：燕妮语。

⑦ 指小燕妮、劳拉和小埃德加尔。

⑨ 同④662.

写信给恩格斯求援，恩格斯当然立即伸出了温暖的援手，而且这次他不但出钱，还替马克思写了一篇文章寄给了他，以使马克思还能够获得稿费收入。燕妮在1854年5月23日给恩格斯的回信中生动描述了马克思当时的兴奋反应："卡尔听到盼望已久的邮递员的重复敲门声，高兴得不得了。'这一定是弗雷德里克①，——两英镑得救了！'——他提高嗓门说。"② 果然如此，马克思得救了。在恩格斯的支撑下，过了一周时间，马克思在6月初平安度过了这次危机。

类似的生活危机和及时的雪中送炭不胜枚举。在恩格斯的强力支撑下，马克思一家平安度过了一次次致命危机，虽然一直处在危险状态中，但始终有惊无险，"马克思和恩格斯"平安无恙，"绝不是很精确的""螺线"持续且必然地不断向前延伸。

恩格斯始终不渝地倾力援助和强力支撑，让马克思倍感温暖，但同时他也感到非常过意不去，心怀愧疚，所以只要有一分可能，他也不向恩格斯求援，他只在万般无奈时才向恩格斯张口求援。在1858年1月，马克思就又遇到了这样的情况，还是老问题——家中实在拿不出钱了，燕妮"已把自己的披肩等等拿去典当，但还是一筹莫展"③。万般无奈的马克思在1

① 指恩格斯。

② 马克思，恩格斯．马克思恩格斯全集：第28卷．北京：人民出版社，1973：663.

③ 马克思，恩格斯．马克思恩格斯全集：第29卷．北京：人民出版社，1972：256.

月 28 日写信给恩格斯求援，一开头他就这样讲道：“这里严寒已经降临，我们家里一点煤都没有，这逼着我又来压榨你，虽然对我来说这是世界上最苦恼的事……总而言之，我不得不写信给你，而且也在这样做。的确，如果这样的情况继续下去，我宁愿被埋葬在百丈深渊之下，也不愿这样苟延残喘。老是牵累别人，同时自己也总是疲于同卑微的日常琐事作战，长此以往，实在难以忍受。”① 可以看出，马克思对他不得不“压榨”恩格斯而感到十分愧疚和痛苦，因为“这是世界上最苦恼的事”，他极不情愿“压榨”和“牵累”恩格斯，为此心中倍受煎熬。

1865 年夏天，马克思又一次陷入了万般无奈的境况之中，他说：“已经有两个月完全靠典当维持生活，愈来愈多的而且一天比一天使人更难忍受的要求纠缠着我。”② 尽管他极不情愿，但最后他还是不得不向恩格斯求援了。在这一年的 7 月 31 日，他给恩格斯写了一封求援信，信中这样讲道：“我诚心告诉你，我与其写这封信给你，还不如砍掉自己的大拇指。半辈子依靠别人，一想起这一点，简直使人感到绝望。”③ 可见

① 马克思，恩格斯．马克思恩格斯全集：第 29 卷．北京：人民出版社，1972：256.

② 马克思，恩格斯．马克思恩格斯全集：第 31 卷．北京：人民出版社，1972：134.

③ 同②135.

马克思的痛苦、自责与愧疚是何等强烈。而恩格斯，也同样感到痛苦、自责与愧疚，因为他极想让马克思一家彻底脱离穷困的苦海，但未能如愿，这也令他心中非常难过。这一点在1857年11月15日他写给马克思的信中可以明显看出。信中，他这样讲道："衷心问候你的夫人和孩子们。虽然穷困，——我日夜为此苦恼，而始终未能使你摆脱——我希望她们也精神愉快。"① 二人的真挚友谊着实令人感动。

除了帮助马克思应对无数次的生活危机而进行的临时援助外，恩格斯还长期对马克思进行例行、固定的援助。当然，恩格斯为了支撑马克思和他的家庭，卫护"马克思和恩格斯"，必然投入了巨额的资金。很多人不禁好奇，恩格斯到底援助过马克思多少钱？根据不完全统计，仅1851—1869年这19年间，恩格斯就至少援助了马克思2 882英镑1先令1便士，实际直接援助额在3 131英镑左右。具体见表3-1。

表3-1　恩格斯援助马克思的资金统计（1851—1869年）

年份	有据可查的援助额	大约累计的援助额
1851年	43英镑10先令	50英镑
1852年	39英镑3先令	50英镑
1853年	20英镑	60英镑
1854年	12英镑	60英镑

① 马克思，恩格斯．马克思恩格斯全集：第29卷．北京：人民出版社，1972：204.

续表

年份	有据可查的援助额	大约累计的援助额
1855 年	10 英镑	60 英镑
1856 年	15 英镑	60 英镑
1857 年	50 英镑	60 英镑
1858 年	48 英镑 9 先令 6 便士	60 英镑
1859 年	58 英镑	60 英镑
1860/61 年	210 英镑	210 英镑
1861/62 年	139 英镑	144 英镑
1862/63 年	215 英镑	215 英镑
1863/64 年	280 英镑	280 英镑
1864/65 年 *	—	—
1865/66 年	205 英镑	215 英镑
1866/67 年	395 英镑	395 英镑
1867/68 年	225 英镑	245 英镑
1868/69 年	907 英镑	907 英镑
总计	2 882 英镑 1 先令 1 便士	3 131 英镑

* 这一年，马克思得到了朋友沃尔弗馈赠的遗产 800 英镑，足够马克思一家当年开销，所以这一年恩格斯没有提供经济援助。

资料来源：克利姆．恩格斯文献传记．中央编译局，译．长沙：湖南人民出版社，1986：379.

那么，当年这些钱对马克思到底有多大价值或帮助呢？可能您对这些数据背后的意义并不是很清楚。只要根据马克思在 1852 年 8 月 5 日和 1868 年 11 月 30 日写给恩格斯的两封信中透露出的两条重要信息进行纯数学的分析推导，大家就明白了。

在 1852 年 8 月 5 日这封信中，马克思说："几个星期以来，特别是最近两个星期，我每天不得不为弄到六便士的生活费而奔走六小时”①。据此可知，当时马克思一家一天的生活费至少为 6 便士，照此计算，2 882 英镑 1 先令 1 便士，最多可维持马克思一家的生活达 115 282.17 天②，按 1 年为 365 天计算，即这笔钱最多可供马克思一家生活近 316 年！如果按照 3 131 英镑计算，那么最多可供马克思一家生活 343 年！

在 1868 年 11 月 30 日的这封信中，马克思说：“最近几年，我们的生活费都在三百五十英镑以上；但这个数目③是完全够用的”④。以此“完全够用”的 350 英镑作为马克思一家年消费的上限，照此计算，2 882 英镑 1 先令 1 便士，理论上可供马克思一家生活 8 年多；3 131 英镑，则可供马克思一家生活近 9 年。

如果仅从克服严重危机的角度看，那么数据将更加令人震惊。1852 年 2 月 13 日，燕妮在马克思写给约瑟夫·魏德迈的信中附笔，其中就她们一家的生活状况写道：“这里一切系于一发，当需要的时候，往往获得半英镑就能够摆脱可怕的处境。”⑤假设各项情况不变，照此计算，2 882 英镑 1 先令 1 便士，大

---

① 马克思，恩格斯．马克思恩格斯全集：第 28 卷．北京：人民出版社，1973：92.

② 当时 1 英镑等于 20 先令，1 先令等于 12 便士。

③ 指 350 英镑。

④ 马克思，恩格斯．马克思恩格斯全集：第 32 卷．北京：人民出版社，1974：203.

⑤ 同①490.

约可让马克思一家摆脱 5 764 次“可怕的处境”，3 131 英镑则大约能够使他们摆脱 6 262 次！哪怕他们每一天都会遭遇燕妮所说的“可怕的处境”，那么恩格斯这段时间的这些援助也可以让他们连续摆脱 15～17 年！

换一个角度看，根据 1858 年 7 月 15 日马克思自己亲手列出的一份债务列表，他全年的报纸费用为 6 英镑①，那么，2 882 英镑 1 先令 1 便士可供他订阅 480 年的报纸，3 131 英镑可供他订阅 521 年的报纸。如果从马克思的撰稿收入角度看，1862 年 7 月 30 日他在给恩格斯的信中提到，他“还了肉商六英镑欠账”，而这六英镑是他“从《新闻报》一季拿到的全部收入！”② 照此计算，2 882 英镑 1 先令 1 便士是他给《新闻报》连续撰稿 120 年的稿酬，3 131 英镑则达到了 130 年。可想而知，这对于马克思的人生、“马克思和恩格斯”的人生，具有多么巨大的支撑作用和重大意义。

“天使”在人间

对于马克思来说，如果债主是“魔鬼”，那么，恩格斯就

---

① 列表中其他债务项目由于未注明时间、数量等具体信息，故此处无法使用，仅报纸费用注明了“全年的”。

② 马克思，恩格斯．马克思恩格斯全集：第 30 卷．北京：人民出版社，1975：259.

一定是“天使”——马克思的“守护天使”，同时卫护着“马克思和恩格斯”。自1844年“马克思和恩格斯”诞生起，恩格斯便守护了马克思和他的家庭一生。为了守护马克思，恩格斯曾担心自己早于马克思离世，为此立下遗嘱指定马克思为他全部财产的唯一继承人。后来，马克思先于恩格斯逝世，恩格斯又在1893年7月29日立下的遗嘱中向马克思的两位女儿劳拉、爱琳娜①馈赠了遗产。恩格斯逝世后，在“缴纳过税费和分配之后”②，劳拉和爱琳娜“分别拿到大约5 000英镑”③。这无疑是一笔巨款，“那个时候，她们每年的花费大概是150英镑”④，而且，这笔钱合计约10 000英镑，是1851—1869年这19年间恩格斯直接援助马克思的总金额的数倍。后来，劳拉和拉法格用恩格斯给她们的那份遗产“在巴黎以南20英里外的德拉韦伊买下一处乡村别墅：有30间房间、一间大厅、一间台球室、一间工作室和一间温室，此外还有花园、果园、100只家禽和数十只兔子和绵羊”⑤。恩格斯完全就是马克思家孩子们慈

---

① 马克思的大女儿小燕妮于1883年1月11日不幸因病逝世，恩格斯也按照与劳拉、爱琳娜完全相同的标准向小燕妮的孩子们馈赠了遗产。但由于当时英国法律的限制，恩格斯无法直接向小燕妮的孩子们馈赠遗产，所以他在这份遗嘱中未提此事，而是将这笔钱平均融入赠给劳拉和爱琳娜的遗产中，让她们代为保留和使用。恩格斯在1894年11月14日写给劳拉与爱琳娜的信中对此做出了明确说明和安排部署。

②③④ 加布里埃尔．爱与资本：马克思家事．朱艳辉，译．长沙：湖南人民出版社，2018：528.

⑤ 同②530.

爱的父亲、外祖父。而马克思的女儿们也完全把恩格斯当作自己的父亲。如劳拉在与拉法格正式订婚之前，郑重表示这件事“必须得到”[①] 恩格斯的同意；拉法格也在《回忆马克思恩格斯》中直言：“恩格斯也可以说是马克思家的一员。马克思的女儿们把他当作第二个父亲。”[②] 因此，毫不夸张地说，马克思和他的家庭完全、彻底地融入了恩格斯的生命之中。

尤为感人的是，恩格斯给马克思提供经济援助，有时是在他自己也“非常拮据”[③] “非常困难”[④] 甚至还负债的情况下，甚至他为了援助马克思而铤而走险。1863 年 1 月，马克思一家又到了山穷水尽的地步，不巧的是，从 1862 年 6 月 30 日之后，恩格斯“已经完全挤干了”，“除非零星小数”[⑤]，他实在没什么钱了。但是，只要恩格斯这个“守护天使”在，历史在这里就只有必然。这一次，恩格斯不惜兵行险招，为了马克思铤而走险。

在 1863 年 1 月 26 日写给马克思的信中，恩格斯说道：

---

① 马克思，恩格斯．马克思恩格斯全集：第 31 卷．北京：人民出版社，1972：255.

② 拉法格，等．回忆马克思恩格斯．马集，译．北京：人民出版社，1973：18.

③ 马克思，恩格斯．马克思恩格斯全集：第 28 卷．北京：人民出版社，1973：220.

④ 同③94.

⑤ 马克思，恩格斯．马克思恩格斯全集：第 30 卷．北京：人民出版社，1975：315.

“我起先想卖出一部分为投机而购进的棉纱，把钱寄给你，而不是退还给欧门（钱是他的）。这无论如何是可行的，因为这件事只有到7月才会发现，而到那时好多事情又会发生变化。但是我们不走运。目前市场呆滞，出售不仅无利可图，而且简直要亏本，在本周内也许根本卖不出去。”① 由于这个方案无法实现，他便采取了一个更加冒险、后果更加严重的办法来取钱援助马克思。他找到办事处的财务人员“老希尔”，“从他那里弄到一张一百英镑的约翰·拉普公司名下的期票，2月28日到期，我背书了你②的名字，现在附上。我想这在7月以前不会被发现，这样我们就能喘一口气了。从我这方面来说，这是一个非常冒险的举动，因为我现在确实会有亏空，但只好铤而走险了”③。对于恩格斯这种牺牲自己来援助他的行为，马克思极为感激，他在1月28日的回信中说道：“我很清楚地理解，你用这种办法给我如此巨大而意想不到的援助，是多么冒险。我简直无法表达对你的感激，虽然在我内心深切地感受到你的友谊是多么富有自我牺牲精神，而不需要再来证明。”④

确实，为了马克思，恩格斯做出了巨大的自我牺牲。而这种伟大、巨大的自我牺牲，并不仅体现在他提供的经济援助

①③ 马克思，恩格斯．马克思恩格斯全集：第30卷．北京：人民出版社，1975：315.

② 指马克思。

④ 同①316.

上，而且体现在他自己的人生道路选择上。众所周知，恩格斯十分厌恶和痛恨经商，以至于他父亲去世后，他的弟弟妹妹们甚至以此为由提出他不能继承父亲的遗产，要剥夺他的继承权。“做生意太讨厌……特别讨厌的是不仅要作资产者，而且还要作工厂主，即积极反对无产阶级的资产者。”① “做生意的牲口”② “该死的生意”③ “可诅咒的商业”④ “该死的商业”⑤，等等，都是恩格斯对经商的看法和抱怨。

早在 1845 年年初，24 岁的他就向父亲宣布“绝对不再搞生意经”⑥，这简直气坏了他的父亲老弗里德里希。但在亲身参与了 1848—1849 年欧洲革命风暴之后，恩格斯深知马克思的艰难与才华，深知钱对于马克思全家、对于“马克思和恩格斯”、对于事业与革命的极端重要性，此时面对未来的人生道路选择，“恩格斯觉得，唯一可行的办法是回到父亲的工厂工作，不但供养自己，顺带供养马克思一家”⑦。于是，他毅然

---

①② 马克思，恩格斯．马克思恩格斯全集：第 27 卷．北京：人民出版社，1972：21.

③ 马克思，恩格斯．马克思恩格斯全集：第 28 卷．北京：人民出版社，1973：22.

④ 马克思，恩格斯．马克思恩格斯全集：第 29 卷．北京：人民出版社，1972：80.

⑤ 马克思，恩格斯．马克思恩格斯全集：第 32 卷．北京：人民出版社，1974：609.

⑥ 同①31.

⑦ 加布里埃尔．爱与资本：马克思家事．朱艳辉，译．长沙：湖南人民出版社，2018：175.

决然地做出了改变自己人生道路、舍己为人的重大决定：再次从商。1850 年 11 月，他按照父亲意见，回到曼彻斯特的欧门-恩格斯公司办事处，再次在外表和地位上做了“一个资产者和一个做生意的牲口”①。

对于恩格斯而言，这意味着他付出重大代价、千辛万苦脱离“苦海”后，自己又主动“堕入苦海”，长年累月日复一日地从事他十分厌恶、十分痛恨的工作，天天忍受折磨，这确实是伟大、巨大的自我牺牲。虽然一开始他也曾把这当作权宜之计，但他很快就发现了后来被列宁所指出的事实，那就是：如果他不能不断地在经济上支撑马克思，那么生活总是处在千钧一发状态中的马克思，就“势必会死于贫困”。而恩格斯是绝不会让这个悲剧发生的，因为他和马克思早已是“合二为一”的“我”了，同时这也是卫护“马克思和恩格斯”的大事。

客观来讲，就恩格斯个人而言，如果他不回去经商，他也很有可能会踏上新的光明大道，比如按照他中学时的想法“成为一名文人”②。“到目前为止，不论是作为诗人、作家还是报人，与马克思相比，恩格斯的写作生涯更为成功，但他更相信

---

① 马克思，恩格斯．马克思恩格斯全集：第 27 卷．北京：人民出版社，1972：21.

② 加布里埃尔．爱与资本：马克思家事．朱艳辉，译．长沙：湖南人民出版社，2018：62.

马克思的才华，因此自愿放弃自己的抱负，让他的朋友能够写作”①。所以，这确实是恩格斯主动做出的伟大的、巨大的自我牺牲，既是为马克思，也是为“马克思和恩格斯”。

1867 年 4 月 27 日，恩格斯在写给马克思的信中这样说道：“我最渴望不过的事情，就是摆脱这个鬼商业，它占去了一切时间，使我的精神完全沮丧了。只要我还在经商，我就什么也不能干；尤其是我当上老板之后，负的责任更大，情况也就更糟了。如果不是为了增加收入，我真想再当办事员。无论如何，再过几年我的商人生活就要结束，那时收入就会减少很多很多。我脑子里老是在转，那时候我们怎么办呢。”②

马克思对于恩格斯为他做出如此伟大、巨大的自我牺牲当然比任何人都清楚，他心中无比苦涩愧疚。在 1867 年 5 月 7 日的回信中，马克思说道：“坦白地向你说，我的良心经常象被梦魔压着一样感到沉重，因为你的卓越才能主要是为了我才浪费在经商上面，才让它们荒废，而且还要分担我的一切琐碎的忧患。”③ 这清楚表明，马克思对恩格斯的伟大的、巨大的自我牺牲不但一清二楚，而且充满了苦涩的愧疚感，正因为如此，他

---

① 加布里埃尔．爱与资本：马克思家事．朱艳辉，译．长沙：湖南人民出版社，2018：175.

② 马克思，恩格斯．马克思恩格斯全集：第 31 卷．北京：人民出版社，1972：297.

③ 同②301.

一般也只有在万般无奈、山穷水尽之时才会向恩格斯求援。

不做商人后，恩格斯和马克思一家“怎么办”？恩格斯一直在谋划此事，直到1868年，他不但就“怎么办”想好了对策、做好了准备，并把它落实到位。1868年11月29日，恩格斯写了一封重要的信给马克思，一开始就急切和严肃地说道：“请你尽量十分准确地答复下面两个问题，并且要立即答复，好让我能在星期二早上收到你的回信。(1) 你需要多少钱才能还清你的全部债务，把你完全解脱出来？(2) 你平时的正常开支，每年三百五十英镑是否够用（治病和意外的紧急开支除外），就是说，这样你是否就无需借债了。如果不够，请把你需要的数额告诉我。这是以还清全部旧债为前提的。这个问题自然是最主要的问题。”① 这是因为，恩格斯要与公司合伙人欧门家族就他离开公司并放弃股东权利进行谈判，恩格斯想通过谈判拿到尽可能多的钱，以确保他不经商后仍能让马克思一家未来的生活也能无所忧虑。极有可能是担心马克思对他的真实开销的数额有所保留，恩格斯在信中还特别强调：“请你在回信中把真实情况坦率地告诉我，我将根据你的答复决定我对待哥特弗利德·欧门的下一步行动。总之，你要亲自确定一下你平常每年所需的款项，然后我们再看看应该怎么办。”② 马克思

① 马克思，恩格斯．马克思恩格斯全集：第32卷．北京：人民出版社，1974：201.

② 同①202.

第二天就回信了，一开头就说："你对我太好了，我十分感动。"① 他告诉恩格斯，他当时的欠账有 210 英镑，一年"完全够用"的生活费需要 350 英镑。这样，恩格斯便心中有数了，于是他在 12 月 2 日和欧门家族签订了协议，做出了一些让步，并承诺继续负责行政管理工作至 1869 年 6 月 30 日，"作为补偿，欧门家族应于 1869 年 6 月 30 日一次性付给恩格斯 1 750 英镑。恩格斯在 1869 年 6 月 30 日至 1870 年 6 月 30 日之间，有权把 5 000 英镑留在公司，并提取 5%的利息。"② 有了这些收入，加上他积攒下来的钱，以及可以通过撰稿获得的稿酬收入，恩格斯为他自己和马克思一家未来几十年的生活做好了充分的经济准备。

终于，在 1869 年 7 月 1 日，恩格斯永远结束了他的经商生涯，脱离了"苦海"，当时他极其高兴，甚至表现得像个孩子。这时正和他在一起的 14 岁的爱琳娜多年后仍对当时那一幕历历在目："我永远不会忘记那天早晨他穿上高筒靴，准备出门完成最后一段商业旅程时，喊出'今天是最后一次'时的那种喜悦。几个小时后，我们站在门口等他回来时，看到他从房子对面的一小块旷野走来，一边挥舞着一根木棍，一边唱着歌，笑容满面。我们准备庆祝一下，喝了香槟，大家都非常开心。"③ 这

---

① 马克思，恩格斯．马克思恩格斯全集：第 32 卷．北京：人民出版社，1974：202.

② 陈林．恩格斯传．北京：天地出版社，2018：230.

③ 加布里埃尔．爱与资本：马克思家事．朱艳辉，译．长沙：湖南人民出版社，2018：345.

"庆祝一下"，"持续了数周"[①]。这一天，恩格斯在写给马克思的信中一开头就兴奋地说："好啊！从今天起再不搞可爱的商业了，我是一个自由的人了。"[②] 马克思则在7月3日的回信中一开头就说："最热烈地祝贺你逃出了埃及的幽囚"[③]，并且毫无疑问他也进行了庆祝。此时马克思正患肝病，他说："为了祝贺这件事，我喝了'不该喝的一小杯'，不过是在深夜"[④]。对于马克思来说，这是件值得高兴的事，对于"马克思和恩格斯"来说，这当然也是件天大的好事：恩格斯从此摆脱了经商的折磨和束缚，一身轻装、全身心地和马克思一起并肩奋战，投入"马克思和恩格斯"的事业中。

自"我"关爱

毫无疑问，在生活中，恩格斯牺牲自己，成为马克思的守护天使、"马克思和恩格斯"的坚强后盾，这是他俩深厚友谊的清晰"铭文"和永不消退的亮色。马克思虽然在生活中无法像恩格斯照顾自己那样照顾恩格斯，但他时刻都在真诚地关怀

① 加布里埃尔．爱与资本：马克思家事．朱艳辉，译．长沙：湖南人民出版社，2018：346.

② 马克思，恩格斯．马克思恩格斯全集：第32卷．北京：人民出版社，1974：309.

③④ 同②311.

着恩格斯，尽己所能帮助恩格斯，以一颗无比真诚和炙热的心对待恩格斯、对待“马克思和恩格斯”。马克思有句名言：“只能用爱来交换爱，只能用信任来交换信任”①，他和恩格斯就是如此，但这仍不足以概括他和恩格斯“最难以用言语表达的”伟大友谊。他俩之间，是两颗真诚、炙热、志同道合的心的完全融合，真正做到了“一条心”，融成了“马克思和恩格斯”。而这可以从一张小小的邮票中体现出来。

1851年4月时，马克思发现恩格斯寄给他的信上不知为何总是多贴一张邮票，当然这要多花一点点钱，但即便是这样的一点点小钱，他也不愿恩格斯多花，于是他在5月3日的信中提醒恩格斯：“你总是奉送邮局一张多余的邮票，贴一张就行了。”② 恩格斯在5月6日或7日的回信中告诉了他这件事的原委：“我的信上贴第二张邮票是由于信投晚了。贴第二张邮票，在通常的邮班结束一个半小时后投递仍能保证赶上同一趟火车。此项费用是由公司支付的。”③ 原来，恩格斯是为了让马克思能按时收到信，才专门多贴一张的，而且特意告诉马克思这部分钱由公司支付，不然马克思一定不会让他再多花钱的。

---

① 马克思，恩格斯．马克思恩格斯全集：第42卷．北京：人民出版社，1979：155.

② 马克思，恩格斯．马克思恩格斯全集：第27卷．北京：人民出版社，1972：263.

③ 同②267－268.

有一次恩格斯生病，马克思对待恩格斯极其关心，至情至性。

1857 年 4 月初，恩格斯的眼睛出现病症，马克思知道后立即通过包裹邮寄公司给他寄了一小瓶眼药。这种眼药马克思用过，非常有效，他对这种眼药信心满满，他告诉恩格斯："这种药水几天就把我的眼病治好了，对你的眼病也会有效。你只须在睡觉前后往病眼上滴上几滴就行了。"① 但是，恩格斯用过后发现对他的眼病作用不大。到 4 月中下旬时，恩格斯开始牙疼，"后来一个脸颊发肿，后来又是牙痛"②；5 月中下旬时，他脸上凸出了一个疖子，之后左脸长出一个恶性脓肿。这期间，他一直在接受治疗，但都没什么效果。无奈之下，他在 5 月 20 日写信告诉了马克思这件事。

马克思马上在 5 月 22 日的回信中做出了他自己的判断和热情的回应——他想带恩格斯找良医治病，"你的痛苦，我深信都是与病牙有关，病牙必须拔掉，归根结底它是你一切不良症状的根源……但是如果你来这里（对此我将非常高兴），与我同去真正高明的牙医那里作一次检查，决没有坏处。我的看法是有根据的：两年前我也受过完全相同的痛苦……在几个月以前，由于我坚决去看了牙医，找到了作怪的根源。自然，我

---

① 马克思，恩格斯．马克思恩格斯全集：第 29 卷．北京：人民出版社，1972：118.

② 同①130－131.

也认为你的病痛主要的问题是周期性的牙痛”①。但恩格斯正在治疗过程中，无法去找马克思。6月上旬时，他病得更严重了。6月12日，他写信告诉马克思：“我的脸又坏得厉害”②。

马克思收到信后显然被吓到了，在6月15日的回信中，他一开头就说：“你是在哭还是在笑，是在睡觉还是醒着？我们在这里为你非常焦急。你的健康情况如何，请来信。”③ 此外，他还提出了自己对治疗的建议。终于，恩格斯在7月10日晚上开始突然好转，他马上在7月11日写信告诉马克思这个好消息，他说：“我的病突然好转，大概就会痊愈，所以我一定能顺利工作。这转变是昨天晚上开始的，因为规定我要在城郊空气新鲜的地方散步，所以在星期四以前，我还不会上办事处。”④ 马克思对恩格斯开始好转非常高兴，但他也非常担心恩格斯过早投入工作会对他的健康不利。在14日的回信中，一开头马克思就以非常严肃的口吻写了一大段话，就像一个严肃的哥哥对待自己心爱的、犯了错的弟弟一样，言之凿凿、情之切切、苦口婆心，竭力劝诫恩格斯不要尽早工作。摘录如下：

---

① 马克思，恩格斯．马克思恩格斯全集：第29卷．北京：人民出版社，1972：132.

② 同①138.

③ 同①139.

④ 同①144.

"你可以相信，不管我们如何不幸，我和我妻子（顺便告诉你，她的健康有了显著的进步①）对你最近健康情况的消息比我们自己的事更为关切。我对你的病有好转感到非常高兴，可是想到你又要上办事处，而且就在这个星期，真是使人担忧。要知道，从你病的整个过程来看，你应该已经看出，你的身体需要巩固、休息和暂时摆脱办事处的一切杂务。你必须尽快地去海滨。如果在这紧要关头你这样孩子气，——恕我用这个字眼，——再把自己关在办事处里，旧病又会复发，同时你的身体对这病的抵抗力将愈益削弱。旧病复发，最终可能侵入肺部，那时一切救治的尝试都会无效。你一定不会去争取把自己牺牲在欧门—恩格斯办事处祭坛上的光荣吧？一个有你这样病痛的人不能去恢复自己的健康，而不得不忙于工作，只能令人惋惜。而你只要下定决心，就能做到医学所要求的一切。想一想你的病已拖延了多久，已复发过多少次，你就会认识到必须在一段时期内让欧门先生自己去照管自己，而你要借助海滨的空气和比较悠闲的生活来恢复自己的健康。希望你会严肃对待此事，放弃那种从药物到办事处和从办事处到药物的错误的老办法。如果你继续固执，那是不可原谅的。"②

马克思以如此严肃、强硬的口吻，不但批评恩格斯"孩子

---

① 此时，燕妮已患病半年以上。

② 马克思，恩格斯．马克思恩格斯全集：第 29 卷．北京：人民出版社，1972：146.

气”，甚至使用了“不可原谅”这样的表述，这在马克思和恩格斯的通信中是极其罕见的；同时，马克思在这段话中的逻辑推理极度“蛮横粗野霸道”，对于恩格斯回办事处上班的后果，他用了两句短短的话做出了这样的推理：在办事处→旧病复发→抵抗力削弱→疾病侵入肺部→无可救治→死翘翘。如此“蝴蝶效应”式的推理判断，竟出自这位千年第一思想家、解释世界和改造世界的巨匠之手，而此时的恩格斯才 36 岁，只能说，这充满了喜剧效果。客观地看，拥有超凡智慧和钢铁意志的马克思竟出现如此“孩子气”和情绪化的表达，完全是因为他对恩格斯的关心已经大大超过了对自己的关心，他唯恐恩格斯健康受损，哪怕只有一点点不适，如眼睛不舒服，也会使他忧心忡忡。他无限希望恩格斯能快点好起来，能保持健康，以至于都乱了方寸、失了理智，所以不管三七二十一，只要能让恩格斯充分重视起来并认真把病治好，“蛮横粗野霸道”也好，“孩子气”也罢，他都不在乎了。

面对这样的良苦用心和坚决态度，恩格斯当然清楚。他听从了马克思的建议，在 1857 年 7 月 28 日去滑铁卢的海滨治病。但非常糟糕的是，他到达以后就得了重感冒，“使腺病顿时恶化，引起剧痛，不得安眠”①。7 月 30 日，他写信告诉了

---

① 马克思，恩格斯．马克思恩格斯全集：第 29 卷．北京：人民出版社，1972：149.

马克思这个情况。马克思在8月9日的回信中只谈论了病情，其他任何事都没有讲，这次他冷静、平实地道出了他的肺腑之言：我“只是殷切地希望你恢复健康。我对你的健康感到不安，就象自己病了一样，也许要更甚”[①]。不仅这样说，他也这样做。回信之前，马克思专门找医生陈述了恩格斯的病情，询问恩格斯该如何治疗，“他[②]说，如果病人的状况不允许去海里洗澡，完全可以用加热的（温热的）海水擦洗全身，并逐渐降低水温”[③]。马克思在信中还建议恩格斯服用铁剂治病，真是体贴入微、关怀备至。

恩格斯收到信后照此执行，收到了良好效果并马上告诉了马克思[④]，同时还一并诉说了他对治疗的看法。马克思知道后非常高兴，并且这次亲自上阵，认真研究起了当时最前沿的医学。在8月15日的回信中，他在一开头就开心地说：“不出所料，海对你起了良好的作用，这使我非常高兴。一当你的情况许可洗海水浴时，收效还会更快。”[⑤]然后，他告诉恩格斯：“我正在就你的病翻阅最新的法、英、德文献，根据这些文献，我对你在给我的妻子的信中谈到的看法提出下面这些不

---

① 马克思，恩格斯．马克思恩格斯全集：第29卷．北京：人民出版社，1972：150－151.

② “他”指医生。

③⑤ 同①151.

④ 这封回信恩格斯在8月11日寄给了燕妮，但后来未找到此信。

同的结论，你可以把它们交给任何一个单位的医生或化学家去验证”[①]，随后他列出了4点非常专业的意见，说：“这就是我的论点，希望你认真对待，不致病愈后又复发，可能使你极不愉快。”[②] 真是名副其实的“doctor”[③] 马克思。在信的最后，马克思说：“我和我的妻子殷切地希望你恢复健康。”[④] 后来，甚至于恩格斯给他的信写长了，他都心中不安，还专门提醒恩格斯：“我只担心你写多了会有损健康。”[⑤]

在马克思的关怀下，恩格斯的病终于一步步好了起来。8月21日，他按马克思的建议“第一次洗了海水浴，感到异常舒适，食量大增”[⑥]；8月25日，“又洗了次澡，一般说，这很能使我健壮舒畅……现在我大体上感到很好，伤口痛得较少了”[⑦]。到9月18日时，“我的情况好多了，原有的疾病已经痊愈，任何腺体都不再发炎了，现在我只是让伤口愈合长好……长满肌肉和脂肪。海水浴对我起了非常好的作用；我又能随意

---

① 马克思，恩格斯．马克思恩格斯全集：第29卷．北京：人民出版社，1972：151.

② 同①152.

③ 马克思名片上的头衔是“doctor”，1882年他在外养病时遇到一名医生，这名医生在看到名片后误以为马克思也是医生，于是向他和盘托出了他的真实病情。

④ 同①153.

⑤ 同①164.

⑥ 同①155.

⑦ 同①158.

游泳了，这证明，我在治疗中获得了怎样的进步”①。9 月 21 日马克思给恩格斯的回信中，一开头第一段只有一句话：“你的健康好转，这对我是最愉快的消息。”② 将他的高兴与激动展露无遗，也为他们的伟大友谊、“马克思和恩格斯”的自我幸福增加了一个小小的注脚。

自“我”支撑

马克思和恩格斯在他们的生活中就是这样，以明显超越关爱自己的、炽热的心去关爱着对方，为了另一个“我”，哪怕前方是刀山火海、万丈深渊，“我”也会一往无前、赴汤蹈火，“我”更爱“我”。于是乎，“我”必然成为“我”的最强大、最稳固且无可替代的精神支柱。而这是两位伟人深厚友谊的重要组成，是“马克思和恩格斯”强大勇猛、行稳致远的重要内因。

在马克思的生命中，有两个最黑暗、最痛苦、最艰难的时刻：第一是燕妮去世，恩格斯说这使“摩尔也死了”③；第二

---

① 马克思，恩格斯．马克思恩格斯全集：第 29 卷．北京：人民出版社，1972：167.

② 同①169.

③ 加布里埃尔．爱与资本：马克思家事．朱艳辉，译．长沙：湖南人民出版社，2018：450.

是爱子埃德加尔去世，马克思家的一个朋友说这“让马克思一夜白发”①。他们的去世都给马克思造成了极大的打击，使他崩溃。但在恩格斯的强大精神支撑下，马克思度过了生命中最黑暗、最痛苦、最艰难的时刻。1881 年 12 月 2 日燕妮不幸逝世后，恩格斯天天陪在马克思身边，在精神上牢牢支撑着马克思，帮助马克思“起死回生”。在这种至暗时刻，第二个“我”的坚强精神支撑发挥出极其重要、不可或缺、不可替代的重大作用。

1855 年 4 月 6 日，马克思的爱子埃德加尔不幸逝世，这一天马克思写信告诉恩格斯：“可怜的穆希②已经不在世了。今天五、六点钟的时候他在我的怀中睡着了（真正睡着了）。我永远不会忘记，你的友谊在这个可怕的时刻怎样减轻了我们的痛苦。我对孩子有多大的悲伤，你是理解的。”③ 4 月 12 日，他又写信给恩格斯，向他倾诉：“简直无法形容，我们怎能没有这个孩子。我已经遭受过各种不幸，但是只有现在我才懂得什么是真正的不幸。我感到自己完全支持不住了。幸而从埋葬他那天起我头痛得不得了，不能想，不能听，也不能看。在这

---

① 加布里埃尔．爱与资本：马克思家事．朱艳辉，译．长沙：湖南人民出版社，2018：220.

② 穆希是埃德加尔的小名。

③ 马克思，恩格斯．马克思恩格斯全集：第 28 卷．北京：人民出版社，1973：441.

些日子里，我之所以能忍受这一切可怕的痛苦，是因为时刻想念着你，想念着你的友谊，时刻希望我们两人还要在世间共同做一些有意义的事情。”① 显然，虽然此时恩格斯并不在马克思身边，但恩格斯、他俩的伟大友谊与“马克思和恩格斯”的事业仍从精神上强力支撑着马克思，使他能够坚持并最终走出了痛苦的深渊。而这一点，此时除了恩格斯与“马克思和恩格斯”外，任何人都无法做到。

就在埃德加尔下葬那一天，马克思的很多亲朋好友都来了。在去往墓地的路上，“马克思沉默地坐在马车上，双手抱着头，李卜克内西摸了摸他的头，想安慰他，让他知道有这么多爱他的家人和朋友在身边。但马克思大喊：‘你没法把儿子还给我！’接着痛苦地呻吟着”②。在下葬的那一刻，李卜克内西“担心马克思会跟着跳进去，所以赶紧站到他身边，准备随时阻止他”③。很难想象，如果没有恩格斯，没有伟大友谊的支撑，没有“马克思和恩格斯”，悲痛欲绝、肝肠寸断的马克思是否能够闯过这一关。

不仅是在这样的至暗时刻，在平时，恩格斯也一直在发挥

---

① 马克思，恩格斯．马克思恩格斯全集：第 28 卷．北京：人民出版社，1973：442.

② 加布里埃尔．爱与资本：马克思家事．朱艳辉，译．长沙：湖南人民出版社，2018：220.

③ 同②220－221.

着这种精神支柱的作用，以至于一旦较长时间没有收到恩格斯的来信，马克思就心神不宁、惘然若失。1857 年 2 月，马克思连续给恩格斯写了好几封信，但都没收到回信，这让马克思非常紧张和焦虑。2 月 24 日，坐不住的马克思又给恩格斯写了封信，一开始就焦急地问："你是在哭还是在笑，是在睡觉还是醒着？最近三个星期，我往曼彻斯特寄了各种各样的信，却没有收到一封回信。但是我相信信都寄到了。"① 恩格斯在 3 月 11 日回信给他，向他详细解释了这段时间没给他回信的原因。18 日，马克思在给恩格斯回信的最后，特意说道："请尽快来信，因为现在我需要你的信来鼓舞勇气。情况极坏②。"③ 足见恩格斯所发挥的无可替代的精神支柱作用。而这种无可替代的精神支柱作用，马克思之于恩格斯也是完全相同的，他们是彼此的精神支柱。

1863 年 4 月下旬，马克思由于肝病发作无法写信，恩格斯也是连续写了好几封信给他都没收到回信，这同样使恩格斯非常紧张和焦虑，他同样坐不住了。5 月 20 日，恩格斯又写信给马克思，一开始就焦急地问："老摩尔，老摩尔，大胡子的老摩尔！你出了什么事，怎么听不到你一点消息？你有什么

---

① 马克思，恩格斯．马克思恩格斯全集：第 29 卷．北京：人民出版社，1972：102.

② 此时，燕妮的身体很不好，马克思家中一切事情乱作一团。

③ 同①108.

不幸，你在做什么事情？你是病了？还是陷入了你的政治经济学的深渊？还是你已任命了小杜西[①]做你的通信秘书？还是别的什么？”[②] 马克思在29日给恩格斯的回信中，同样详细解释了一直没回信的原因，才让恩格斯悬着的心放了下来。

与世长辞

“绝不是很精确的”“螺线”就这样在夹杂着种种偶然的必然间不停地画着、一如既往地画了下去，终于画到了1895年8月5日22:30，又一个历史的必然出现了——恩格斯不幸离世。对于这一重大事件，李卜克内西这样说道：“12年前的3月，传来了卡尔·马克思逝世的消息，从那以后，全世界有阶级觉悟的无产阶级再也没有听到类似的噩耗，恩格斯的逝世是马克思的第二次死亡。”[③] 这意味着：“马克思和恩格斯”在这一刻也与世长辞了。

1895年8月27日，遵照恩格斯的最后一个遗愿，他的骨灰葬入大海。这一天，爱琳娜及其伴侣和其他两位社会主义者租船来到了英国南部伊斯特本外围的英吉利海峡，在距岸6英

---

① 杜西是爱琳娜的小名。

② 马克思，恩格斯．马克思恩格斯全集：第30卷．北京：人民出版社，1975：342.

③ 陈林．恩格斯传．北京：天地出版社，2018：333.

里左右的海面上，爱琳娜怀着极为悲痛的心情，亲手将恩格斯的骨灰罐放入大海。她慢慢松开了手，“嗓音嘶哑地说：‘别了，将军[①]！’”[②] 这位伟人至此长眠。这一刻，两位伟人友谊的巨轮也驶向了终点，随着恩格斯的骨灰一起沉入了无尽的大海，融入了历史的记忆。这一刻，距 1844 年 8 月 28 日他俩在巴黎普洛可甫咖啡馆进行历史性会晤、“马克思和恩格斯”诞生，差不多整整 51 年。这一刻，马克思和恩格斯的伟大友谊，“马克思和恩格斯”的精神，成为永远的传奇、永远的力量、永远的榜样，永远随着向前的“螺线”发光、发热，照亮和温暖世间。

---

① “将军”是小燕妮给恩格斯起的绰号。

② 陈林．恩格斯传．北京：天地出版社，2018：23.

第四章

世界与阳光

——马克思的亲情世界

马克思是一位伟人。其伟大之处，在于他的思想、他的追求、他的拼搏、他的事业，也在于他的自我牺牲。为了能够正确地解释世界和科学地改变世界，为了无产阶级和全人类的解放事业，他奉献出自己的全部，做出了巨大的自我牺牲。在撰写《资本论》时，他曾在 1867 年 4 月 30 日写给美籍德国社会主义者齐格弗里特·迈耶尔的信中这样写道："我一直在坟墓的边缘徘徊"[①]，"我已经牺牲了我的健康、幸福和家庭"[②]。确实如此，为了无产阶级、全人类和全世界，马克思主动放弃并牺牲了自己世俗意义上的"幸福""成功"和"完美"，不但把自己推到了"坟墓的边缘"，也在不情愿中万般无奈地牺牲了自己的家庭，使他的亲情世界虽有温暖但并不完美。现实生活中的马克

①② 马克思，恩格斯．马克思恩格斯全集：第 31 卷．北京：人民出版社，1972：543.

思，就像断臂的维纳斯一样，虽然在亲情世界中存在缺憾，但这更凸显出这位伟人的伟大与崇高，并塑造出另一种“完美”。

幸福的宠儿

马克思出生和成长在一个充满爱与温暖的家庭。在1835年10月去波恩上大学之前，在特里尔家中生活的小马克思非常幸福，他被浓浓的亲情紧紧地包裹起来。年幼的他非常幸运，父亲亨利希·马克思非常开明、博学、豁达，他就像马克思最亲近的朋友那样平等地对待马克思，而不像很多父亲那样严厉、古板或专制，比如恩格斯的父亲老弗里德里希在家中就扮演着“暴君”的角色。更重要的是，亨利希毫不吝啬地对马克思表达着他浓浓的父爱，在他写给马克思的信中，经常有各种暖心的表达。这些爱的表达既体现在文字中，也体现在实际行动上。为了马克思，他竭尽所能，甚至不惜代价地去做自己并不情愿做的事情。在1837年2月3日写给马克思的一封信中，亨利希这样说道：“亲爱的卡尔，你知道，我因为爱你，做了某些不完全符合我性格的事，这有时使我感到苦恼。但是……再大的牺牲我也在所不惜。”①

---

① 马克思，恩格斯．马克思恩格斯全集：第40卷．北京：人民出版社，1982：855.

马克思的母亲罕丽达·普勒斯堡是一位非常传统、非常贤惠的家庭妇女，丈夫、孩子就是她的全部，家庭就是她的天地，她在家中一心一意地相夫教子、操持家务，“游离在特里尔的社交圈之外，似乎只关注家中的吃穿用度，根本不想扩大交际圈”①。与亨利希一样，她也深爱着马克思这个天资极其聪颖的长子，小马克思“曾经满怀深情地说过她的一生整个儿地贡献给了爱与忠诚”②。能够拥有这样的父母、温暖的家庭环境和天才的大脑，小马克思确实非常幸运，亨利希夫妇都认为他是个“幸运儿”③。在亨利希夫妇的共同呵护下，命运“从摇篮时代起就垂青于”④ 小马克思；而小马克思自己也这样认为，说自己“是幸福的宠儿”⑤。深感幸福的他当然十分珍惜这份亲情，同样深爱着他的父母，他以优异的学业、出众的才华和快速的成长进步回报父母，带给父母无尽的欢乐和自豪。

雏鹰离巢

时光飞逝，小马克思一天天地从幼儿长成少年、又从少年

---

① 加布里埃尔．爱与资本：马克思家事．朱艳辉，译．长沙：湖南人民出版社，2018：13.

②⑤ 马克思，恩格斯．马克思恩格斯全集：第 40 卷．北京：人民出版社，1982：864.

③ 同②846.

④ 同②875.

成长为青年，就像雏鹰已经长大，总有一天他会离巢高飞，搏击长空、翱翔天际，去开辟属于自己的天地。1835 年 10 月 15 日，这一天终于到来了。这一天，在整个家族人期待的目光和热情的祝福中，他离开了深爱他的父母和温暖的家，振翅高飞了，目的地是波恩大学。从这时起到 1836 年 8 月 22 日，在这 10 个月间，他在波恩大学初次体验了崭新的、自主的生活，这个刚刚脱离父母约束、不乏浪漫与激情的小伙子很快变得奔放不羁，看起来似乎与父母有所疏离，但其实这也完全在情理之中。刚刚离开家的青年乍遇“自由”的新生活，难免沉醉于“自由”而“乐不思蜀”。虽看似与父母有所疏离，但事实上这只是成长之路上的必经历程，是绵长深厚的亲情被青春迸发的激情遮掩而产生的假象，待激情减退之后，便会发现如大海般深沉的亲情还在那里，也许只多不少。而且，正所谓年少不懂父母恩，对任何一个年轻小伙子来说，要求他在这个年龄便深刻理解父母的爱，在亲情世界中始终顺从父母、毫无闪失纰漏，都只是一种空想。更何况，马克思根本不是依人的小鸟，他本就是心怀天地、勇敢战斗的雄鹰。在他 1835 年 8 月 12 日所写的中学毕业考试作文《青年在选择职业时的考虑》中，这位 17 岁的年轻人就已经非常清楚明确地表达了为全人类服务的坚强意志和决心。

刚刚离开家的大一新生马克思，在到波恩大学后三个多星期都没给家里写信，这可把亨利希夫妇急坏了。11 月 8 日，亨利希终于憋不住了，他背着妻子以严厉的口吻写了一封短信给马克思，指责他不给家里写信以至于让妈妈“担惊受怕”①，要他“赶紧安慰你的妈妈”②，而亨利希自己“还是可以等待的”③。马克思收到信后马上就回信④给家里，这带给亨利希“很多快慰”⑤，罕丽达也非常高兴。马克思在信中向父母解释了为什么没有及时给家里写信，原因是他“机械地理解”⑥了亨利希此前对他的交待，要他“在对周围环境有了点了解之后再写信来”⑦，但“事情……延误下来”⑧了。他在信中还向父母谈了他的学习、生活情况及一些感想，表达了他的愿望、志向和兴趣等，并附上了他新创作的诗作。这说明他离家后三个多星期没有给父母写信，并不是乐不思蜀或把父母抛到脑后了，只是一个刚刚离开家的小伙子还无法及时、深刻地体会父母亲的切切思子之心，他还在可爱地遵循着父亲的叮嘱，所以才有了这样一个爱的小插曲。

11 月 18 日至 29 日，深爱马克思的亨利希夫妇齐上阵，一起给他回了一封长信。开明而慈爱的父亲一开始便就他上次的严厉口吻委婉地表达了“歉意”，他说：“你知道，我不想迂

---

① 马克思，恩格斯．马克思恩格斯全集：第 40 卷．北京：人民出版社，1982：829.

②③⑥⑦⑧ 同①830.

④ 这封信写于 11 月 18 日之前，未保存下来，但根据亨利希这一天在回信中所述内容，可推断出马克思在此信中提及的部分内容。

⑤ 同①831.

腐地使用做父亲的权威。如果我有什么不对的地方，我也可以向自己的孩子认错。”① 信中，亨利希还对马克思遇到的各种事情提出了他的意见和建议，并饱含深情地说道：“我希望你能成为我若是出生在你这么好的条件下可能成为的人。你可能会实现我的最美好的愿望，你也可能会摧毁它。也许，把自己最美好的愿望寄托于一人身上从而使自己得不到安宁是不对的、同时也是不明智的。但是，连一些本来不十分软弱的人都会成为软弱的父亲，这不是天性的过错，又是谁的过错呢?”② 亨利希的话语就像他的父爱那样深沉和宽厚。罕丽达则用非常愉快、直白且细致入微的话语将她对孩子的爱表露无遗。与所有妈妈一样，她显然更关心儿子的生活。她写道：“我早就在想得到你的平安信了，因为你可以相信我，我是非常惦念你的……要注意经常收拾你的房间，并且要安排出一定时间来做这件事。亲爱的卡尔，你每星期都要用海绵和肥皂洗一次澡。你喝的咖啡是怎样弄的？是自己煮，还是怎么的？望你把有关家务的一切情况都写信告诉我”③，并且还提醒他生活中要节省。

信中，夫妇二人都向儿子强调要注意保持健康，马克思为

① 马克思，恩格斯．马克思恩格斯全集：第40卷．北京：人民出版社，1982：830.

② 同①831.

③ 同①834.

了学习完全不顾健康的做法确实令他们十分担心。事实上，在整个波恩大学期间，除了马克思的健康和“卡尔式”[①] 账单之外，父母亲并没什么好担心的，因此他们之间的浓浓亲情也总是围绕着这两个主题。

在此之后，这个刚刚获得“自由”且决心为全人类服务的小伙子，很快沉醉于他“自由”的新天地中，将在外君命有所不受也好，儿大不由娘也罢，总之马克思在这两件事情上都没有听从父母的建议，而且写给家里的信也不多。在波恩大学接下来的 9 个月中，他十分刻苦地学习并因此生病了，开销也总是很大，这使亨利希夫妇大伤脑筋。有时，他没有告诉家里某项开销的来源，都会引起亨利希的担忧，因为这意味着马克思可能向别人借钱了。如在 1836 年 2 月至 3 月初时，亨利希给正在病中的马克思写信，信中他疑虑地问道：“亲爱的卡尔，在你的支出栏内没有提到你的旅费[②]，这是怎么一回事？但愿你用的不是从别人那里弄来的钱。”[③] 所以，亨利希在写给儿子的信[④]中都会随信寄些现金或告诉他去找某人取一定数目的钱，同时也会反复强调要他注意健康。就在这封信中，他随信

---

① 马克思，恩格斯．马克思恩格斯全集：第 40 卷．北京：人民出版社，1982：836.

② 应是 1835 年圣诞节期间马克思去荷兰尼姆韦根姨夫家过节的旅费。

③ 同①837.

④ 不包括未保存下来的信件。

寄给了马克思五十塔勒现款，并明确要求马克思花钱要适度。这位慈爱的父亲向儿子郑重地说道："借此机会我要特别告诉你，你只应关心你的学习，你的费用不应超过必要的限度，你得放弃你今后的一切妄想。"① 亨利希这样说，表明马克思的开销已经令他头疼不已了。

而罕丽达明显更关心马克思的健康，在这封信中，她还是一如既往、事无巨细地关心着马克思，她"絮絮叨叨"地深情写道："你的病使我们感到很忧伤，不过我希望并祝愿你身体得到康复……亲爱的卡尔，要是你能合理安排自己的生活，你一定会长寿的。不过为此你应当设法去掉一切可能对你有害的习惯。不要急躁，不要喝过多的酒或咖啡，不要吃辣椒，不要食用过多的胡椒或香料，不要抽烟，不要迟睡，要早起。亲爱的卡尔，感冒也要提防。在健康没有完全恢复之前，不要跳舞。亲爱的卡尔，我装作了一个医生的样子，大概你会觉得可笑。但你不知道，做父母的对自己子女的病多么关心，它已给我们带来了多少痛苦的时日。"② 一位称职的母亲对孩子生活的了解当然是非常细致的。关于马克思的健康，罕丽达的看法和叮嘱无疑是正确的，确实，如果马克思能"合理安排自己的生活"，他是"一定会长寿的"。因为，生活中一些"有害的习

---

① 马克思，恩格斯．马克思恩格斯全集：第40卷．北京：人民出版社，1982：837.

② 同①838.

惯”确实严重损害了马克思的健康，影响到他的寿命，比如“喝过多的酒或咖啡”、“抽烟”[①]、熬夜等，后来这些坏习惯导致的恶果使他饱受折磨。

尽管马克思的健康和账单使亨利希夫妇大伤脑筋，他写给父母的信也不多，但如果因此认为他对父母和亲情的态度变得冷淡，那就大错特错了。事实上，此时的他只是在充分享受迸发的青春激情和学习的快乐，并没有忽视或怠慢父母和亲情。如果要求一个刚上大学、血气方刚的小伙子时刻依恋并始终严格服从父母，显然是愚蠢可笑、自欺欺人的，更何况这个小伙子是一个心怀天下、决心服务全人类的天才。在马克思的心中，亲情就在那里，一如既往。他曾在 1836 年 3 月前写给家里的一封信中向父母表达了一个美好愿望：作为家中长子的他将来想成为兄弟姐妹们的依靠。这让亨利希非常高兴，亨利希在回信中激动地说道：“你想将来有朝一日成为你兄弟姐妹们的依靠这一愿望，真是太美了，太使一颗善良的心感到高兴了，以致我希望你打消这个念头。”[②] 而且，马克思对父母亲一直是坦诚的，对于他花掉的金钱、遇到的事情和自己的情况

---

① 马克思至少在波恩大学期间肺部便不很健康，父亲亨利希在此期间也要求他“别过多地抽烟”。而且马克思后来由于贫困，只能抽最劣质的雪茄，这明显导致他的肺部功能衰弱，对他的健康造成了很大损害。

② 马克思，恩格斯．马克思恩格斯全集：第 40 卷．北京：人民出版社，1982：837－838.

等，他都会告诉父母。

1836年5月7日前，马克思曾给家里写过一封信，向父母如实汇报了上述情况，包括此前他和别人决斗的事情。这使亨利希感到非常欣慰，他在回信中说道："这封信使我更加相信你的耿直、坦率和诚实的品德，这对我来说比金钱还要宝贵"①。在信的最后，父亲热情表扬了他深爱的儿子："亲爱的卡尔，愿你健康，希望你始终这样坦率和忠诚，始终把你父亲当作你最贴心的朋友，而把你善良的母亲当作你最贴心的女友。"② 这欣慰的话语体现出亨利希对马克思的满意与自豪，同时也反映了马克思一直深爱和信任着自己的父母，他与双亲无话不谈，哪怕经历空间的阻隔与时间的考验。

1836年8月22日，18岁的马克思正式结束了在波恩大学的学习，年轻的雄鹰在外独自历练和生活了10个月后短暂地归巢了。10月，他将再次出发，奔向他所期待的柏林大学。而在出发前，他完成了一件大事，即和燕妮秘密订婚了。之所以说是"秘密"，是因为当时他们瞒着威斯特华伦夫妇③及其他人，但他们告诉了马克思"最贴心的朋友"和"最贴心的女友"亨利希夫妇，这表明了马克思对父母的毫无保留的爱以及

① 马克思，恩格斯．马克思恩格斯全集：第40卷．北京：人民出版社，1982：840.

② 同①841.

③ 1837年3月，他们将此事告诉了威斯特华伦夫妇。

完全、彻底的信任。这正应了马克思自己那句名言："只能用爱来交换爱，只能用信任来交换信任。"[①] 显然，这句话不仅在爱情和友情世界中适用，在亲情世界中也同样适用，这是马克思基于自身情感经历对爱与信任做出的科学论断。这一年，亨利希要过 59 岁生日，马克思专门为父亲献诗庆寿，深情表达了他对父亲深深的爱与崇敬，表明他要以自己的具体行动回报父亲对他深深的爱与信任。诗中，马克思深情地写道：

> 我对他[②]怀着万般感情，
> 可语难达意，笔不从心！[③]
>
> 他把生命谱成优美的乐音，
> 他坚韧刚毅、急流勇进，
> 使魑魅魍魉闻风丧胆、瑟缩不停，
> 让邪恶势力俯首屈膝、战战兢兢。
> 可是啊！我该怎样表示我的崇敬，
> 怎样描述我对他的一片深情？
> …………

---

① 马克思，恩格斯．马克思恩格斯全集：第 42 卷．北京：人民出版社，1979：155．

② "他"指亨利希。

③ 马克思，恩格斯．马克思恩格斯全集：第 40 卷．北京：人民出版社，1982：744．

要用行动谱成乐章，证明你不愧为他的儿郎，
你身体力行情操高尚，
那就表达了你挚爱的衷肠。①

“爱的折磨”

1836年10月22日，马克思在柏林大学法律系开始了他新的学习和生活。现在我们已知道，在这期间，马克思进入了他关键且极为复杂的思想重大转折时期，年轻雄鹰的羽翼以不可思议的速度飞快地丰满强壮起来，为日后振翅高飞、搏击长空做好了准备。但是，思想上的急剧、重大转变必然带来精神上的巨大痛苦，无论对马克思自己来说，还是对亨利希夫妇来说，都是如此。犹如新生命诞生前母亲要经历一次次阵痛一样，在重大转折期间不可避免地伴随着痛苦；在转折的初期，这种痛苦尤为明显而深刻。当时的马克思自己和亨利希夫妇，显然无法预测这即将到来的突然且巨大的转变，而如此突然且巨大的转变及其带来的精神痛苦当然不可避免地会对他们的亲情造成一定的影响。这次，亲情将再一次被遮掩，但仍旧一如既往地长驻他们心间，依旧是只多不少。

① 马克思，恩格斯．马克思恩格斯全集：第1卷．2版．北京：人民出版社，1995：844.

从进入柏林大学的第一学期开始，马克思就很快陷入了“孤独天才的疯狂”模式[①]，这导致他“身体和精神都出现了问题”[②]。亨利希在一封信中曾生气地说他：“杂乱无章，漫无头绪地踯躅于知识的各个领域，在昏暗的油灯下胡思乱想，蓬头乱发，虽不在啤酒中消磨放任，却穿着学者的睡衣放荡不羁；离群索居、不拘礼节甚至对父亲也不尊重。”[③] 此外，在波恩大学时的一些老问题也陆续再次出现了，比如给家里写信少、不顾健康、“卡尔式”账单等，亨利希都看在眼里、急在心上，心疼不已。

关于写信，此时的马克思常常几个月不给家里写信，亨利希无奈地说：“我们从来没收到对我们的信件的直接答复；你的每封信从来没有一次同你的上封信或者同我们的信有联系……我们的宠儿究竟在忙什么，想什么，做什么，关于这些，偶尔发出一两句豪言壮语，接着，那洪亮的声音又魔术般地沉寂了。”[④] 关于健康，亨利希酸楚地说：“我的能干的、才华横溢的卡尔却通宵达旦地苦熬着，他认真攻读，把自己的身心弄得疲惫不堪，他放弃了自己的一切娱乐——实际上是为了

---

① 加布里埃尔．爱与资本：马克思家事．朱艳辉，译．长沙：湖南人民出版社，2018：19.

② 同①20.

③ 马克思，恩格斯．马克思恩格斯全集：第40卷．北京：人民出版社，1982：880.

④ 同③881.

进行崇高的、抽象的探索……结果弄得身体虚弱，精神恍惚"①。关于"卡尔式"账单，亨利希苦涩地说："波恩的胡闹刚结束，你的债务——说真的，数目可不小——刚偿清，那爱的折磨立刻又令我们震惊地开始了。"②

确实，对于亨利希和罕丽达来说，这些的的确确都是"爱的折磨"。这位卓越的特里尔著名律师、政府法律顾问和律师公会会长十分精准地、形象生动地写出了他们对马克思深深的爱，以及他们因此而遭受的痛苦。随着时间的推移，"爱的折磨"越来越多，这位十分慈爱、十分开明、十分靠谱的老父亲也越来越沉不住气了，苦恼不堪的他在写给马克思的信中，语气越来越重、越来越严厉、越来越伤感，从苦口婆心的劝告很快发展为直接且严肃的责怪③。

但是，深陷"孤独天才的疯狂"模式的马克思此时已听不进去父亲的劝诫、建议和责怪了。最后，病中的亨利希不得不疲倦地"放下武器"④，尽管如此，他还像以往一样深爱并完全、彻底地信任着马克思。就在"放下武器"的同时，他告诉马克思："我对你的心，对你的道德是给予完全公正的评价的……我

---

① 马克思，恩格斯．马克思恩格斯全集：第40卷．北京：人民出版社，1982：883.

② 同①881.

③ 包括亨利希的自责。

④ 同①885.

对你高尚的道德非常信任，而且，感谢上帝，我至今仍然信任这一点。”① 真是知子莫若父，无论在外人眼中此时的马克思对父母和亲情是多么不在意，这位非凡的、了不起的老父亲都深知儿子有“一颗善良的心”②，深知马克思高尚的道德品质和为人，深知儿子对父母亲的爱。他曾在1837年3月2日写给马克思的信中明确说道：“我并不怀疑我的儿子是爱我和你的慈爱的母亲的”③，坚信自己“用舍己精神培养起来的、大有希望的儿子”④ 是一个纯洁的人。所以，非凡且了不起的亨利希非常清楚，年轻的马克思只是暂时陷入了“迷误徬徨”⑤，在他“善良的心”的指引下，总有一天一定会走出“迷误徬徨”，那时，亲情的阳光将不再被遮蔽，继续洒在他们每个人的心上。

亨利希想的没错。马克思确实没有不念亲情、不顾父母。而且恰恰相反，马克思在到了柏林大学后，比在波恩大学时显然更加深刻地理解了父母对他的爱，更加深切地爱着父母，也更加热情和直白地向父母袒露心声。在柏林大学学习一年之后，正处于精神迷惘和精神折磨中的他于1837年11月10日动笔给父亲写了一封长信⑥，这封信他一口气写到了11日凌

---

① 马克思，恩格斯．马克思恩格斯全集：第40卷．北京：人民出版社，1982：885.

②⑤ 同①850.

③ 同①859.

④ 同①838.

⑥ 这封信是唯一保存下来的马克思写给父亲的信。

晨将近4点，“蜡烛已经燃尽”，“眼睛也模糊了”①，他才停笔。在这封信中，19岁的马克思深情、奔放地赞颂了父母对他的爱，直白明朗地表达出他对父母、对家的深深眷恋和爱。信中，他满怀深情地赞颂道：“哪里有比父母的心这个最仁慈的法官、这个最体贴的至友、这个爱的太阳——它以自己的火焰来温暖我们愿望的最隐秘的中心——更为神圣的珍藏之所!”② 如果没有一颗纯洁、纯粹、纯真的深爱父母的心，是不可能写出如此深刻、生动、直抵人心深处的话语的。

信中，马克思还表达了对家人深切的惦念和想回家看望他们的愿望。此时，他亲爱的爸爸妈妈都正在病中，他写道：“亲爱的、敬爱的父亲，可不可以亲自和你谈谈这一切③？爱德华④的健康状况，亲爱的妈妈的病，你的身体欠安——但愿不很严重——所有这些都使我希望，甚至必须立即回到你们那里。如果不是我担心你会不同意、不赞成的话，我已经回去了。”⑤ 他还贴心、细心地央求父亲就此瞒着母亲，想给母亲制造一个惊喜，希望这样能使她快速康复。他写道：“我请求

① 马克思，恩格斯．马克思恩格斯全集：第40卷．北京：人民出版社，1982：19.

② 同①8.

③ 指信中所述内容。

④ 指马克思的弟弟爱德华·马克思。

⑤ 同①17－18.

你，亲爱的父亲，不管你的决定如何，不要把这封信，至少不要把这一页给最亲爱的母亲看，也许，我的突然回家将使这位宽厚的崇高的女性恢复健康。”① 显然，马克思对母亲怀着一片赤子之心。古语云：儿行千里母担忧。确实如此，罕丽达心中一直担忧着在外求学的儿子。而马克思也同样为千里之外生病的母亲忧心。

在这封信的末尾，马克思又一次深切表达了他对父母和家庭深深的爱。他深情写道：“希望笼罩着我们家庭的阴云慢慢消散，希望我能够和你们同受苦同哭泣，并且也许能够在你们身边证明我这一片深切而真诚的情意和常常表达得不好的无限的爱；希望你，亲爱的、永远敬爱的父亲，在考虑我的不安心情的各种表现时能原谅我，因为常常在心情似乎紊乱的地方，实际上是战斗精神在压抑着它；希望你早日完全康复，以便我能紧紧地拥抱你，向你倾诉我的衷肠。”② 这段话令人动容，“一片深切而真诚的情意和常常表达得不好的无限的爱”，这是马克思发自肺腑的心声，也只有心中怀有“无限的爱”，才会觉得“常常表达得不好”。这与父母之于子女的爱完全相同，深爱孩子的父母无论对孩子付出多少，似乎总是感到还不够多、还不够好，而天才的马克思对父母也正是如此，此时的他

①② 马克思，恩格斯．马克思恩格斯全集：第 40 卷．北京：人民出版社，1982：18.

已经深深体会到了父母对他的无限的爱，这让孤身在外的他也看到、感受到了自己对父母“无限的爱”，也深感自己的表达和付出总是不够好、不够多。只有井底之蛙才会认为天仅仅是井口那么很小一块，明白天地之博大的人只会感到自身之渺小。

马克思这段深情的话语，既向父亲和家庭倾诉了他的拳拳真心，也表达了他对此前种种表现的歉意和内疚。这表明此时的马克思也已明显意识到，他的精神不是平静大海上航行的游船，而是正在迎战大海惊涛骇浪挑战的孤礁灯塔。在经历重大转折的、痛苦的鏖战时期，他的表现有悖于常情、常态，客观来讲，这是无法避免的。虽然马克思无疑是个天才，但年轻的他不可能做到面面俱到，更何况此时的他正处于“孤独天才的疯狂”模式中，他的“身体和精神都出现了问题”。在难得的平静时刻，他也会反思和审视自己，向父母解释和道歉，因为他有亨利希所坚信的“一颗善良的心”，而这段话，正是他“善良的心”的直接体现和证明。而且，马克思有着坚定而远大的目标，这也正是他“玩命”地学习、思考、探索、斗争的原因，也是他最终能成为伟人、没有泯然众人的重要原因。毕竟，要经历非凡历程和考验，才能在遍布荆棘的伟大之路上走到终点。

在这封信的末尾，马克思写道：“一种真正焦虑不安的情绪在支配着我，只有在我敬爱的你们身边，才能使焦虑不安的幽灵安静下来。”[1] 这表达出他对父母深深的眷恋和信任。年轻的雄鹰明白并期望着父母温暖的羽翼使他感到安全和平静，对于马克思而言，只有出于对父母的深深的爱，才会如此。这是因为，马克思可不是无主见又性格软弱的年轻人，他思想独立深邃，个性坚强刚毅，行事大胆果断[2]。雄鹰就是雄鹰，再年轻，也绝不是依人的小鸟。

亨利希曾在8个月前的1837年3月2日，写信给马克思并这样表扬了他：“你在刚进入社会的时候就不得不顶住一切邪恶，表现出对人的体谅，聪明机智、小心谨慎和深思熟虑，这也许是件好事，是有益的。为此我感谢上天，因为我希望永远喜欢你的为人。”[3] 同在这封信中，亨利希对马克思写剧本的题材[4]提出了具体而高明的建议，但在提出建议之后，他这样写道：“我能够做的只是建议、劝告而已。你早就无需我的监护，在这个问题上本来也比我强，所以我还是让你自己去拿主意。”[5] 这些都充分说明此时的马克思已足够强大，他已经有勇有谋有决断，完全能够独当一面了。他之所以能“示弱”并主动寻求父母庇护，是出于对父母深深的爱与信任。同时，

---

① 马克思，恩格斯．马克思恩格斯全集：第40卷．北京：人民出版社，1982：19.

② 比如，和燕妮秘密订婚。

③ 同①859－860.

④ 此事应是马克思之前写信告诉亨利希的，这封信未保留下来。

⑤ 同①861.

这也说明此时的马克思对自己的精神状况能够较为冷静、理性地看待，他感受到了自己精神世界中发生的巨大变化，更重要的是，他显然清楚地意识到了自己有时无法控制自己，并且情感和意志无法统一，也许，这是使他感到“焦虑不安”的重要原因。

遗憾的是，陷入“孤独天才的疯狂”模式中的大学生马克思，显然已痴迷于正确、全面和深刻地认识世界而不可自拔，因此越陷越深，在痛苦的精神折磨中经历着他的重大转折。虽然此时的他正向着正确的、崭新的世界观快速前进，但由此带给亨利希夫妇的“爱的折磨”，也自然无可避免地持续着。时光一天天无情地流走，非凡的、慈爱的老父亲亨利希的身体每况愈下。1837 年 12 月，患病的亨利希已经不能“走出房门”①，自 1838 年 1 月上旬起，他已经“卧床不起了”②。2 月 10 日，亨利希强撑病体，用颤抖的手勉强给马克思写了一封信，其中虽有责备，但更多表达的是对马克思深深的爱与信任，还简单告知了自己的病况。罕丽达也在这封信中附笔，同样表达了对马克思深深的爱，她写道：“亲爱的卡尔，来信告诉我你的近况如何，是否完全复原了？你不回来过复活节③，我比谁都感到伤心……你不要根据我给你的信的篇幅来衡量我

①② 马克思，恩格斯．马克思恩格斯全集：第 40 卷．北京：人民出版社，1982：884.

③ 复活节在每年春分月圆后的第一个周日。

内心中对你的爱，有的时候有这种情况：一个人感情很深，但表达出来很少。”①

这封信显然对马克思产生了很大的影响，他在4月底回到了特里尔的家中。而此前他之所以决定不回家过复活节，是因为他在柏林的花销实在太大。亨利希写这封信时是马克思在柏林大学第二个学年的第四个月，此时马克思“已经拿了二百八十塔勒”②，已经超过了亨利希在这年冬天的收入。“父母都觉得，让他坐5天的邮车回来花费太大。”③ 而收到这封信知道父亲生病和母亲伤心后，马克思便抛掉了之前的念头，改变决定，在复活节期间回家了。

马克思在家中“待到5月7日，也就是他20岁生日后不久，便启程了”④。不幸的是，在3天后的5月10日，“亨利希因肺结核和肝癌去世，5月13日下葬”⑤。马克思没有回去参加父亲的葬礼。事实上，他“没有回去参加葬礼，是因为他根本赶不及”⑥，他刚从特里尔离开，一周的时间内根本无法赶回特里尔。由于这一时期的相关信件未能留存下来，因此马克思当时的具体感受和对他造成的影响我们已无法清楚了解。

---

① 马克思，恩格斯．马克思恩格斯全集：第40卷．北京：人民出版社，1982：886.

② 同①885.

③④⑤⑥ 加布里埃尔．爱与资本：马克思家事．朱艳辉，译．长沙：湖南人民出版社，2018：25.

在一个半月后的6月24日，燕妮给马克思写了一封信，提到亨利希的逝世令她“悲痛欲绝”①。她和马克思心灵相通、琴瑟和鸣，可以想象，马克思的悲痛之情一定是有过之而无不及的，因为他们之间的父子深情早已融入了彼此的血液之中。

燕妮在信中写道：“卡尔，原谅我这样悲痛欲绝……原谅我这样做重新引起你那好不容易才平静下来的悲痛”②，“我们要哀悼他③的逝世，还有什么比我们始终怀念他，永远保留对他的清白的一生、他的崇高的美德、他的圣洁的爱的永志不忘，更适当更庄重的呢？对我们来说，这也就是最大的安慰，最好的镇痛剂”④。可见，父亲的逝世使马克思感到了巨大而深刻的悲痛，“好不容易才平静下来”，对于这种悲痛，“最大的安慰”和“最好的镇痛剂”就是永远地缅怀他。马克思确实做到了。此后一生，他一直在缅怀他非凡的、慈爱的父亲亨利希，自我化解这巨大而深刻的悲痛，也许，马克思也在对父亲的缅怀中获得了勇气、智慧和力量。他“一生都在胸兜里放着父亲的一张银版照片，在他45年后去世时，恩格斯把这张已经破损不堪的照片和他葬在了一起”⑤。把父亲的照片一直贴

---

①②④ 马克思，恩格斯．马克思恩格斯全集：第40卷．北京：人民出版社，1982：890.

③ “他”指亨利希。

⑤ 加布里埃尔．爱与资本：马克思家事．朱艳辉，译．长沙：湖南人民出版社，2018：26.

身放在离自己心脏最近的地方，放了一生，这足以证明马克思对父亲的感情是多么深厚，此情已完全融入了马克思的生命。

亨利希逝世后，马克思继续前行，他的思想越来越成熟科学、志向越来越明确坚定、才干越来越出众超群。从柏林大学毕业后，历经《莱茵报》《德法年鉴》的锤炼、《关于费尔巴哈的提纲》《德意志意识形态》的先后问世，直至 1848 年 2 月 24 日《共产党宣言》正式出版发行，马克思终于彻底完成了他思想的重大转折，凤凰涅槃般地实现了伟大的“新生”。此时，距 1836 年 10 月 22 日他进入柏林大学学习，已过去 11 年 4 个月。这时的马克思，不但科学、正确地认识了世界，而且早已坚定地选择并踏上了革命道路，积极地实践着“改变世界”的宏伟志向了。年轻的雄鹰早已经长大，变成了勇猛强大的战鹰，勇敢、顽强、不懈地战斗着。

而这，对于母亲罕丽达来说，却是无法理解和接受的。但这并不奇怪，或者说也是非常正常的。罕丽达是一位平凡、传统、以家庭为全部的母亲，她深爱自己的孩子，但如果因为她是伟人马克思的母亲就认为她理所当然地具备与亨利希一样的非凡的见识和境界，甚至具备与马克思相当的精神高度、牺牲精神和奉献情怀，显然是不现实的。作为母亲，罕丽达一心希望自己的孩子一生幸福美满，当然这种幸福美满是世俗意义上的。而马克思这个聪颖异常的长子，以他无与伦比的智慧和才干，要获得世俗意义上的“幸福美满”并非难事，但马克思却完全背道而驰，甚至“送上门来”都不要。如面对普鲁士政府先后两次“招安”，马克思都拒绝了，而假如他接受了“招安”，前方迎接他、拥抱他的必然是高官厚禄。作为一位平凡且传统的母亲，罕丽达怎么可能理解和接受自己无比优秀的儿子竟然做出这种“傻事”，而且更铁了心走上了一条穷困、危险、“没有前途”的革命道路。多年后，她曾说：“小卡尔要是能积攒一笔资本，而不是写一本什么关于资本的书[①]，该有多好啊！”[②] 这说明罕丽达确实不理解、不接受马克思的选择和奋斗，她所期望的是马克思“积攒一笔资本”。此外，“爱的折磨”也令她伤心难过。显然，这些不可避免地会对他们的母子亲情造成负面影响。但是，必须明白，这既不是罕丽达的错误，也不是马克思的错误，儿大不由娘，这是平凡的母亲与天才的、“改变世界”的儿子之间必然会有的分歧，这种分歧导致母子二人各从其志，应当说，这是一个无法避免的历史遗憾。因为，这种分歧可能长期存在，只是由于亨利希这位非凡父亲的存在，才没有显露出来，亨利希逝世后，这种分歧便失去了管控与调和，必然地显露出来并扩大。

① 指《资本论》。

② 王兴斌．马克思的学生时代．北京：北京出版社，1980：5.

历经磨难的慈父

已彻底完成思想重大转折的马克思，此时也已成为一位父亲。1844 年 5 月 1 日，他的第一个孩子——大女儿燕妮[①]诞生；1845 年 9 月 26 日，二女儿劳拉诞生；1847 年 2 月 3 日，第三个孩子，也是他和燕妮最爱的孩子——长子埃德加尔诞生。此后 8 年间，又有 4 个孩子陆续诞生，最后诞生的孩子是小女儿爱琳娜，她在 1855 年诞生。至此，马克思和燕妮一共生了 7 个孩子。但不幸的是美好生活被现实一次次无情地撕碎，马克思和燕妮的心也被一次次撕碎。7 个孩子有 4 个夭折了，只有小燕妮、劳拉和爱琳娜长大成人。夭折的孩子中，最小的仅“存活了一个小时多一点”[②]，最大的就是埃德加尔，他于 1855 年 4 月 6 日不幸离世，年仅 8 岁，是马克思家第三个夭折的孩子。每个孩子的夭折对马克思和燕妮都是沉重的打击，特别是埃德加尔，他患病后“马克思日夜守在儿子身边”[③]。埃

---

① 指小燕妮。

② 加布里埃尔．爱与资本：马克思家事．朱艳辉，译．长沙：湖南人民出版社，2018：238. 另注：这个孩子出生于 1857 年 7 月 6 日，是个男孩，马克思和燕妮在相关信件中均未提到这个孩子的名字，也许没来得及取名字。

③ 加布里埃尔．爱与资本：马克思家事．朱艳辉，译．长沙：湖南人民出版社，2018：219.

德加尔的夭折使马克思悲痛欲绝、陷入崩溃，如果不是恩格斯、“马克思和恩格斯”在精神上坚强地支撑着马克思，后果可能不堪设想。而这些孩子的夭折除了在当时带给马克思和燕妮巨大的痛苦外，也成为他们一生挥之不去的阴影和心中深深的伤痕。

1850 年 11 月 19 日，他们的第四个孩子、刚满 1 岁的亨利希·吉多①夭折。1857 年 7 月 6 日，又有一个刚诞生的孩子就夭折了。不到 7 年，4 个孩子连续夭折，可想而知马克思和燕妮要承受多么巨大的痛苦和精神折磨。这些孩子之所以夭折，最主要的直接原因就是贫困，由于贫困，一家人长期处于恶劣的生存环境中，衣食住行卫生等各方面条件都很糟糕。1852 年 4 月 14 日，马克思的第五个孩子、刚满 1 岁的女儿弗兰契斯卡②夭折后，“很悲痛”③ 的恩格斯在写给马克思的信中这样讲道：“但愿你和你的家属能搬到比较卫生的地方、比较宽敞的住宅！”④ 而且，马克思一家还时常要忍受饥饿、寒冷的折磨，以及始终流水般不断上门的“魔鬼”⑤，等等，良好

---

① 马克思的第二个儿子，1849 年 11 月 5 日出生。

② 弗兰契斯卡·马克思，马克思的第三个女儿，1851 年 3 月 28 日出生。

③ 马克思，恩格斯．马克思恩格斯全集：第 28 卷．北京：人民出版社，1973：47.

④ 同③48.

⑤ 马克思语，指债主。

的营养、医疗和居住环境等根本无从谈起。

1853 年 4 月 27 日，陷入生活危机、万般无奈的燕妮给恩格斯写了一封求援信，信中就讲述了这样的一个令人心酸的生活片段，她告诉恩格斯："面包铺老板已声明从星期五起不再赊售面包了。昨天他的进攻被穆希打退了。当面包铺老板问他：'马克思先生在家吗?'，他回答说：'不，他不在楼上'，然后就把我们的三个面包夹在腋下象箭一样飞跑开，并把这一切告诉了自己的摩尔。"① 对于这些由于贫困造成的苦难、灾难，马克思当然非常清楚，如亨利希·吉多夭折后，他在 1850 年 11 月 23 日写给恩格斯的信中直言："这个不幸的孩子成了家庭生活困难的牺牲品"②。

除此之外，由于马克思积极开展革命活动，导致全家经常被驱逐，只能四处流亡。燕妮带着孩子们不断地颠沛流离，她和孩子们经常被惊恐、劳顿、疾病等摧残，身体和精神都饱受折磨，这也是孩子夭折的诱因之一。1851 年 8 月 2 日，马克思在写给约瑟夫·魏德迈的信中，曾提到这些对燕妮造成的影响，他告诉魏德迈："你当然知道，我正处在非常可悲的境地。要是长此下去，我的妻子就要完了。经常的操心，为日常琐事

---

① 马克思，恩格斯．马克思恩格斯全集：第 28 卷．北京：人民出版社，1973：654.

② 马克思，恩格斯．马克思恩格斯全集：第 27 卷．北京：人民出版社，1972：163.

的奔忙，使她精疲力竭。”① 而此时襁褓中的小弗兰契斯卡还不满 6 个月。

显然，马克思选择并坚持走革命道路是导致他贫困的根本原因。这条道路不但无钱可图，而且要耗费大量时间、精力和金钱。马克思几乎把他所有的时间和精力都投入革命工作中了，并非常慷慨地花费了大量金钱用于创办报纸、为革命者提供食宿等，并不惜为此而欠债，因此无法为自己和家庭创造一个良好的物质生活环境和正常的家居环境。

1853 年左右，一名去过马克思家的普鲁士间谍在写给上级的报告中非常细致地描述了马克思穷困不堪的生活状况。他写道：“马克思住在伦敦最差的区域之一——同时也最便宜。他有两间房间……房子里没有一件干净、完好的家具，全都破了或者碎了，灰尘足有半英寸厚，到处都是一片混乱。客厅中间放着一张很大的老式圆桌，铺着油布，上面有他的手稿、书籍和报纸，还有孩子们的玩具，他妻子做针线活的篮子和碎布条，几个边上已经破损的杯子、刀叉、油灯、墨水瓶、玻璃杯、荷兰土烟袋、烟灰——一句话，乱七八糟，全放在桌子上……想找地方坐下来都是非常危险的事情。这把椅子只有三条腿，另一把孩子们在上面做饭玩儿的椅子倒是有四条腿，这把正是

① 马克思，恩格斯．马克思恩格斯全集：第 27 卷．北京：人民出版社，1972：588.

给客人坐的，但孩子们做饭玩儿的痕迹还在上面呢，真要坐下，一条裤子就毁了。”①

燕妮在 1850 年 5 月 20 日写给约瑟夫·魏德迈的信中，清楚讲述了马克思为《新莱茵报》所做的巨大牺牲，“您知道，我的丈夫为了报纸曾经作了多大的牺牲，他拿出了几千现款②，而当成功的希望几乎没有了的时候，他却成了报纸的所有人（好心的民主派硬叫他这样干的，否则他们自己必须负担债务）。为了挽救报纸的政治荣誉，为了挽救科隆友人的公民荣誉，他挑起了一切重担，卖掉了自己的印刷机，交出了全部收入，临行前还借了三百塔勒来偿付新租的房舍的租金，支付编辑的薪金等等——而这时他已经是被驱逐出境的人”③。

在巴黎公社失败后，马克思竭尽全力、慷慨热情地救助巴黎公社的流亡者，这使本就穷困不堪的他更加穷困不堪，同时也使他饱受“魔鬼”攻击之苦。1871 年 12 月 21 日，小燕妮给马克思的朋友路德维希·库格曼夫妇写了一封信，在这封信中，她非常客观且形象生动地描述了马克思的无私奉献、面临的窘

---

① 加布里埃尔．爱与资本：马克思家事．朱艳辉，译．长沙：湖南人民出版社，2018：211.

② 马克思为《新莱茵报》拿出了高达七千塔勒以上的巨款。他在 1849 年 7 月 13 日写给约瑟夫·魏德迈的信中讲道：“我曾经给《新莱茵报》（这毕竟是党的企业）投资七千塔勒以上”。

③ 马克思，恩格斯．马克思恩格斯全集：第 27 卷．北京：人民出版社，1972：630.

境及甩不掉的烦恼。她写道："亲爱的朋友们，你们可以想象，所有这些困难和牵挂使可怜的摩尔多么不安。他不仅要和各国统治阶级的政府进行斗争，而且还要和'身体肥胖、和蔼可亲和年纪四十的'房东太太们进行短兵相接的搏斗，因为这些房东太太由于某个公社社员①没有付房租就对摩尔发起攻击。他刚要专心地进行抽象思考，斯密斯太太或者布朗太太就会闯进来。"②

在如此恶劣的生存环境和糟糕的家居环境下，马克思的4个孩子先后夭折，这样的悲剧确实是马克思在革命道路上付出的巨大牺牲。为了无产阶级和全人类的解放事业，他把革命作为自己生命的动力，而没有过上世俗意义上的幸福生活，在亲情世界中饱受痛苦折磨。马克思是个极爱孩子的人。在伦敦索霍区居住时，这一点已经表现得非常明显了，他的家人和朋友对此都非常了解，在他们的谈话中也经常提到。李卜克内西曾回忆说："马克思有时话讲到一半，注意力就转到街上没人照看的孩子身上去了。他虽然极为穷困，但哪怕只有一分钱，也要分一半放到孩子的手上，如果口袋里空空如也，也会尽量给孩子安慰，跟他们轻声说话或摸摸他们的脑袋。"③ 马克思深

---

① 指巴黎公社失败后的公社流亡者。

② 马克思，恩格斯．马克思恩格斯全集：第33卷．北京：人民出版社，1973：667.

③ 加布里埃尔．爱与资本：马克思家事．朱艳辉，译．长沙：湖南人民出版社，2018：434.

深地爱着自己的孩子，尽己所能精心地关怀和照顾他们。

生活中，虽然极度穷困，但马克思始终对孩子们非常温柔、宽厚，尽可能地爱护他们，认真陪他们玩耍，悉心地进行教育，尽心尽力去做一个好爸爸。曾去过马克思家的那位普鲁士间谍在他的报告中还提到，马克思在燕妮和孩子们面前，“比任何男人都更温柔、和善”①。李卜克内西也曾说，马克思在家里的女人和孩子面前表现出的温和能让“英国家庭女教师感到汗颜”②。马克思的父亲亨利希在1837年8月12日写给他的信中也曾告诉这位未来的丈夫、父亲：“不论荣誉、财富或名誉都不能使妻子儿女幸福。只有你，你的良好的‘自我’，你的爱，你的温柔的举动，抑制暴躁性格、发脾气和神经过敏的能力等等，才能使他们幸福。”③ 在经历生活危机时，尽管钱对于一家人而言非常宝贵，将家中物品变卖殆尽也未必够用，但马克思还是会尽全力保全孩子的物品。1850年10月29日，在伦敦的马克思给魏德迈写了一封信，让他帮忙把自己在法兰克福当铺里的银器④卖掉，把钱寄到伦敦索霍区第

---

① 加布里埃尔．爱与资本：马克思家事．朱艳辉，译．长沙：湖南人民出版社，2018：211.

② LIEBKNECHT W. Karl Marx：biographical memoris. London：Journeyman Press，c1975：115.

③ 马克思，恩格斯．马克思恩格斯全集：第40卷．北京：人民出版社，1982：864.

④ 这些银器可能是燕妮的陪嫁之物。

恩街[①]给他，"家里需要这笔钱救命"[②]。但是，他清楚明确地告诉魏德迈有三样东西不要卖掉："1. 一个小银杯；2. 一个银盘；3. 用盒子装着的小刀叉"[③]，"这些都是小燕妮的东西"[④]。此时，小燕妮刚刚6岁半，足见马克思对孩子的关爱和护佑。

马克思是极为忙碌的，他不停地学习和工作，熬夜是常事。但他也很爱陪孩子们一起玩耍，总是尽可能地抽时间与孩子们一起游戏。工作如此忙碌仍尽可能认真陪孩子们玩耍的马克思，着实让人敬佩，我们也可以理解马克思为什么总是熬夜：除了巨大的工作量之外，也只有在宁静的夜晚，这位伟大的思想家才可以集中精力平静且认真地思考、学习、工作，而这显然会比白天始终处在孩子们的喧闹和各种搅扰中要更加高效，同时也能尽可能地在白天多给孩子们一些陪伴时间。

在第恩街居住期间，"他经常在寒冷的前厅熬夜到天亮，时不时抽几口能买得起的'廉价破烂'雪茄"[⑤]。而这是马克思的常态，从大学时开始，他就一直这样艰苦地学习和工作，

---

① 马克思当时在第恩街居住。

② 加布里埃尔．爱与资本：马克思家事．朱艳辉，译．长沙：湖南人民出版社，2018：180. 另注：这笔钱可能是为了给次子亨利希·吉多治病，救他的命。

③④ 马克思，恩格斯．马克思恩格斯全集：第27卷．北京：人民出版社，1972：563.

⑤ 加布里埃尔．爱与资本：马克思家事．朱艳辉，译．长沙：湖南人民出版社，2018：198.

到晚年也依然夜以继日地学习和工作。小燕妮曾形容晚年时的马克思“在家就像幽灵一般”①，他“每天早上7点起床，喝几杯黑咖啡，之后就一直躲在书房里，直到中午过后，将军②登门把他拽到外面去走一走。5点吃完晚饭后（马克思一般要被叫三遍，才肯上餐桌），立刻又进了书房，直到夜里2点或3点睡觉”③。当然，这是以健康为代价的，正如马克思自己所说：“我已经牺牲了我的健康”，长期的熬夜及劣质的烟草就损害了他的健康。1873年6月，他去曼彻斯特找“他完全信赖的唯一的一个医生”④ 龚佩尔特看病，龚佩尔特对马克思的工作和生活“作了严格的规定”⑤，如工作时间上下午都“不能超过两小时”⑥ 等等，其中，“最重要的是停止深夜写作，否则，他可能丢掉性命”⑦。

马克思的孩子们都特别喜欢并期待与自己的爸爸玩耍，对他们而言，“最好、也是最喜欢的玩伴是他们的父亲，他们有时叫他爸爸，但更多的时候叫他摩尔”⑧。孩子们“允许

---

①③ 加布里埃尔．爱与资本：马克思家事．朱艳辉，译．长沙：湖南人民出版社，2018：411.

② “将军”是小燕妮给恩格斯起的绰号。

④ 马克思，恩格斯．马克思恩格斯全集：第33卷．北京：人民出版社，1973：612.

⑤⑥ 同④596.

⑦ 同①413.

⑧ 同①210.

他每天忙碌，但星期日必须全身心陪他们，马克思很愿意地答应了"[①]。但马克思"还是在口袋里装个小本子，时不时偷偷写点东西"[②]。平时，在"天气好的时候，一家人和正好在家里的朋友会从索霍区出发，走上一个半小时，到汉普斯泰特荒阜野餐"[③]，这是包括孩子们在内的全家人都非常期待的快乐和享受。"午饭后，大人们打打盹或看看报，马克思陪孩子们一起玩耍。"[④] 他总会陪孩子们玩骑驴游戏，"完全不在乎自己装起步履蹒跚的驴子时的搞笑模样"[⑤]。当他们回家时，在返回的路上，马克思会大段地背诵《神曲》，有时他兴致勃发，会扮演《浮士德》中的魔鬼靡非斯特给大家看。接下来，马克思要讲自己的原创故事《英里》，一旦他停下来，孩子们便大喊"再讲一英里"[⑥]！

在教育孩子方面，这位伟大的思想家的理念和做法也是特别。马克思认为"大人应该向孩子们学习"[⑦]，他喜欢说"孩子们必须把父母带大"[⑧]，他对孩子们施加影响"不是凭借命令，而是通过建议——他们总是同意"[⑨]。可以看出，在马克思的观念中，孩子在家庭教育中的地位和作用不但非常重要，而且其重要性明显在父母之上，即在整个家庭教育中，孩子对于父母的成长和成熟是很重要的，其中孩子扮演的是主导、引

①②③④⑤⑥ 加布里埃尔．爱与资本：马克思家事．朱艳辉，译．长沙：湖南人民出版社，2018：210.

⑦⑧⑨ 同①187.

领的角色，父母只是从属、辅助。这样的家庭教育思想在今天看来也绝对是超前的，说明马克思深刻认识到孩子的创造性，以及孩子对父母、对家庭的极端重要性。马克思特别尊重孩子并善于以引导的方式与孩子交流。

在具体做法上，马克思延续了自己和燕妮的家庭好传统，早早便用文学名著对孩子们进行浸润熏陶。他十分注重培养孩子们的文学素养和语言能力，在孩子们还很小的时候，就很下功夫培养他们对文学和语言的热爱，比如，他与燕妮“不断给孩子们吟诵莎士比亚的剧作，神奇地把混乱狭小的阁楼变成了维罗纳的辉煌宫殿、法国的宏大战场和凄冷的伦敦塔，直到孩子们把台词记住，和他们一起吟诵”①。马克思还尽量用原语言给孩子们朗读巴尔扎克、但丁、塞万提斯、沃尔特·斯科特、詹姆斯·费尼莫尔·库柏的作品。通过聆听父亲的朗读，孩子们对这些著作及其中的人物故事等都非常熟悉，并在潜移默化中学到了很多东西。这样的浸润熏陶取得了很好的效果，除了令孩子们日日享用精神盛宴之外，也使他们打下了坚实的文学和语言基础，同时锻炼了孩子们的思考和表达能力，他们在信件中经常会像大人一样，做一些引用或写一些双关语。而这也正是马克思鲜明的写作特点。他在写作中经常引

---

① 加布里埃尔．爱与资本：马克思家事．朱艳辉，译．长沙：湖南人民出版社，2018：210.

用或借鉴世界文学名家名著的话语，并将反讽手法运用得出神入化，如《共产党宣言》开篇第一句话："一个幽灵，共产主义的幽灵，在欧洲游荡"①，就是借鉴了莎士比亚在《哈姆雷特》中的表述。因此，马克思通过这样的方式，使孩子们在不知不觉间获益良多，并使家庭的优良传统在孩子们的身上传承下去。显然，马克思为孩子们提供了极其富足和充满营养的精神食粮，使孩子们的精神世界充实、高贵、丰富多彩，也许，这在一定程度上能帮助他们积极面对极度贫乏的物质生活。

虽然马克思在极度贫乏的物质生活中经常无可奈何，但对孩子，马克思除了让他们成为"精神上的贵族"以外，也尽全力让他们的物质生活尽可能好一点，有时甚至为此而不计后果。1867 年 7 月，马克思当时的准亲家——二女儿劳拉未婚夫拉法格的父亲，邀请马克思的三个女儿②去波尔多游玩。但此时马克思还是很穷，根本拿不出女儿们往返的旅费③。另外，如果要出行，女儿们的"表、衣服等等要从当铺赎回"④，

---

① 马克思，恩格斯．马克思恩格斯选集：第 1 卷．3 版．北京：人民出版社，2012：399.

② 此时马克思的孩子只剩这三个女儿：小燕妮、劳拉、爱琳娜。

③ 为了劳拉的幸福，此时马克思向拉法格隐瞒了自己的真实经济状况。他的一名债主知道此事后，甚至以此威胁马克思还钱给他，令马克思非常窘困。

④ 马克思，恩格斯．马克思恩格斯全集：第 31 卷．北京：人民出版社，1972：324.

也需要钱，而让拉法格支付旅费“是不体面的”①。最后，为了女儿们的幸福、健康和快乐，马克思还是接受了邀请，他说：“我不能拒绝这一邀请，因为从这三个女儿目前的健康状况来说，这是一种真正的幸福。”②于是，他一咬牙，把十几天后用于支付房租的钱全部拿了出来，作为女儿们往返的旅费，并赎回当铺里她们的衣服物品。但这样一来马克思就没钱交房租了，时间紧迫。为了“免得被赶出去”③，马克思除了向恩格斯求助以外别无他法。于是，他在 7 月 20 日急急忙忙给恩格斯写了封信，将此事告诉了恩格斯，并写道：“现在除了给你写信之外，我没有别的办法。”④对于女儿们来说，马克思的决定无疑是正确的，9 月 10 日，“孩子们和拉法格一起精神饱满地回来了”⑤。但这也给马克思带来了新的烦恼。拉法格打算叫马克思和他一起再去曼彻斯特恩格斯那里做客三天，但马克思根本没钱出行，苦恼的他在信中向恩格斯倾诉：“最伤脑筋的是，他⑥（自然不了解我的金钱情况的秘密！）要我陪他去，我还没有找到正当的借口拒绝这种对我来说不可能的旅行。”⑦可见，马克思为了孩子们确实拼了。此时已年近半百的他，为了

---

①②④　马克思，恩格斯．马克思恩格斯全集：第 31 卷．北京：人民出版社，1972：324.

③　加布里埃尔．爱与资本：马克思家事．朱艳辉，译．长沙：湖南人民出版社，2018：315.

⑤⑦　同①348.

⑥　“他”指拉法格。

孩子们，硬把自己逼成了一位可爱的硬撑门面的老父亲。

第二年春天，1868 年 4 月 2 日，劳拉和拉法格终于结婚了。当然，结婚更是要花钱的，而马克思在经济上是彻底的“负翁”，这已不是什么稀奇事了，他既没有钱给劳拉准备嫁妆①，也没有钱置办婚礼。但这位极爱孩子的老父亲还是很想让劳拉体面地出嫁。2 月 15 日，他写信给恩格斯说：“我真发愁。4 月 1 日就要举行婚礼②了，而我为劳拉还什么也没有准备好。总不能把她象个叫化子那样打发出门。”③ 于是乎，他便忙着四处筹钱。在 2 月 15 日之前和 3 月 5 日，心急火燎的他给荷兰的亲戚连续写了两封信求助，但都没有任何回音，显然他的荷兰表亲不打算提供任何帮助。后来，他的朋友路德维希·库格曼非常慷慨地给他寄来了十五英镑，马克思在 3 月 17 日回信对此表达了感激之情。他写道：“愉快的是，这不仅表现了您的深厚友谊（而在这个尘世上，友谊是私人生活中唯一具有重要意义的东西），而且还因为您帮助我摆脱了由于婚事临近而造成的十分困难的处境。”④ 此外，毫无疑问，恩格

---

① 当时的嫁妆的价格一般应在 20 英镑左右。

② 劳拉和拉法格的婚礼原定于 1868 年 4 月 1 日举行，由于经济原因改到了 4 月 8 日。后来，为了照顾恩格斯的时间，马克思把婚礼日期又改到了 4 月 2 日。

③ 马克思，恩格斯．马克思恩格斯全集：第 32 卷．北京：人民出版社，1974：34.

④ 同③527.

斯当然不会袖手旁观，他提供了四十英镑，这确实是不小的一笔钱。这样，慈爱的老父亲马克思终于克服重重困难让劳拉体面地嫁了出去。但是，马克思对此感触颇多，他在1868年4月30日①写给恩格斯的信中自嘲道："再过几天我就满五十岁了……我可以说：苦干半个世纪了，可还是一个穷叫化子！"②

劳拉的出嫁是马克思生活中的一个重要事件，同时开启了马克思家的新时期。她出嫁一个月后，1868年5月5日，"苦干半个世纪"的马克思过了他的五十周岁生日，恩格斯给他发来了热情洋溢的祝贺："我无论如何要祝贺你的五十寿辰。不过，我离这个日子，也只有短短一段时间了。二十五年前，我们曾经自豪地设想，等不到这一天到来，我们早就被砍头了，那时我们是多么富有青年人的满腔热情啊！"③ 这说明，此时的马克思和恩格斯已认为他们自己步入了老年，不再是"青年人"了。事实上，早在一年前的1867年5月13日，49岁的马克思在写给劳拉的信中就已经开始用"老尼克"④ 这个署名，此后这个名字在他写给女儿们和恩格斯的信中经常被用

---

① 即马克思50周岁生日的5天前。

② 马克思，恩格斯．马克思恩格斯全集：第32卷．北京：人民出版社，1974：75-76.

③ 同②78-79.

④ 马克思，恩格斯．马克思恩格斯全集：第31卷．北京：人民出版社，1972：550. 另注："老尼克"是马克思在家中的绰号。

到。在马克思过完五十周岁生日半年之后，1869 年 1 月，24 岁的小燕妮也离开了家，两个女儿的相继离开使“马克思遭受了巨大的打击”[①]。就小燕妮来说，离开家是因为在 1868 年 11 月或此之前，“她接受了一份家庭教师[②]的工作，但她一直瞒着父母，只向劳拉和琳蘅透露过。她肯定觉得在劳拉结婚后，自己不能再待在家里等吃等穿”[③]。

小燕妮一直将此事瞒着马克思和燕妮，很可能是因为她认为，这个离家外出独立谋生的想法对父母亲而言一定是“傻孩子”式的愚蠢可笑念头，如果马克思知道了，他一定不会同意。她的考虑是正确的，马克思知道后确实不同意。小燕妮的决定令马克思非常难受，但是，马克思后来还是让步了。在 1868 年 11 月 30 日写给恩格斯的信中，马克思告诉“第二个父亲”：“我后来同意了这件事，但有一个条件（这家的主妇——她的丈夫是门罗博士——找我妻子谈过这件事），聘约有效期仅一个月，一个月以后，双方都有权解除聘约。不管这件事使我多么难受（一个女孩子几乎要整天教小孩子）——这是用不着告诉你的——，但我在提出这个保留条件以后还是同意了，首先是因为让小燕妮干点什么事情

① 加布里埃尔．爱与资本：马克思家事．朱艳辉，译．长沙：湖南人民出版社，2018：336.

② 指在一位叫门罗的英国人家里给孩子教课。

③ 同①335.

散散心，特别是使她不再总是呆在四壁萧然的家中，我认为是有益的。”①

但是，无论马克思多么智慧、多么不情愿、多么难受，总之在1869年1月，小燕妮还是离开家去当家庭教师了。这是必然的，女儿已长大，总有一天她会脱离父母的庇护，开启自己的人生，就像当年马克思离家开启自己独立的人生一样。况且，小燕妮是家中最大的孩子，相对承担着更多的家庭责任，小燕妮应该也是想通过自己离家独立谋生来减轻父母的负担。于是，就在这个时间节点，小燕妮勇敢地迈出家门，踏上了自己的人生道路，在这条道路上，除了有眼下家庭教师的工作，还有她自己的爱情、家庭——三年后的1872年10月，她也结婚了。当然，她还一直继续从事着革命事业，有所不同的是，她更加积极、更加主动、更加勇敢，并很快取得了巨大的成功。

1870年3月初，她以“燕·威廉斯”的署名在法国《马赛曲报》连续发表了揭露英国监狱虐待折磨爱尔兰政治犯②的文章，立即引起了巨大的社会反响和政治震动。她的文章“迅速传到布鲁塞尔、柏林、都柏林、以至美国”，“几天内，从曼彻斯特到伦敦，《泰晤士报》、《每日电讯报》和《旗帜报》等

---

① 马克思，恩格斯．马克思恩格斯全集：第32卷．北京：人民出版社，1974：203.

② 这些政治犯为革命者。

英国报纸均进行了转载”[1]，“促使议会要求政府对爱尔兰囚犯受到的对待进行彻底公开的调查”[2]。马克思对此“感到极为自豪”[3]。“恩格斯也极为得意”[4]，他在3月21日写给马克思的信中写道：“燕妮[5]可以欢呼：全线胜利！没有她，可尊敬的格莱斯顿[6]绝不会同意进行新的调查。”[7] 但是，小燕妮对此仍不完全满意，她紧抓此事不放，“不断写文章”，“最终目的是让这些人获得自由”[8]。她成功了。1870年12月中旬[9]，“在小燕妮的文章的逼迫下，议会在长达8个月的对爱尔兰犯人受到的对待进行调查和讨论后，爱尔兰犯人得到了赦免”[10]。恩格斯在12月19日写给李卜克内西夫人娜塔利亚的信中写道：“您可以想象……获得赦免的消息传来时，我们全家是多么高兴。”[11]

---

①②③⑧ 加布里埃尔．爱与资本：马克思家事．朱艳辉，译．长沙：湖南人民出版社，2018：351.

④ 同①352.

⑤ 指小燕妮。

⑥ 当时的英国内阁首相。他多年来一直拒绝议会调查爱尔兰政治犯的待遇问题，最后因为小燕妮的文章不得不同意进行调查。

⑦ 马克思，恩格斯．马克思恩格斯全集：第32卷．北京：人民出版社，1974：450.

⑨ 1870年12月19日，《泰晤士报》发表了格莱斯顿12月15日的一封信，宣布对爱尔兰政治犯实行大赦。

⑩ 同①364.

⑪ 马克思，恩格斯．马克思恩格斯全集：第33卷．北京：人民出版社，1973：171.

伤痕累累的坚强老人

1869年1月，对于马克思一家而言意义重大，除了小燕妮离家外出工作、开启了自己人生和家庭状况的新时期外，还发生了一件大事。这两件大事共同推动马克思一家进入了全新阶段。那就是劳拉生了个儿子。这是马克思家的第一个三代家庭成员，极爱孩子的马克思当上了外祖父，“在1月1日收到拉法格从巴黎传来的喜讯——劳拉生了个儿子①——马克思感到无比惊喜”②。他立即写信给恩格斯分享他的快乐，一开头他便兴冲冲地写道：“新年好！你从附上的拉法格的来信中可以看到，我收到了一份特殊的新年礼物——外祖父的称呼。”③ 恩格斯在1月3日的回信中一开头便说：“新年好！我对你收到巴黎的新年礼物表示衷心的祝贺。我想，你和你的夫人现在一想到这个新的称呼，一定会相视而笑。”④ 从这时起，马克思家便正式进入了三代人的“大家庭”模式，劳拉和小燕妮在未来的岁月中各自又生了几个孩

---

① 这个孩子名叫沙尔·埃蒂耶纳·拉法格。

② 加布里埃尔．爱与资本：马克思家事．朱艳辉，译．长沙：湖南人民出版社，2018：336.

③ 马克思，恩格斯．马克思恩格斯全集：第32卷．北京：人民出版社，1974：224.

④ 同③225.

子，马克思在外孙和外孙女们的身上也投注了很多爱。在他写给女儿们的信中，他经常写道："千遍地吻你和孩子们""多多地吻你和你的'小家伙们'""千万次地吻……""千百次地吻……"，等等，把他作为父亲和外祖父的慈爱之情展现得淋漓尽致，同时也说明马克思对于外祖父这个身份感到非常的惬意和享受。

看起来，马克思在晚年可以尽享天伦之乐了，儿孙承欢膝下，多么美好。但事与愿违，马克思晚年的亲情世界中并不全是风和日丽，而是经常阴云密布，甚至多次经历狂风暴雨，磨难和痛苦不时袭击他，使他多次经受沉重打击。其中，孩子夭亡这样的不幸事件还在继续发生、多次发生，一次次无情打击着这位慈爱的外祖父。

劳拉在 1869 年 1 月 1 日生下长子沙尔·埃蒂耶纳·拉法格之后，又在整一年后的 1870 年 1 月 1 日早产生下了一个女儿，但非常不幸，这个孩子在 2 月底时去世了；一年之后，1871 年 4 月左右，劳拉又生下一个男孩，但悲剧仍在继续，1871 年 7 月 26 日这个孩子也因病去世了；1872 年 7 月 26 日，悲剧再一次上演，沙尔·埃蒂耶纳·拉法格也因病去世了，此时他才 3 岁半。可想而知，三年内三个孩子全部夭折，这给劳拉造成了多么巨大的打击，从此之后她再未生育。而这同样给马克思带来了巨大的痛苦，尤其是对于第一个外孙沙尔·埃蒂耶纳·拉法格，马克思非常喜欢他。那一时期，马克思在给家人的信中，总是提起沙尔·埃蒂耶纳·拉法格，并对他关爱有加①。

在1871年2月4日写给拉法格的信中，马克思愉快地叮嘱女婿："请代我吻小施纳普斯②，并告诉他，老尼克见到自己继承人的两张照片高兴极了。"③ 从1872年2月28日马克思写给劳拉的信中，可以看出他非常惦念此时已生病的外孙，也对拉法格在信中没有提到"小病人"而表达了不满和责备。他写道："我的心一直同你们在一起。老实说，我最惦念的是可怜的小施纳普斯的健康。我对保尔④最近的一封信甚至有些生气，信中尽是一些有关'运动'的有趣的细节，而对亲爱的小病人却只字未提"⑤，可见他对这个外孙格外关爱和惦念。3月时，这位焦急的外祖父再次询问沙尔·埃蒂耶纳·拉法格的情况。在3月21日写给拉法格的信中，他专门就这个心爱的小外孙讲道："我很想知道有关他的更多的消息"⑥。6月26日，马克思和燕妮"得到了劳拉的音信⑦"，孩子"得痢疾已

---

① 恩格斯对沙尔·埃蒂耶纳·拉法格也是如此。

② 爱琳娜给沙尔·埃蒂耶纳·拉法格起的绰号，意为"烈酒"。

③ 马克思，恩格斯．马克思恩格斯全集：第33卷．北京：人民出版社，1973：184.

④ 指拉法格。

⑤ 同③413.

⑥ 同③437.

⑦ 当时，劳拉不在法国家中，在西班牙的马德里。

经九个月了，非常瘦弱，以致可怜的双亲对他恢复健康已经不抱希望了”①。这一时期与此相关的其他信件未被保留下来，当时马克思对此事的具体感受我们无从准确得知，但无疑，孩子的夭折一定使马克思遭受了沉重打击。

沙尔·埃蒂耶纳·拉法格给马克思带来了“外祖父的称呼”，让马克思无限欢喜和享受，但很快又带走了它，对马克思而言，这无疑是极为痛苦的。但生活不可能总是乌云压顶、狂风暴雨，在经历了连续三年、每年一次的痛苦折磨之后，终于有一缕阳光射了进来。一年之后，1873 年 9 月 3 日，马克思再次获得了“外祖父的称呼”：小燕妮在这一天生下了她的长子——沙尔·龙格，小名卡罗。由于这一时期小燕妮就在伦敦娘家，和马克思在一起，同时可能包含与此有关信息的信件等未能留存下来，我们无法获知当时马克思的具体感受和其中的故事，但是，完全可以确定，马克思一定非常欢喜，他感受到了巨大的幸福。

不幸的是，卡罗也夭折了。1874 年 7 月底，尚未满一周岁的卡罗“死于无情的霍乱”②。这个在马克思身边出生、身边成长，让马克思乐享天伦的“小天使”③，陪伴马克思仅 11

---

① 马克思，恩格斯．马克思恩格斯全集：第 33 卷．北京：人民出版社，1973：685.

② 同①637.

③ 同①642.

个月就匆匆离开了，他再一次失去了“外祖父的称呼”，“悲痛又一次笼罩了马克思家”[①]。8 月 4 日，他写信给恩格斯说：“睡眠不好。我非常想念小家伙[②]。”[③] 显然，悲痛使马克思夜不能寐。同在这一天，他还写信给朋友、战友弗里德里希·阿道夫·左尔格，在信中他这样写道：“大约一个星期以前，我们遭到了巨大的不幸：燕妮（龙格夫人）的十一个月的孩子死了，这是个很可爱的男孩子。”[④]

令人唏嘘的是，幸福太短暂了，一转眼就变成了巨大的不幸，而这样巨大的不幸已在前四年中连续发生了三次。两个女儿在四年间连续生了四个孩子，却又连续夭折，美好和幸福如此快速且连续地被撕碎，只留下无数痛苦的回忆和四个分散的小坟茔，这对马克思确实太残忍了。而这还不算从 1850 年 11 月 19 日至 1857 年 7 月 6 日这不到 7 年间他自己四个孩子的连续夭折。马克思——这位慈爱的、极爱孩子的老父亲、外祖父，生活一次次地对他露出最狰狞的面容，他的心一次次地被狠狠蹂躏、撕碎，旧伤未愈又加新伤，伤痕累累。

但是，祸不单行，此时马克思面对的是更加糟糕的局面。

---

① 加布里埃尔．爱与资本：马克思家事．朱艳辉，译．长沙：湖南人民出版社，2018：416.

② 指卡罗。

③ 马克思，恩格斯．马克思恩格斯全集：第 33 卷．北京：人民出版社，1973：115.

④ 同③637.

他除了要忍受卡罗夭折造成的巨大悲痛，还必须要坚强地照顾并支撑起女儿们：小燕妮“已经崩溃”[①]“健康状况严重恶化”[②]；爱琳娜“突患重病”[③]，“不肯吃东西，又开始吐血。她心情烦躁、抑郁，完全没了那个让人一见就喜欢的可爱的年轻姑娘模样”[④]；而马克思自己，“可恶的肝病发作得很厉害”[⑤]，还有他的老毛病——痈，此时也来凑热闹。这种境况，已然糟糕到无法形容。恩格斯在9月中旬写给左尔格的一封信中简单提到了这些事，话虽不多，但清楚表明了所有这些事情对马克思造成的影响。他写道：“他[⑥]很倒霉。他于7月份在威特岛身体刚有好转，便因最小的女儿[⑦]突患重病而回来了。还未等他到达，燕妮的约一周岁的男孩子[⑧]死了。这又对他起了很坏的作用。”[⑨]此时，马克思这位很倒霉、很可怜、很穷困的老父亲，该怎么办呢？

面对这种无法形容的糟糕境况，恩格斯当然不会坐视不管，他是马克思的“守护天使”、女儿们的“第二个父亲”，也

①④　加布里埃尔．爱与资本：马克思家事．朱艳辉，译．长沙：湖南人民出版社，2018：416.

②　马克思，恩格斯．马克思恩格斯全集：第33卷．北京：人民出版社，1973：712.

③⑨　同②646.

⑤　同②636.

⑥　指马克思。

⑦　指爱琳娜。

⑧　指沙尔·龙格。

是马克思一家生活中永远的阳光。从感情上讲，马克思的孩子也是恩格斯的孩子，恩格斯完全将她们视如己出，始终坚定有力、主动地承担着父亲的责任。很有意思的是，在“马克思家”留下来的唯一一张令人印象深刻的“全家福”照片中，里面并非是马克思、燕妮和三个女儿，而是马克思、恩格斯和三个女儿，这不知是历史的巧合抑或是必然的体现。如果要给这张照片起个名字，或许，可以叫作《父亲与女儿们》。在这次极其严重、致命的危机中，“马克思和恩格斯”一边忍受着痛苦的折磨，一边全力应对危机。“恩格斯坚持让小燕妮离开伦敦，来兰兹格特①与自己和莉希②住一段时间，小燕妮同意了。”③ 1874 年 8 月 6 日，马克思陪小燕妮去兰兹格特，“他们乘坐火车穿过肯特郡的田野，土地苍翠、肥沃，他们的心情却乏味、沉闷”④。途中，“一个年轻的母亲带着 9 个月大的孩子坐在马克思和小燕妮乘坐的车厢里”⑤，很难想象，这会给这对刚刚痛失孩子的可怜父女造成怎样的刺激，那时的他们一定经受着无以言表的苦楚和精神折磨。

父女俩抵达兰兹格特后，马克思不敢多停留，8 月 9 日便匆匆返回，他必须尽快赶回伦敦照顾爱琳娜。在他 8 月 4 日写

---

① 此时，恩格斯正在此处休养。

② 指恩格斯的夫人。

③④⑤ 加布里埃尔．爱与资本：马克思家事．朱艳辉，译．长沙：湖南人民出版社，2018：416.

给左尔格的信中，他这样说道："我没有多余的时间，也没有多余的钱……不管怎样，就是为了我的小女儿①，我也要到卡尔斯巴德②去，她病得很厉害，很危险，只有现在才能外出；她的医生也让她到卡尔斯巴德去。"③ 马克思离开后，恩格斯继续扛起父亲的责任，他和莉希"想尽办法转移小燕妮的注意力"④。8 月中下旬，他们带小燕妮去了泽西岛旅行，9 月 5 日一起返回了伦敦。而马克思急匆匆赶回伦敦后，和燕妮一起精心、耐心地照顾着爱琳娜，使她的病情在短期内有了明显好转。8 月 14 日，马克思写信给恩格斯说："杜西⑤的身体好多了，她的食欲在按几何级数增加，但这是带有歇斯底里因素的妇女病的特点。必须装出一副样子，似乎完全没有察觉她又开始靠尘世的食物为生了。"⑥ 这种情况下，爱琳娜已经可以外出疗养治病了。

为了使爱琳娜的健康彻底恢复，第二天，马克思便按照自己先前的打算和医生的建议，坚定地带着爱琳娜向卡尔斯巴德

---

① 指爱琳娜。

② 捷克西端城市，现名卡罗维发利，是非常著名的矿泉疗养地，当时在这里疗养花费昂贵。

③ 马克思，恩格斯．马克思恩格斯全集：第 33 卷．北京：人民出版社，1973：636－637.

④ 加布里埃尔．爱与资本：马克思家事．朱艳辉，译．长沙：湖南人民出版社，2018：420.

⑤ 杜西是爱琳娜的小名。

⑥ 同③116－117.

出发了，他们在那里从8月19日一直待到了9月21日。虽然是疗养治病，但抵达后的大部分时间里，独自照顾爱琳娜的马克思并不轻松。9月18日，他写信给告诉恩格斯："头三个星期我几乎整夜失眠"①。离开卡尔斯巴德后，马克思带着爱琳娜又到德勒斯顿、莱比锡、柏林和汉堡访亲探友。其中，"在莱比锡，他会见了李卜克内西和布洛斯，以及莱比锡党组织成员……同他们进行了谈话"②。在柏林，他和爱琳娜冒险停留了三天，一边躲避警察，一边看望了他中学的同班同学、第一个追随者、他和燕妮爱情的重要促成者、燕妮最喜爱的弟弟——埃德加尔，并和他一起游览了"马克思之前常去的地方"③，想必当时马克思一定是别有一番滋味在心头。后来，埃德加尔告诉他们，马克思和爱琳娜"从旅馆离开后一个小时，就有警察上门寻找马克思"④。当他们回到伦敦时，马克思和爱琳娜"状态大有改观。卡尔斯巴德虽然没能治愈他们的疾病，但至少暂时有所缓解，让他们能够恢复工作"⑤。

就在忙着照顾爱琳娜的同时，马克思也牵挂着小燕妮，想方设法地哄她高兴，给她加油鼓劲，让她宽心。就在带爱琳娜

---

① 马克思，恩格斯．马克思恩格斯全集：第33卷．北京：人民出版社，1973：122.

② 同①713.

③④⑤ 加布里埃尔．爱与资本：马克思家事．朱艳辉，译．长沙：湖南人民出版社，2018：419.

去卡尔斯巴德的前一天，即1874年8月14日，他除了给恩格斯写信，也单独给小燕妮写了封信。信中他一直以轻松的口吻东拉西扯，谈了各种事情，甚至还聊了坊间“八卦”：“吴亭告诉我，托马诺夫斯卡娅女士结婚了。（他不清楚，她将要生的孩子是什么时候怀的，——此事绝对只在我们之间说说，——是在结婚前，还是在结婚后。此外，他也根本不了解那位新郎的情况。）弗兰克尔由于受这次意外的打击，感到非常痛苦。”① 这种坊间“八卦”一本正经地出现在马克思写给女儿的书信中，确实令人惊讶。

最后，马克思还是憋不住了，在信的末了，他忍不住谈回了沉重的正题，他写道：“我唠叨地谈了这么多事情，因为我不大敢谈那件唯一使你关心的事情。从小天使②不再使我们家活跃的时候起，这个家就变得死气沉沉了。没有他我处处感到寂寞。想起他来，我心如刀割，这样可爱、这样迷人的小家伙难道能使人忘记吗！不过，我的孩子，为了你的父亲，我希望你坚强起来。”③ 这段话清楚地表明卡罗的夭折给马克思带来了巨大的痛苦和折磨，这位可怜的外祖父心如刀割并陷入痛苦的回忆中；也清楚显示出他对小燕妮深深的父爱，他“不大敢”谈卡罗的夭折，希望女儿能够“坚强起来”。为此，此时这位

①③ 马克思，恩格斯．马克思恩格斯全集：第33卷．北京：人民出版社，1973：642.

② 指沙尔·龙格。

56 岁的老人必须表现得非常坚强，哪怕这种坚强是强装出来的，因为这时他深爱的女儿非常需要他的支撑和保护。

事实上，从马克思晚年的书信中可以看出，在小燕妮、劳拉和爱琳娜三姐妹中，小燕妮是他和燕妮晚年最疼爱的女儿。

终于，在马克思与燕妮无微不至的关爱和照料下，小燕妮和爱琳娜逐渐恢复了过来，最终平安渡过了这个极大的难关。全家人虽然伤痕累累，但无论如何，生活还要继续；虽然总有阴云密布、总有狂风暴雨，但必定也会有阳光，哪怕阳光普照之后还有狂风暴雨。此后，小燕妮又陆续生下四个儿子、一个女儿，共五个孩子，分别是 1876 年 5 月 10 日出生的让、1878 年 7 月 4 日出生的哈利、1879 年 8 月 18 日出生的埃德加尔、1881 年 4 月底出生的马赛尔、1882 年 9 月 16 日出生的燕妮。随着这些孩子的出生和成长，马克思也一天天地在衰老，病痛一直袭扰着他，但他也愈加喜爱和依赖这些孩子，他们极大地温暖了马克思的心。其中，让的出生开启了一个新的美好时期，他再次给马克思带来了“外祖父的称呼”，使全家又一次过上了三代人大家庭的生活。虽然必然会有烦恼，“阴云在任何时候和任何地方总是有的”①，但最起码，马克思此后又能享受天伦之乐，“外祖父的称呼”没有再次失去，始终陪伴着他。

---

① 马克思，恩格斯．马克思恩格斯全集：第 34 卷．北京：人民出版社，1972：467. 另注：燕妮语，她认为这样的情况“总的来说还不错”。

让的全名叫让·罗朗·弗雷德里克·龙格，家里叫他琼尼[①]。在他出生之前，小燕妮夫妇"决定采取一切措施保护好这个孩子，因为大家都无法再承受失去孩子的痛苦"[②]，家人们也都围在小燕妮身边守护着她，此前连续发生的巨大悲剧终于在此时止步。让出生后，马克思在5月25日写信告诉恩格斯孩子的名字所代表的意义。他说："取名让（龙格父亲的名字）·罗朗（劳拉的绰号）·弗雷德里克（向你表示敬意）。"[③]这个孩子给马克思全家带来了无穷的欢乐，"他是全家的乐趣。当他坐着四轮小车即家用小孩车回家来时，由老外祖母领头，大家都非常高兴地跑去迎接他，每个人都想争先抱到他"[④]。在小燕妮的五个孩子中，琼尼是马克思最喜爱、最牵挂的，马克思说："这个孩子对我说来象眼珠一样宝贵。"[⑤]

1878年9月时，琼尼生病了。尽管两个月前小燕妮刚刚生下哈利，此时仍很虚弱和疲倦，但琼尼在燕妮和小燕妮[⑥]的精心照料下逐渐好转，小燕妮赶紧写信将这个好消息告诉了马

---

① 也译为"约翰尼"。

② 加布里埃尔．爱与资本：马克思家事．朱艳辉，译．长沙：湖南人民出版社，2018：419.

③ 马克思，恩格斯．马克思恩格斯全集：第34卷．北京：人民出版社，1972：16－17.

④ 同③469.

⑤ 同③319.

⑥ 此时，燕妮与小燕妮在一起，但不在伦敦；马克思则刚从英国的莫尔文小镇疗养后回到伦敦家中。

克思。但马克思仍然非常忧心。9 月 16 日，他写信给小燕妮，一开头就说："希望今后继续听到琼尼的好消息。你们应该每天写信把关于他的健康状况的消息告诉我，而且一定要把全部真实情况告诉我……最重要的是要把他照顾好，别让他过多地在室外活动（消极地和积极地）。"① 第二天，他又写信给燕妮，说："从回来的那天起，剧烈的头痛就折磨着我；但是自从接到可爱的小燕妮关于琼尼的令人快慰的信以后，我就好些了……希望你同小燕妮这个星期再稍稍休息一下，只要风、天气和孩子的健康全都许可，就要继续散步；即使由于特殊情况不能这样做，你自己也绝不应该停止散步；不过我还是希望孩子以及他那疲惫不堪的母亲能够参加散步。"② 从这些饱含深情的话语和叮咛，可以看出马克思作为丈夫、父亲、外祖父对自己的妻子、女儿、外孙的无限的爱。

很快，就在一年之后的 1879 年 8 月，家里又发生了一件大事，这就是琼尼和哈利的弟弟——埃德加尔在 8 月 18 日诞生，这是一件喜事，但实则很凶险；小埃德加尔是小燕妮去兰兹格特度假时早产的，当时小燕妮和孩子都处于危险之中，马克思将此事称为"灾难"③。马克思是在 8 月 19 日收到此事的

---

① 马克思，恩格斯．马克思恩格斯全集：第 34 卷．北京：人民出版社，1972：319.

② 同①320－321.

③ 同①93.

电报，当时他和爱琳娜正在泽稷岛疗养。接到电报后他立即给小燕妮写了一封短信，全力抚慰自己深爱的女儿：“世界小公民万岁……无论如何，杜西和我自己明天将动身去伦敦[①]，然后我很快就会来到你身边，那时一切就会安排妥当……我急不可耐地等待着明天早晨汽船从这里开往南安普顿的时刻。我十分挂念你和小琼尼……千万不要忧虑和不安，我的孩子，一切都会好的。”[②]

第二天清晨，马克思便带着爱琳娜立即出发了，但让爱琳娜提前离开泽稷岛，马克思“感到很遗憾”[③]。手心手背都是肉，马克思当然也深爱和心疼爱琳娜，但此时显然小燕妮和小埃德加尔的情况更危急、更需要他。21 日，马克思在雷雨交加中抵达了兰兹格特。之后，在他和燕妮[④]的照料下，“小燕妮顺利地经受了九天的考验，而按这种情况来说，身体还算不错”[⑤]。不过，此时马克思自己的健康状况也不理想，且“头脑还不好”[⑥]，即使勉强试着看一下他带去的数学笔记都不行；此外，他的喉病和牙痛有时还在发作。25 日，马克思在信中

---

① 当时，马克思和爱琳娜也都正在病中，先回伦敦应是要把爱琳娜送回家中养病。

② 马克思，恩格斯．马克思恩格斯全集：第 34 卷．北京：人民出版社，1972：362.

③ 同②93－94.

④ 此时，燕妮的消化器官也不正常。

⑤⑥ 同②94.

告诉了恩格斯这些情况，当时劳拉正和恩格斯在伊斯特勃恩[①]疗养。得知此事后，劳拉赶紧前往兰兹格特照顾他，好让母亲有时间照顾姐姐。

“在劳拉的照料下，马克思很快大有起色，小燕妮也好了很多”[②]，她自己精心哺育着刚生下来的小埃德加尔，使他得以平平安安。马克思在 8 月 19 日的信中告诉小燕妮“一切都会好的”[③]，他说对了，一切都好起来了。9 月 15 日，马克思和燕妮带着自己的大女儿、大女婿[④]、三个外孙和二女儿，“如同从海边度假返程般、浩浩荡荡坐上火车返回伦敦”[⑤]。这真是一场激动人心的胜利，是马克思全家人共同的胜利，他们用浓浓的、暖暖的亲情战胜了病魔和死神。想必此时踏上归途的马克思心中一定充满幸福和骄傲。

此时的马克思，膝下有三个外孙环绕，这令马克思和燕妮感到非常幸福快乐，马克思说这三个小天使对他和燕妮“是无穷尽的乐趣的源泉”[⑥]。他非常宠爱这三个外孙。1880 年 9 月下旬时，时年 53 岁的李卜克内西去伦敦拜访马克思，恩格斯

---

① 英格兰东南部的海滨小镇。

②⑤ 加布里埃尔．爱与资本：马克思家事．朱艳辉，译．长沙：湖南人民出版社，2018：433.

③ 马克思，恩格斯．马克思恩格斯全集：第 34 卷．北京：人民出版社，1972：362.

④ 指沙尔·龙格。

⑥ 马克思，恩格斯．马克思恩格斯全集：第 35 卷．北京：人民出版社，1971：148.

也在马克思家中一同会见了他，小燕妮知道李卜克内西到来后便带着孩子们回娘家去看他。一进屋，琼尼“就跳进外祖父怀里，要求骑到他肩膀上”①。然后，这三位长辈就与这个 4 岁的小男孩一起玩起了驾马车的游戏，马克思当公共马车，恩格斯和李卜克内西当拉车的马。小琼尼骑在马克思肩头上大声发号施令：“驾！快点！”这三位英勇刚强的老斗士便立即在花园里卖力地奔跑起来。李卜克内西后来回忆说：“马克思跑得汗都滴下来了，他和恩格斯一慢下来，琼尼就做出挥舞鞭子的动作，大喊‘你们这些懒马！’，他们只能继续跑，直到马克思尽了兴，又跑不动为止。”②

幸福的时光总是过得那么快，转眼到了 1881 年，这一年马克思家里发生了很多大事。3 月中旬时，怀孕中的小燕妮带着三个孩子离开了伦敦，搬到了法国巴黎郊区的阿尔让台镇③。她们的离开使马克思感到非常孤独，“无穷尽的乐趣的源泉”已经去了遥远的异国，马克思陷入了浓浓的思念中。4 月 11 日，马克思给小燕妮写了一封长信，一开头他就写道：“你们走了以后，这里就变得寂寞起来了——你不在了，琼尼、

① 加布里埃尔．爱与资本：马克思家事．朱艳辉，译．长沙：湖南人民出版社，2018：438.

② 同①439.

③ 这个重大决定在 1880 年 11 月就已做出，此前几个月小燕妮的丈夫龙格独自在巴黎参与政治活动。

哈拉[①]和‘茶！’先生[②]不在了！当我听到与我们的孩子们相似的声音时，我往往就跑到窗子跟前去，刹那间忘记了孩子们已在海峡的彼岸。”[③] 这些情真意切的话语，充分表达了马克思对女儿和外孙们深深的爱与思念。少了孩子们的陪伴，他的心里好像变得空荡荡的。特别是，在这封信的信头上，马克思用大大的、工整的印刷字体写下了一句话：“亲爱的琼尼，你喜欢法国吗？”[④] 这行字展现了他对孩子深深的爱。要知道，马克思的字迹非常潦草，很难辨认，当时真正能认读他字迹的人只有燕妮、恩格斯和三个女儿。马克思之所以认真地将这句话用大大的印刷字体工整地写在信头上，是因为这是专门写给琼尼看的。为了他能够看到、看懂、回复，这位慈爱的外祖父一改一辈子的书写习惯，特意像小学生那样认认真真、工工整整地写下了这句话，字里行间都是满满的爱。

4 月底，小燕妮的第四个儿子马赛尔出生了，马克思当然对此非常高兴，称他为“伟大的陌生人”[⑤]。在 6 月 6 日写给小燕妮的信中，他说“没有一天我不想念你和可爱的孩子们”[⑥]。

---

① 即哈利。

② 埃德加尔的绰号。

③ 马克思，恩格斯．马克思恩格斯全集：第 35 卷．北京：人民出版社，1971：170.

④ 同③175.

⑤ 同③188.

⑥ 同③186.

其实，马克思心里非常想去巴黎看望小燕妮和孩子们，但是，此时已不同以往了。燕妮的健康状况非常糟糕[①]，她已被医生确诊患了不治的癌症，身体“愈来愈虚弱”[②]，“特别是穿衣服感到很困难”[③]，“白天的大部分时间都躺在床上”[④]。此时马克思自己也在忍受病痛的折磨，所以这个愿望他只好无奈地憋在心里。幸运的是，在医生的正确指导下，他们先去伊斯特勃恩体验出行，医生发现燕妮的身体承受能力尚可，于是同意他们去法国看望孩子们。7月底，马克思和虚弱的燕妮强撑病体出发了，旅途虽算不上顺利，“燕妮一直遭受痉挛和腹泻的侵扰”[⑤]，但好在最终他们还是平安抵达了阿尔让台，来到小燕妮家里，当时已是晚上10点了。想必此时他们一定非常疲惫，但也一定非常喜悦，历经千辛万苦、冒着很大风险，这对极爱孩子的老夫妇终于和日思夜想的女儿和外孙们团聚了。在阿尔让台的日子里，马克思、燕妮与他们深爱的孩子们朝夕相伴，感到无比快乐。虽然燕妮的身体状况有恶化的

---

① 1881年2月时，燕妮的健康日益恶化，马克思请了伦敦一些最有名的医生也无计可施。

② 马克思，恩格斯．马克思恩格斯全集：第35卷．北京：人民出版社，1971：186.

③④ 同②189.

⑤ 加布里埃尔．爱与资本：马克思家事．朱艳辉，译．长沙：湖南人民出版社，2018：445.

趋势，但亲情的阳光和32年前在浪漫之都的美好回忆[①]荡漾在他们心头。

美好的时光似乎总是一闪而过，生活也好像总是有意与他们为敌，正如燕妮所说："阴云在任何时候和任何地方总是有的。"就在此时此刻，一朵大大的"阴云"突然间又闯入他们的生活，那就是爱琳娜的健康出现了严重的问题。8月中旬时，马克思突然接到爱琳娜的朋友多利·梅特兰的来信，信中说爱琳娜病得很重，但是她却不肯看医生。这位可怜的老父亲、外祖父仅仅享受了3周左右的天伦之乐，就突然间再次掉进痛苦的冰窟窿，想必听到这个坏消息的马克思一定心如刀绞。8月17日，马克思给医生唐金发电报让他赶去家中救治爱琳娜[②]；同日，他立即独自离开法国，返回伦敦家中照料爱琳娜。回到家后，这位可怜的老父亲发现自己的小女儿"脸色苍白，身体消瘦。她已经几个星期几乎没有吃任何东西（毫无夸大）；她的神经系统处于极度衰弱的状态；因此经常失眠，双手颤抖，面部有神经痛的抽动等等"[③]。面对这样一番情形，

---

① 马克思1849年8月26日左右被法国政府驱逐，他和燕妮被迫离开巴黎来到伦敦。此次马克思探亲得到了法国政府的准许，从1849年被驱逐至此时，已过去32年。

② 唐金医生17日上午11点到马克思家对爱琳娜进行了长时间的询问和检查，并成功吓唬住了爱琳娜，使她遵从医嘱。

③ 马克思，恩格斯．马克思恩格斯全集：第35卷．北京：人民出版社，1971：209.

马克思这位慈爱的老父亲一定异常心痛。值得庆幸的是，他处置果断、正确：医生的救治非常及时，他自己也及时赶了回来；如果他晚点回来，后果可能不堪设想。他在 8 月 18 日写给小燕妮的信中说道："我回来得正是时候。再稍微晚一点，情况就可能变得很危险。"① 在这封信的末尾，马克思深情表达了他对小燕妮和孩子们的爱，他写道："亲爱的孩子，再见吧！没有任何事情比和你以及亲爱的孩子们一起度过的日子能使我更快乐的了。"② 很明显，他对这次阿尔让台欢聚非常留恋，对与小燕妮和四个小外孙"生活在一起感到非常愉快"③。对于此时已 63 岁的马克思来说，亲情是他生活中最享受、最期待的阳光。

10 月，爱琳娜的病终于好了。但是，马克思的身体出了状况。几个月来，这位可敬、可怜、刚强的丈夫、父亲、外祖父，一直担心和照料着自己的妻子、女儿和外孙们，为此奔波劳累、担惊受怕，默默忍受着身体和精神上的折磨。"他突然患了由于支气管炎和刚得的肺炎所引起的严重的肋膜炎。当时病势非常危险"④，他的生命都受到了直接威胁。

---

① 马克思，恩格斯．马克思恩格斯全集：第 35 卷．北京：人民出版社，1971：209.

② 同①210.

③ 同①237.

④ 马克思，恩格斯．马克思恩格斯全集：第 19 卷．北京：人民出版社，1963：382.

燕妮更不好。“悲局日益临近”①。更加残忍的是，虽然他们“住在两个相连的房间里”②，但医生要求马克思“不能下床，不能去看她”③。此时，在任何时候和任何地方总是有的“阴云”尤其多，也尤其可怕。终于，12 月 2 日，悲局到来了。“阴云”转化为最狂暴最肆虐的暴风骤雨，最沉重、最无情地打击着马克思。尽管马克思对这个生命中的最沉重打击早有心理准备，但这个打击对他来说仍然是致命的。12 月 13 日，马克思告诉《资本论》的俄文翻译者尼古拉·弗兰策维奇·丹尼尔逊：“当时我差点要‘离开这个邪恶的世界’了。”④

从此以后，失去爱情支撑和滋养的已 63 岁的马克思，将亲情视为他精神和生命的支柱。12 月 7 日，他写信给小燕妮，信中提到：“我亲爱的孩子，现在给我寄一封详细叙述琼尼等人活动情况的信吧。”⑤ 17 日，他又给小燕妮写信说：“我亲爱的孩子，现在你能给我做的最好的事情就是好好地注意自己的身体！我希望同你一起再度过许多美好的日子并很好地尽自己当外祖父的义务。”⑥ 显然，刚刚痛失燕妮的马克思，

---

① 马克思，恩格斯．马克思恩格斯全集：第 35 卷．北京：人民出版社，1971：217.

②④ 同①237.

③ LIEBKNECHT，W. Karl Marx：biographical memoris. London：Journeyman Press，c1975：43－44.

⑤ 同①235.

⑥ 同①242－243.

对孩子们的爱更加迫切也更加浓烈，这使得他在遭受生命中最沉重打击之后，仍能平静下来，振作起来，树立对未来生活的信心。

精神上恢复平静并振作起来对于马克思无疑是件大好事，但历经沧桑、饱受磨难的他，健康状况很不理想，在此时这已成为他必须高度重视的大问题。1882 年后，马克思在医生的建议下，先后到文特诺尔、阿尔及尔、蒙特卡罗、阿尔让台和瑞士等地进行疗养。在此过程中，他经常给女儿们写信，对孩子们的爱与思念溢于言表。比如，这期间，他在给小燕妮的信中说："每当我从你那里得到关于可爱的孩子们的消息时，我总是非常地高兴。"① "当我每次得到你的音信的时候，我是多么幸福。"② "如果我能回到我外孙们和他们好妈妈的身边，我该多么幸福啊!"③ 等等。显然，这时的马克思深深思念着他的女儿和外孙们，现在，他们更加是"无穷尽的乐趣的源泉"。而且，在写给女儿们的信中，他还经常告诉大家自己的健康状况，会分享各种有趣的事情、自己的感受，等等，竭尽全力让女儿们相信他的健康正在改善，以让女儿们放宽心。但实际上，就在疗养治病的过程中，他的旧病又复发了，还是前不久

① 马克思，恩格斯．马克思恩格斯全集：第 35 卷．北京：人民出版社，1971：284.

② 同①288.

③ 同①294.

直接威胁他生命的支气管炎和肋膜炎①。马克思自己非常清楚，这“很不吉利”②。毫无意外，出于对孩子的爱，他向女儿们隐瞒了这件事。同样毫无意外的，他写信将此事告诉了恩格斯。

5月20日，马克思在蒙特卡罗的“俄罗斯”旅馆给恩格斯写下了这封信，这是一封非常特殊的信。在这封信上，马克思标记了一个极不起眼、极易被人忽略的暗号，这个暗号可能连马克思的女儿们都不知道。在留存下来的马克思和恩格斯的所有信件中，乃至马克思写给其他人的所有信件中，马克思只在这封信上亲笔标记了一个暗号，这个暗号就是：独立书写的、加粗的“亲启”二字。据我们查找，这个暗号马克思在写给恩格斯的信中只提到过两次：第一次是写于1861年12月19日的信，是马克思在“看不到任何别的出路，并且的确面临着很大的危险”③ 的情况下提及的，他给恩格斯提供了一个人的通信地址后，专门写道：“信封上应注明‘亲启’”④。第二次是写于1867年10月4日的信，这封信中马克思提到了一

① 马克思到达阿尔及尔时第二次患上肋膜炎，在蒙特卡罗第三次患上肋膜炎。

② 马克思，恩格斯．马克思恩格斯全集：第35卷．北京：人民出版社，1971：61.

③④ 马克思，恩格斯．马克思恩格斯全集：第30卷．北京：人民出版社，1975：212.

封别人写的“密信”[1]，这封密信上写着“亲启。保密”[2]。

在1882年5月20日马克思写给恩格斯的这封信上，赫然标记着独立书写的、加粗的“亲启”[3]。这表明这封信极其特殊和重要。马克思在这封信的开头就以严肃的口吻写道：“这里所写的东西不必给孩子们看，因为这会白白地使他们担惊受怕。”[4] 之后，他详细地讲述了自己支气管炎和肋膜炎旧病复发与治疗的情况，以及其他一些事情。在这封信的最后，马克思再次以严肃的口吻叮嘱恩格斯：“请注意：我给孩子们写的是真的，但不是全部。何必使他们耽[5]心呢？”[6] 所以，这极有可能是马克思写给恩格斯的一封密信，由于某种意外原因未被销毁而被保留了下来，而这封密信保密的对象就是马克思的女儿和外孙们。可见，马克思不想让孩子们知道他的旧病又复发了，因为怕他们会因此“担惊受怕”。马克思，这位可敬的老父亲，一如既往地深爱着他的孩子们。

支气管炎和肋膜炎复发之后，马克思立即在蒙特卡罗就地

---

① 马克思，恩格斯．马克思恩格斯全集：第31卷．北京：人民出版社，1972：359.

② 同①683.

③ 马克思，恩格斯．马克思恩格斯全集：第35卷．北京：人民出版社，1971：59.

④ 同③59－60.

⑤ 应为“担”，原文如此。

⑥ 同③62.

接受治疗。5 月 30 日、31 日，他连续做了两场手术，被“软禁在家里”①。6 月 3 日，医生同意他离开，他“当天就离开了”②，他心中的目的地是阿尔让台。但医生建议他“无论如何要在卡恩逗留几天，因为单是为了使手术后的伤口‘干燥’，也必须这样做”③。马克思听从了医生的建议，在 6 月 3 日至 5 日这三天停留在卡恩，之后，便马上再次启程赶往阿尔让台。马克思之所以急匆匆离开蒙特卡罗和卡恩，就是想尽快去阿尔让台，因为他担心自己的健康恶化。半年前，他已经深刻体会到这两种疾病的无情，如果真的出现了健康恶化的情况，那他就极可能无法与小燕妮和外孙们乐享天伦了。

为了确保能够与孩子们乐享天伦，6 月 4 日，马克思写信告诉小燕妮对他去阿尔让台保密④，“不要对任何人说……我希望到梯也尔林荫路 11 号你的家里得到充分的安静……所谓‘安静’我是指‘家庭生活’，‘孩子们的喧闹’，整个这一‘小小的微观世界’比‘宏观’世界有意思得多”⑤。显然，此时马克思一心想着与小燕妮和外孙们“安静”地在一起。这位伟大的斗士已经为“宏观”世界贡献了毕生精力和心

---

①②③ 马克思，恩格斯．马克思恩格斯全集：第 35 卷．北京：人民出版社，1971：64. 另注：这里的“家”指旅馆。

④ 他也让恩格斯对此事保密。恩格斯说：“严禁我把他住在阿尔让台的消息告诉在巴黎的任何人。”

⑤ 同①324.

血，付出了巨大的自我牺牲。此时此刻，面对不测的未来，他要回到“小小的微观世界”中感受亲情的美好，让这个“世界”变得更好。

1882年6月6日，马克思抵达了阿尔让台，他在小燕妮家里住了两个半月，8月22日才离开。在此期间，马克思的生活非常舒适惬意，“睡得早，起得晚，同孩子们和小燕妮一起度过白天的大部分时间”①，而且在“白天的大部分时间”里，他大多是带着孩子们去附近的树林和葡萄园里玩耍。身处“无穷尽的乐趣的源泉”中，马克思尽情地向孩子们挥洒他深深的爱，也尽情享受着“无穷尽的乐趣”，他“如同身处极乐世界，屁股后面总跟着一支童子军”②。天天与小燕妮和外孙们乐享天伦，显然对马克思来说弥足珍贵，可以说，这是马克思生命中最后的美好时光、苦难亲情世界中最后一缕温暖阳光。

“阴云在任何时候和任何地方总是有的”，阿尔让台也不例外。这期间，无情的疾病又来打扰马克思的幸福生活了。除了疾病的不断袭扰，马克思发现小燕妮的健康状况也不好，此时她又怀孕了，但“除了怀孕之外，身体状况也很不好”③。她

---

① 马克思，恩格斯．马克思恩格斯全集：第35卷．北京：人民出版社，1971：69.

② 加布里埃尔．爱与资本：马克思家事．朱艳辉，译．长沙：湖南人民出版社，2018：458.

③ 同②459.

“身体里有一种奇怪的疼痛感，好像生了脓疮或肿瘤似的”[①]，“有时疼得厉害，以致于她直接坐在地上”[②]。但小燕妮故意对父亲隐瞒了这些情况，“否则他会担心”[③]。父女俩彼此都深深爱着对方，为了不让对方担心，都向对方隐瞒了自己的真实情况。此外，马克思“偶然发现房东坚持要燕妮（这里人们是不开玩笑的）交付三个月的房租”[④]，但小燕妮根本无钱支付房租，于是马克思“不得不花了很大的力气去弄钱来解决这件事”[⑤]。

在知道小燕妮怀孕后，为了减轻小燕妮的负担和压力，使她能够好好地养胎，顺利分娩，同时也为了琼尼能很好地接受教育，马克思决定让爱琳娜[⑥]带琼尼去伦敦，因为此时的琼尼“变野了……给小燕妮增加的麻烦比其他三个孩子更大”[⑦]。虽然大女婿龙格反对，但显然他根本无力也无法撼动马克思的决心。8 月 16 日，爱琳娜带琼尼走了。8 月 22 日，马克思也离开了阿尔让台，他在劳拉的陪伴下去瑞士继续疗养治病。他们离开后不到一个月，9 月 16 日，小燕妮“终于实现了许多人长久以来所抱的期望”[⑧]，生下了女儿小小燕妮。马克思在连

---

①②③ 加布里埃尔．爱与资本：马克思家事．朱艳辉，译．长沙：湖南人民出版社，2018：458.

④⑤⑦ 马克思，恩格斯．马克思恩格斯全集：第 35 卷．北京：人民出版社，1971：78.

⑥ 爱琳娜在 7 月来到阿尔让台，是为了照顾马克思和帮助小燕妮。

⑧ 同④359.

得 4 个外孙后又喜获一个外孙女，她“像马克思一样，黝黑的皮肤，黑色的头发”①。当时，马克思和劳拉正在瑞士的斐维市，他一定感到非常高兴，马上就回到了阿尔让台，看望和照顾小燕妮与新生的外孙女。可能是担心自己不佳的健康状况会影响小燕妮和孩子，马克思在 10 月初回到伦敦，劳拉留下来继续照顾自己的姐姐。

幸与不幸

马克思回到伦敦后停留的时间并不长。由于伦敦冬季的大雾天气对他的健康十分不利，他在家待了不到一个月，又去了文特诺尔继续疗养治病。而此时小燕妮身体状况很差，并且还在继续恶化，家人们和恩格斯为了不使马克思难过，一直努力向他隐瞒小燕妮的真实情况。他们非常小心地向马克思一点一点地吐露小燕妮的病情，并告诉他，只要治疗得法，小燕妮是可以痊愈的，力图让他保持信心、感到安心。但是，马克思敏感地发现了危险，看到了不断聚拢的“阴云”。他在 12 月 23 日给爱琳娜的信中这样写道：“我从劳拉的信中（这封信是恩格斯为了沟通消息今天寄给我的）得悉，小燕妮又患了这种严

---

① 加布里埃尔．爱与资本：马克思家事．朱艳辉，译．长沙：湖南人民出版社，2018：460.

重的炎症。如果对它不加注意，我担心会发生最坏的情况……我们是否应当至少把哈利从小燕妮那里带走，甚至在万不得已的情况下让他到这里来。小燕妮带着这些孩子哪能有时间去治病!”① 这清楚地表明马克思已想到了最坏的结果，但他仍相信事件是可控的，并想办法去应对危局。

马克思在担心和牵挂中不愉快地进入了 1883 年，此时马克思家上空已然“阴云”密布了，新的暴风骤雨随时可能袭来。小燕妮的病情在持续恶化，情况非常严重，“她已经无法活动或说话，甚至有些呆滞。她在大量失血，但医生找不出原因”②。由于担心小燕妮，马克思的健康也出现了令人担忧的问题，他在精神上也饱受折磨，身心都备受煎熬——他太爱小燕妮了。

在 1883 年 1 月 8 日写给爱琳娜的信中，马克思告诉她：“星期六早晨起床时，咳嗽痉挛性地发作，以致我想喘几秒钟气都不行。我想，这是神经受了刺激——替小燕妮担心所致!这不必多讲了。”③ 显然，小燕妮的病情严重刺激了马克思，使他的身体出现了严重不良反应。“不必多讲了”，原因之一是

---

① 马克思，恩格斯．马克思恩格斯全集：第 35 卷．北京：人民出版社，1971：417.

② 加布里埃尔．爱与资本：马克思家事．朱艳辉，译．长沙：湖南人民出版社，2018：461.

③ 同①420.

他不想让爱琳娜为他担惊受怕。实际上他是在得知小燕妮的病情后受到了“惊吓”①，“引起了咳嗽痉挛性地发作”②，但此事的可怕后果他对爱琳娜有所隐瞒。他告诉了恩格斯：“险些把我憋死。”③ 然后，他紧接着写道：“可怜的小燕妮患气喘病时一定常常有这种极其痛苦的感觉。”④ 但实际上，此时他所了解的小燕妮的病情，与她的真实情况还有很大距离。马克思在给爱琳娜的信中继续写道：“我想立即到阿尔让台去，可是一个生病的客人，恐怕只会更加重孩子的负担……但是，不能去看望孩子，心里总是很难受的。”⑤ 这位慈爱的、可怜的老父亲此时一定心如刀绞，很想立即去小燕妮身边照顾她，但病中的他又生怕给小燕妮增加负担，进退两难，只能在万般无奈中独自忍受痛苦的煎熬和折磨。

1月10日，马克思的心情好了些，因为这一天他收到了三封信——带给他好消息的信。其中一封是恩格斯寄给他的，另一封是二女婿拉法格寄给恩格斯、恩格斯又转寄给他的，还有一封是拉法格直接寄给他的。这些信，特别是拉法格的信，给了马克思“很大的安慰”⑥。他在这一天写给爱琳娜的信中说：“附上的拉法格的信（望以后寄还给我），使我对小燕妮感

---

①②③④ 马克思，恩格斯．马克思恩格斯全集：第35卷．北京：人民出版社，1971：134.

⑤ 同①420.

⑥ 同①133-134.

到很放心，虽然拉法格——可能是为了安慰我——把整个事情说得过分乐观；但是看样子直接的危险过去了。”[①] 显然，马克思相信了。他还完全同意了恩格斯的意见：“无论如何现在不要让琼尼走[②]。在燕妮痊愈以前，这根本谈不到。如果使女孩子[③]的处境更加困难，那是不可饶恕的。”[④] “在燕妮能重新亲自料理家务以前，他[⑤]不能回去。”[⑥] 看来，他的苦难亲情世界在这一刻似乎终于对这个可怜的老父亲挤出了一丝丝微笑，使他相信女儿会平安、使他抱有美好期待。但实际上，现实将再次露出最狰狞的面目。1 月 11 日，小燕妮逝世。没有信件，也没有电报，这个噩耗在文特诺尔突然敲响他的房门。

电报发到了伦敦。在家的爱琳娜立即启程赶赴文特诺尔，她来最终完成向这个饱受摧残、伤痕累累、可怜的老父亲告知这一噩耗的艰难任务。“她一直想着该如何开口，她觉得这个消息对父亲而言无异于一张死刑判决书。”[⑦] 但是，她根本不用开口，马克思从她的表情就知道了一切，他先开口了：“我

① 马克思，恩格斯．马克思恩格斯全集：第 35 卷．北京：人民出版社，1971：422.

② 指把琼尼送回阿尔让台。

③ 指小燕妮。

④ 同①134.

⑤ 指琼尼。

⑥ 同①423.

⑦ 加布里埃尔．爱与资本：马克思家事．朱艳辉，译．长沙：湖南人民出版社，2018：462.

们的小燕妮死了。”[1] 这一刻，由密布的“阴云”酝酿已久的特别巨大的暴风骤雨在这个寒冷冬日里突然袭来，无情、凶狠地砸在了这位老人身上。小燕妮，这个马克思最深爱的女儿，在他身边长大、战斗、结婚、生子……让他欢喜、让他骄傲、让他乐享天伦。但这个才38岁的美好生命突然间永远地离开了他，无疑，这个打击对年迈的马克思来说太沉重了。这位老人，一年前刚刚遭受了爱妻逝世的最沉重打击，仍在悲痛中挣扎，此刻，爱女早逝的巨大打击猝然袭来，他“悲痛万分”[2]。

生活对于马克思，的的确确太过残忍了。但就在此刻，这位饱经沧桑的老父亲立即做出了一个重要决定：让爱琳娜立即去阿尔让台照顾孩子们。爱琳娜很想留下来照顾他，但马克思坚决不同意，于是她在文特诺尔待了不到半小时便匆匆离开了。显然，此时此刻，马克思最担心、最牵挂的是自己年幼的外孙（女）们；而支撑他直面这个巨大悲剧的，是他对孩子们深深的爱。

连续两个无比沉重的巨大打击，给马克思的身体和精神都造成了巨大伤害。1月12日，他回到了伦敦。虽然伦敦冬季糟糕的大雾天气对他的健康太不利了，这里是最不适合他过冬的地方，但就他糟糕的身体和精神状况而言，确实没有比家更

---

① 加布里埃尔．爱与资本：马克思家事．朱艳辉，译．长沙：湖南人民出版社，2018：462.

② 马克思，恩格斯．马克思恩格斯全集：第19卷．北京：人民出版社，1963：371.

合适的地方了。

回到伦敦后，健康状况本就不佳的马克思很快就再次被各种疾病缠身，“他的支气管炎发作了。不久，又并发了喉头炎，使他几乎什么东西都不能下咽。他以坚忍精神忍受着极大的痛苦，宁愿喝一升牛奶（这是他生平最厌恶的东西）而不吃某些硬的食物。2月间又发现了肺脓肿”①，并且“体力异常迅速的衰竭”②。马克思“一天比一天消瘦下去”③。“最糟糕的是，他的病是这样复杂，以致在应当注意最紧急的方面——呼吸器官——以及有时应当用安眠药的时候，就顾不上其他方面”④，导致用药顾此失彼，而且他夜里睡眠很不好，这些使他不断地衰弱下去。在精神上，马克思精神不振、情绪低落，对世界各地朋友发来的吊唁和安慰信件“已经完全无心理会”⑤。而一年前燕妮逝世后，他“对收到的吊唁表示了感激”⑥。

恩格斯和琳蘅一直在他身边无微不至地照顾他，“琳蘅看护他要胜过任何母亲照顾自己的孩子”⑦。他们竭尽全力想让

① 马克思，恩格斯．马克思恩格斯全集：第19卷．北京：人民出版社，1963：382-383.

② 马克思，恩格斯．马克思恩格斯全集：第35卷．北京：人民出版社，1971：459.

③ 同①383.

④ 同②436.

⑤⑥ 加布里埃尔．爱与资本：马克思家事．朱艳辉，译．长沙：湖南人民出版社，2018：463.

⑦ 同②459.

马克思好起来，马克思也确实出现了身体好转的迹象，“医生表示大有希望”①。但是，毕竟马克思已是64岁的老人了，长期的贫困、病痛折磨和艰辛斗争极大地损害了他的健康，燕妮和小燕妮的接连逝世更是沉重打击了他。恩格斯他们所做的一切努力也许只是延缓了马克思加速离去的脚步，最终还是未能阻挡悲局的来临。就在医生给了恩格斯他们最大的希望的时候，悲局突然降临。

1883年3月14日14时45分，马克思平静地离开了这个他为之终生奋斗的世界。他在自己总是有“阴云”的“小小的微观世界”里画上了句号。家人们在他的胸兜里——离他心脏最近的地方，发现了已破损不堪的亨利希的银版照片，还有燕妮、小燕妮的照片，恩格斯把这三张照片放入了马克思的棺椁。3月17日，马克思被安葬在了燕妮的身旁。

3月20日，一直身体不好的4岁半的哈利在伦敦一家医院中不幸夭折。3月24日，家人们将哈利与马克思和燕妮葬在了一起。马克思生前常常喜欢引用伊壁鸠鲁的一句话：“死不是死者的不幸，而是生者的不幸。”② 哈利是在马克思逝世后夭折的，所以马克思生前没有再次遭受这种巨大的不幸和打

---

① 马克思，恩格斯．马克思恩格斯全集：第19卷．北京：人民出版社，1963：383.

② 马克思，恩格斯．马克思恩格斯全集：第35卷．北京：人民出版社，1971：460.

击。而哈利与他的外祖父母安葬在一起，这既是对生者最大的安慰，也是对死者最大的尊重。从此，在另一个没有“阴云”的“小小的微观世界”中，马克思永远享受着他珍视的亲情与爱情。

马克思为了全世界、全人类，一生中付出如此巨大的自我牺牲，饱受打击和磨难，以致他自己的亲情世界总是被“阴云”笼罩，经常要经受狂风骤雨的打击。人生中的巨大悲剧令他痛不欲生，但即便如此，他始终不退缩，更不放弃，战斗到生命最后一刻。

第五章

生命的永恒

——马克思是怎样斗争的

斗争，是马克思一生的主题。习近平总书记指出："马克思的一生，是为推翻旧世界、建立新世界而不息战斗的一生。"① 为了全人类的解放，为了改变世界，他勇猛、顽强、智慧地不懈斗争，斗争充盈着他的生命并使之更加饱满。1883 年 3 月 17 日，在马克思的葬礼上，恩格斯在发表的著名讲话中对此做出了这样的评价："斗争是他的生命要素。很少有人像他那样满腔热情、坚韧不拔和卓有成效地进行斗争。"② 诚如恩格斯所言，斗争是马克思的生命要素，彻底融入了他的生命，并将他的生命塑造得更加伟大、更加丰富、更加璀璨。如果没有这一生命

① 习近平．在纪念马克思诞辰 200 周年大会上的讲话．人民日报，2018－05－05（2）．

② 马克思，恩格斯．马克思恩格斯选集：第 3 卷．3 版．北京：人民出版社，2012：1003．

要素，马克思的生命就是不完整的，或者说，就不是“马克思”。正是“满腔热情、坚韧不拔和卓有成效地进行斗争”，使马克思从一名出色解释世界的年轻学者、哲学家、思想家，一步步成长为改变世界的伟大斗士、伟大革命家、伟大革命导师。

1880年8月的一个傍晚，在英国兰兹格特的海滨，专程来此采访马克思的美国新闻工作者约翰·斯温顿向他提出了这样一个深奥的哲学问题：“什么是存在?”① 马克思望着大海和沙滩上欢闹的人群，“一瞬间好象陷入了沉思”②，随后，“他严肃而郑重地回答说：‘斗争!’”③ 显然，马克思坚定地认为：存在就是斗争。他把存在与斗争画上了等号，说明在马克思看来，斗争与存在是等同的，斗争与存在一样，具有终极价值，而不仅仅是一种必需的重要手段。他用自己一生的不懈斗争践行了这一点，生命不息、斗争不止，他的存在就是斗争的实践，他的生命就是斗争的展现。在斗争中，马克思实现了人生的伟大意义与生命的终极价值，而他的生命也因此得以“永恒”。

批判的“无影灯”

纵观马克思一生的斗争，其最重要的斗争方式、最鲜明的

---

①②③ 马克思，恩格斯．马克思恩格斯全集：第45卷．北京：人民出版社，1985：722.

特点就是批判——无情而彻底的批判。刚进入柏林大学不久，马克思就已养成了批判性思考的好习惯，这一习惯成为他“学习—吸收—反思—批判—超越—再学习”学习模式中的关键环节，深深融入了他的血脉中。以批判的眼光审视和思考一切，牢牢内化为马克思的思维模式，不仅体现在他的学习中，也体现在他的斗争中。在 1843 年年底创办《德法年鉴》期间，他曾这样讲道：“就是要对现存的一切进行无情的批判，所谓无情，就是说，这种批判既不怕自己所作的结论，也不怕同现有各种势力发生冲突。”① 显然，马克思的批判，不仅针对“各种势力”，更针对自己，首先即是对“自己所作的结论”的批判，完全不是“手电筒”，而是毫无死角的全方位“无影灯”。这样的批判、这样的斗争，不但“无情”，而且彻底，因为批判和斗争的对象是包括他自己所作结论在内的“现存的一切”。

马克思不仅这样说，更是一直这样做的。否则，他是不可能从一个虔诚的基督教信徒变成一个坚定的无神论者，也不可能成为马克思主义的主要创始人和伟大的无产阶级革命家、思想家。从马克思一生的斗争实际看，他对古往今来的各种思想理论进行了批判。他批判的对象主要可分为三类：自己所作的结论、外部的腐朽和敌对势力、无产阶级组织内部的异化势力。通过对它们

---

① 马克思，恩格斯．马克思恩格斯文集：第 10 卷．北京：人民出版社，2009：7.

的全方位批判，马克思成功做到了“对现存的一切进行无情的批判”。列宁曾这样评价马克思：“凡是人类社会所创造的一切，他都有批判地重新加以探讨，任何一点也没有忽略过去。凡是人类思想所建树的一切，他都放在工人运动中检验过，重新加以探讨，加以批判，从而得出了那些被资产阶级狭隘性所限制或被资产阶级偏见束缚住的人所不能得出的结论。”①

列宁的这个评价客观而中肯，不但深刻总结了马克思的丰功伟绩，同时也证明了马克思对包括自己思想理论在内的“现存的一切”进行了无情而彻底的批判。恩格斯在马克思墓前的讲话中对此也有反映，他指出：“马克思是当代最遭嫉恨和最受诬蔑的人。各国政府——无论专制政府或共和政府，都驱逐他；资产者——无论保守派或极端民主派，都竞相诽谤他，诅咒他。”② 这句话准确还原了马克思的斗争对象对他的凶狠攻击，也反映出马克思与所有这些势力冲突之激烈和严重，更证明了他的批判和斗争的巨大威力与成效。

永远的第一批判对象

事实上，马克思在正式踏上斗争之路前，便已开始对

① 列宁．列宁全集：第 39 卷．2 版（增订版）．北京：人民出版社，2017：334.

② 马克思，恩格斯．马克思恩格斯选集：第 3 卷．3 版．北京：人民出版社，2012：1003－1004.

“自己所作的结论”进行一丝不苟的批判了。资料显示，早在进入柏林大学后的第二个学期，马克思就已经开始这样做了。马克思的父亲亨利希在1837年12月9日写给他的信中曾这样讲到：“他今天创造的东西，明天就破坏了，最后，既毁了自己的东西，又没有吸收旁人的东西”①。这说明此时的马克思已经在“无情”、彻底地批判了，他既无情批判“自己的东西”，同时也无情批判“旁人的东西”。无论是自己的思想建树，还是旁人的思想建树，他都重新进行了探讨、批判，批判的直接结果就是把自己和别人“所作的结论”全都推翻了。

从这时起，马克思一生都在做这样无情而彻底的批判，而首先就是他对自己所作结论的批判。在他参加工作后不久，就有同事对他做出了这样的评价：“他读书很多，工作强度很大……但毫无成就，一切既有的东西全被打破，再一头扎进书海里去。”② 1862年4月28日，马克思在写给斐迪南·拉萨尔③的一封信中这样说道：“我还有这样一个特点：要是隔一个月重看自己所写的一些东西，就会感到不满意，于是又得全

---

① 马克思，恩格斯．马克思恩格斯全集：第40卷．北京：人民出版社，1982：883.

② 加布里埃尔．爱与资本：马克思家事．朱艳辉，译．长沙：湖南人民出版社，2018：50.

③ 斐迪南·拉萨尔是德国早期工人运动领导人，全德工人联合会的创立者，机会主义的代表人物之一。

部改写。”[①] 对自己所写内容都如此冷酷严苛、毫不留情，马克思的批判之“无情”、彻底由此可见一斑。所谓打铁还需自身硬，马克思就是始终先对“自己所作的结论”进行无情、彻底的批判，将自己的思想理论反复锤炼得比钢铁更加坚硬，再将其投入斗争实践中，在此基础上对各种势力和错误思想观念等进行批判，当然就无坚不摧、所向披靡了。从在柏林大学养成这一好习惯开始，对包括自己所作结论在内的“现存的一切进行无情的批判”，便成为马克思的精神秉性，也成为支撑他一生斗争的最犀利武器。

亮剑

1841 年，马克思从柏林大学毕业后不久，便投身政治，踏上了他的漫漫斗争之路。此时刚刚大学毕业的年轻的马克思博士，已经有了自己坚定的政治立场和为全人类牺牲的大无畏精神，他反对封建专制，追求民主和正义，并且在“无能的贵族和死气沉沉、觉得一切现实都是上帝意愿的臣民”[②] 身上，看到了推翻旧世界、建立新世界的可能。于是，就在这一年的

① 马克思，恩格斯．马克思恩格斯全集：第 30 卷．北京：人民出版社，1975：617.

② 加布里埃尔．爱与资本：马克思家事．朱艳辉，译．长沙：湖南人民出版社，2018：31.

夏天，他为了改变世界，为了全人类的解放，为了实现自己的理想和追求，在首先对“自己所作的结论”进行无情和彻底批判的基础上，开始对外部的腐朽和敌对势力进行批判，毅然踏上了艰苦、危险、漫长的“对外”斗争之路。

一开始，他和青年黑格尔派“自由人”小组的布鲁诺·鲍威尔想创办一份叫作《无神档案》的刊物，希望通过这份刊物传播无神论思想、攻击宗教，以动摇宗教当时在国家政治生活中的重要地位，瓦解其对封建专制统治的支撑作用，以此努力推翻腐朽的旧制度。而其现实的目标指向，就是以国王为首的整个统治阶层。因为在当时的普鲁士乃至欧洲，国王的权威依靠神学的君权神授论，所以，宣扬无神论，实际上就是要釜底抽薪，摧毁国王的权威及其统治的合法性。在 19 世纪一个由国王统治的封建专制国家里，这一行为无疑是非常危险的。

燕妮在 1841 年 8 月 10 日左右写给马克思的信中曾这样说道：“唉，亲爱的，亲爱的！如今你甚至都卷到政治里去了。这是最危险的，小卡尔，你时刻要考虑到：你家里有一个爱人，她正期待着你，惦念着你，她与你休戚相关。”① 显然，燕妮对马克思投身政治并进行如此危险的政治斗争感到非常担

① 马克思，恩格斯．马克思恩格斯全集：第 40 卷．北京：人民出版社，1982：900.

忧，此时他们订婚已经5年了，深爱马克思的她怎么可能放心让马克思去涉险呢？但马克思还是坚定地在斗争之路上继续前进。为了能够创办《无神档案》，他努力去筹款。但是，有谁会给一个刚刚大学毕业、没有任何工作经验的23岁年轻人投资，更何况是要去做这样一件非常危险的事情呢？即便不考虑这些危险，在当时的社会文化和政治环境中，这也明显是离经叛道、格格不入的，因此马克思没能筹到创刊所需经费，后来不得不放弃了这个打算。

虽然未能成功创办《无神档案》，但这是马克思进入政治领域开展斗争的初次尝试和体验，想必在这个过程中，他一定通过这次亲身实践深化了对现实斗争的认识、经受了锻炼、积累了经验。这个小小挫折并没有减弱马克思参与政治、实现民主和正义的满腔热忱，抱负远大且勇敢顽强的他绝不会放弃斗争和自己的理想追求。他关心政治、关注时事，迟早，这个对世界有着深刻洞见的非凡年轻人会在政治舞台上闪亮登场，用斗争表明和宣示他的存在，然后令整个旧世界在他面前颤抖。这一天来得很快。

1841年12月24日，普鲁士政府颁布了一项新的书报检查令，宣称这是“国王为了让作家免受不必要的限制”①。这

---

① 加布里埃尔．爱与资本：马克思家事．朱艳辉，译．长沙：湖南人民出版社，2018：32.

项法令在表述上具有很强的迷惑性和欺骗性，容易让人产生政府减少了对新闻出版限制的错觉，当时有些自由主义者甚至认为新闻出版即将进入自由表达的崭新时代。而实际上，这项检查令不但保留了旧有的书报检查制度①，而且进一步强化了这项制度。按照这项新的检查令，“凡对基督教‘不严肃的或恶意的’作品，凡妄图将宗教和政治混为一谈的作品，凡政府认定会对个别人或整个阶级造成攻击或诽谤的作品，甚至凡是可能产生不好影响的或具有此类‘倾向’的作品，都不得发表”②。这样的规定，实际上使政府完全控制了作品的发表权；只要政府认为作品不利于统治阶层或有任何“不妥”，均可禁止其发表。实际上，新的书报检查令是普鲁士当局用来打压言论自由、禁锢和控制人们思想的工具，被用来巩固国王乃至整个统治阶层的封建专制。

马克思对此洞若观火。对于这项新的书报检查令，这位刚毕业不久的天才哲学博士马上“无情”地“用批判的态度加以审查”，他犀利的目光穿透了普鲁士政府的文字游戏和伪善面孔。他还以笔为矛，专门撰写了一篇长文对这项法令进行了无情的批判和揭露。文章中，他灵活发挥自己的优势，“运用哲

① 普鲁士政府在1819年颁布过关于实施书报检查的法令，1830年又增加了一些新的书报检查措施。

② 加布里埃尔．爱与资本：马克思家事．朱艳辉，译．长沙：湖南人民出版社，2018：32.

学上的逻辑方法来分析政治问题”①，科学、准确地指出了普鲁士政府的所作所为中存在的逻辑矛盾，将新书报检查令的伪善面具撕得粉碎，彻底揭穿了书报检查制度反动的真面目，并把矛头直接指向了普鲁士统治阶层。

他在文章中经过深入细致的分析后，犀利地指出：普鲁士“政府所颁布的法律本身就是被这些法律奉为准则的那种东西的直接对立面。新的书报检查令也陷入了这种自身固有的对立之中。它在指摘新闻出版界时痛斥为反国家行为的一切事情，它自己全都照干不误，并且以此作为书报检查官应尽的职责，这样，它就陷入了矛盾”②，而“书报检查官也就是原告、辩护人和法官三位一体的人”③。这一分析洞穿了新书报检查令的虚伪，可谓一针见血。在文章最后，马克思指出：“整治书报检查制度的真正而根本的办法，就是废除书报检查制度”④，毫不隐晦地将批判的矛头直接对准了普鲁士统治阶层。不但如此，他还基于自己的分析和批判，进一步对普鲁士统治阶层进行了嘲讽：“无论如何，新的检查令终究会使普鲁士的作者要么获得更多的现实的自由，要么获得更多的观念的自由，也就

---

① 马克思，恩格斯．马克思恩格斯全集：第 1 卷．2 版．北京：人民出版社，1995：前言 5.

② 同①122.

③④ 同①134.

是获得更多的意识”[1]。

这篇犀利、精彩的长文，是马克思对腐朽和反动势力的第一次“亮剑”，可谓：宝剑出匣，锋芒毕露。这就是马克思的政论文章处女作——《评普鲁士最近的书报检查令》。撰写这篇文章，是马克思投身政治活动、在漫漫斗争之路上实质性迈出的第一步。这一步，勇敢而坚定。

1842年2月初，马克思完成了这篇文章。2月10日，他把这篇文章寄给了阿尔诺德·卢格[2]，让他尽快发表在《德国年鉴》上。卢格是青年黑格尔派成员，比马克思大16岁，1826年曾因他的自由主义政治思想和活动被判监禁，1830年才被释放出狱。大学刚毕业的马克思与卢格有着很好的私人关系，并持有一些相同的政治思想，燕妮在1843年3月初写给马克思的那封信中曾亲切地称他为“卢格老爹”[3]。但即便如此，马克思的这篇《评普鲁士最近的书报检查令》也未能在《德国年鉴》发表，因为这篇文章锋芒毕露，简直就是一篇战斗檄文。“卢格考虑到这篇文章根本不可能送交检查机关”[4]，

---

① 马克思，恩格斯．马克思恩格斯全集：第1卷．2版．北京：人民出版社，1995：134.

② 1843年10月底，马克思从《莱茵报》编辑部所在地德国科隆迁居巴黎，与阿尔诺德·卢格合办《德法年鉴》。

③ 马克思，恩格斯．马克思恩格斯全集：第40卷．北京：人民出版社，1982：904.

④ 同①1008.

他建议马克思将这篇文章送到瑞士出版，马克思同意了。1843年，马克思的这篇锋芒毕露的亮剑之作终于以“莱茵省一居民”① 的署名，发表在了卢格主编的《德国现代哲学和政论界轶文集》第1卷上。

这时，年轻的马克思已经成为《莱茵报》的主编。在1842年2月初撰写完他的这篇亮剑之作《评普鲁士最近的书报检查令》之后，1842年5月5日——他24岁生日这一天，马克思在《莱茵报》正式发表了一篇政论文——《第六届莱茵省议会的辩论（第一篇论文）。关于出版自由和公布等级会议记录的辩论》。这篇政论文是他在《莱茵报》发表的第一篇文章，也是他人生中第一篇正式发表的政论文，批判的仍是“书报检查和出版自由的问题”②。这篇政论文写得非常精彩，他在《评普鲁士最近的书报检查令》的基础上“从另一观点加以考察”③，进一步针对书报检查制度展开了深刻的批判。他不但继续“运用哲学上的逻辑方法”展开了更深入的剖析，而且很明显地吸取了之前因锋芒毕露而无法在本国发表的教训。这一次，他智慧地把文章写得非常复杂而雄辩、优雅而“无情”、风趣而不失棱角，还很有启发性，成功迷惑了“原告、辩护人

---

① 马克思，恩格斯．马克思恩格斯全集：第1卷．2版．北京：人民出版社，1995：135.

②③ 马克思，恩格斯．马克思恩格斯全集：第27卷．北京：人民出版社，1972：426.

和法官三位一体”的书报检查官，通过了检查，更重要的是这不但没有影响他批判的尖锐性，反而使他的批判更加厚重、更加有力。

如他在文中深刻指出：“由于人民不得不把具有自由思想的作品看作违法的，因而他们就习惯于把违法的东西当作自由的东西，把自由当作非法，而把合法的东西当作不自由的东西。书报检查制度就这样扼杀着国家精神。”[①] 这段话以严谨科学的逻辑推理，分析了当时普鲁士国内关于自由思想的政治问题，指出其书报检查制度在逻辑上的自相矛盾之处，从而无可辩驳地证明了这一制度的荒谬性，同时一针见血地揭露了普鲁士统治阶层及其制定的书报检查制度对整个国家造成的严重伤害。文中，马克思还直接中肯地对普鲁士统治阶层讲道：“如果书报检查制度是正直的，它就要预防任性；可是它却把任性提升为法律……请想一想，不容忍自由报刊上那些令人不快的东西，也就不可能利用它的长处。不要玫瑰的刺，就采不了玫瑰花！有了自由的报刊，你们会丧失什么呢！”[②] 这样的剖析虽不锋芒毕露，但却力重千钧、直入人心。

这篇文章大获成功。卢格说这篇文章是相同主题文章中写

---

① 马克思，恩格斯．马克思恩格斯全集：第1卷．2版．北京：人民出版社，1995：183.

② 同①179.

得最好的[1]，《莱茵报》创办人和发行负责人之一的格奥尔格·荣克“称赞文章写得极好”[2]，当时的副编辑莫泽斯·赫斯赞誉马克思是“同时代人中最伟大，或者说唯一一个真正的哲学家”[3]。

《莱茵报》是马克思开展斗争的第一个重要阵地。从1842年5月5日他首次“开炮”起至1843年3月17日退出，这期间马克思站在革命民主主义立场上，在这个阵地上不停地向腐朽反动的普鲁士封建势力发动了强大而猛烈的攻击，发表了诸多犀利深刻的政论文章，进行了勇敢坚决的斗争，毫不惧怕同强大的封建势力、保守势力和反动势力发生冲突。他攻势犀利、斗争顽强、战绩骄人，在这个封建专制的王国里发出了自由的呐喊，当然也使《莱茵报》成为这些势力的眼中钉、肉中刺。

普鲁士当局是这样认为的：“《莱茵报》的倾向是十分恶劣的，恶意地以推翻普鲁士国家的基本法律基础为目的的，同样也是危害教会和国家中的现存状况的。”[4]“该报一贯明显地企图攻击国家制度的基础，阐述旨在动摇君主制原则的理论，恶意地煽动舆论怀疑政府的所作所为，挑动国内一些等级去反对

---

①②③ 加布里埃尔．爱与资本：马克思家事．朱艳辉，译．长沙：湖南人民出版社，2018：35.

④ 马克思，恩格斯．马克思恩格斯全集：第1卷．2版．北京：人民出版社，1995：951.

另一些等级，挑起对现存法定秩序的不满，并怂恿人们对各友好国家采取极端敌对的态度。”① 从普鲁士当局对《莱茵报》的评价可以看出，马克思的斗争取得了很大成效，也充分证明了马克思在斗争中的无畏和强大。

但是，这些当然也是普鲁士统治阶层所无法容忍的。早在1842 年 11 月，当局就开始考虑彻底摧毁马克思的这个阵地了。在这个月的 30 日，马克思在给卢格的信中写道：“书报检查机关每天都在无情地破坏我们，报纸常常几乎不能出版。”② 普鲁士当局还针对《莱茵报》设置了双重检查，其准备出版的报纸除了要接受书报检查官的审查，还必须直接接受警察的审查。“有一段时间甚至实行了三重检查：（1）普通检查员；（2）从柏林派来的官员冯·圣保罗；（3）行政区长官。”③ 1843 年 1 月 25 日，马克思写信告诉卢格：“我们的报纸编好以后必须送到警察局去，让他们统统嗅一遍，只要警察的鼻子嗅出一点非基督教的、非普鲁士的东西，——报纸就不能出版。”④ 即便在这样令他“感到窒息”⑤ 的艰难处境下，马克思

---

① 马克思，恩格斯．马克思恩格斯全集：第 1 卷．2 版．北京：人民出版社，1995：964.

② 马克思，恩格斯．马克思恩格斯全集：第 27 卷．北京：人民出版社，1972：434.

③ 马克思，恩格斯．马克思恩格斯全集：第 39 卷．北京：人民出版社，1974：453.

④ 同②438.

⑤ 同②439.

仍进行了坚韧不拔的斗争，成功使报社的存在“延长了好几个月”①，并在次年 3 月 17 日主动退出报社以图保全《莱茵报》。但在反动、强大的国家机器压迫下，1843 年 4 月 1 日，进步的莱茵报社还是关闭了。

在莱茵报社的那个时期，是马克思“对外”斗争生涯的起始，他全力以赴、火力全开，丝毫“不怕同现有各种势力发生冲突”，除了无情批判腐朽反动的普鲁士封建统治阶层，还对其他的保守和反动报刊、青年黑格尔派的“自由人”小组等进行了无情批判，为他一生的斗争奠定了“对现存的一切进行无情的批判”的总基调。而且，通过这一时期初生牛犊般的勇敢斗争，马克思锤炼了自己的斗争精神，提升了斗争本领，积累了斗争经验，从而能够坚定地在漫漫斗争之路上前进，并对未来的斗争充满了信心。

实际上，马克思也早已经厌倦了和当局束手束脚的较量，他满心期待着能够放开手脚、随心所欲地开展斗争。在 1843 年 1 月 25 日写给卢格的信中，马克思就透露出这样的想法，他讲道：“即使是为了自由，这种桎梏下的生活也是令人厌恶的，我讨厌这种小手小脚而不是大刀阔斧的做法。伪善、愚昧、赤裸裸的专横以及我们的曲意奉承、委屈求全、忍气吞

① 马克思，恩格斯．马克思恩格斯全集：第 1 卷．2 版．北京：人民出版社，1995：前言 11.

声、谨小慎微使我感到厌倦。”① 这清楚表明，马克思期望能够“自由”和“大刀阔斧”地开展斗争。离开莱茵报社后，他获得了梦寐以求的自由，这预示着他必将在未来的斗争之路上大展拳脚，尽情地向旧世界发动猛烈进攻。历史已经证明，从这一时期开始，马克思在不懈的顽强斗争中从一名革命民主主义者一步步蝶变为一名共产主义者，最终成为伟大的无产阶级革命家、思想家，他用科学的思想、无情且彻底的批判和各种斗争行动深刻改变了世界。

可以说，大学毕业后，马克思选择进入莱茵报社工作，是他人生中的一个重大选择，也是他在斗争道路上的第一个重大决定，这个重大选择和决定对他的人生产生了重大而深远的影响。对于刚刚大学毕业的马克思来说，这个选择和决定，不仅使他有了第一份工作，更重要的是这份工作有利于他发挥自身所长开展斗争，也有利于他思想的进步和成熟，并使他站在一个可谓最理想的斗争起点和平台上，具有“第一粒扣子”般的重大意义。

但鲜为人知的是，马克思进入莱茵报社成为一名报人，当时这份职业可能并不像很多人所想象的那样光鲜，恰恰相反，当时报业在德国的社会地位及美誉度与当今社会完全不同。那

---

① 马克思，恩格斯．马克思恩格斯全集：第 27 卷．北京：人民出版社，1972：439－440.

时，报业是最低端的行业，不但收入微薄，甚至有时是没有收入的，而且整个行业发展滞缓。1874 年统一不久后的德国①颁布了《帝国新闻法》，“将报业归入大众媒介”② 之后，报业才开始“在德国迅速发展”③ 起来。一位历史学家是这样评价当时进入报业的人的：“只有那些‘声名不好的、华而不实的、靠不住的’人在万般无奈之下才会考虑”④。显然，这个行业在当时社会中的生存境况及声望可谓惨不忍睹。

马克思还是毅然选择成为一名报人，因为在他看来，“报人写作的目的不应该是为了钱——报纸是受教育阶层挑战权威的首要方式”⑤，而“他喜欢挑战权威，也知道如何挑战”⑥。《莱茵报》于 1842 年 1 月 1 日创刊，当时仅有 400 订户，可以说，当时它只是一份刚刚创办的小报纸。所以，马克思大学毕业后选择进入莱茵报社工作，完全是从社会底层做起。这绝不是他偶然或一时的权宜之计，而是他存在的必然，充分说明马克思大学毕业后是铁了心走上斗争之路的，为此他毫不计较个人名利。

马克思为了斗争选择进入莱茵报社工作令人十分钦佩，而

---

① 1871 年 1 月 18 日，普鲁士首相俾斯麦成功统一了北德意志邦联与巴伐利亚，建立了德意志帝国。

②③ 丁伟祥．德国报业发展历史简介和现状．德国研究，1998 (1)：52－55.

④⑤⑥ 加布里埃尔．爱与资本：马克思家事．朱艳辉，译．长沙：湖南人民出版社，2018：30.

他为了挽救报社选择主动退出亦令人十分钦佩。虽然他本人也早已受够了普鲁士政府的压迫，双方的激烈斗争和相互折磨都已使彼此忍无可忍，但马克思选择主动离职表明他还是期望能够自己承担当局的全部怒火和惩罚，以此挽救报社。而离开莱茵报社之后，马克思失去了固定的工作和收入，这当然是个大问题。此时他已计划和卢格一起去巴黎合办《德法年鉴》，“燕妮心有忧虑，她担心马克思去法国后会被视为叛国，被禁止再回来”①。这确实是一个可能出现的非常严重的问题。

而就在这个时期，普鲁士政府两次向马克思伸出了“橄榄枝”，请他进入政府工作。显然，才华横溢、才智非凡的马克思也使普鲁士政府折服，对方希望能够“招安”他为自己服务，最起码，当局不希望马克思再次成为敌人。恩格斯《在马克思墓前的讲话》中指出：马克思“可能有过许多敌人，但未必有一个私敌”②。马克思与普鲁士政府之间并没有私人恩怨，他绝非为了私利而与当局斗争。虽然当时“进入政府工作意味着稳定和声名”③，很多人特别是大学毕业生梦寐求之而不得，但马克思拒绝了政府的“美意”，由此可见马克思的信念何其

---

① 加布里埃尔．爱与资本：马克思家事．朱艳辉，译．长沙：湖南人民出版社，2018：39.

② 马克思，恩格斯．马克思恩格斯选集：第3卷．3版．北京：人民出版社，2012：1004.

③ 同①40.

坚定、斗志何其旺盛。

多年之后，在1850年5月20日燕妮写给约瑟夫·魏德迈的那封信中，她道出了马克思这样做的具体原因。信中，燕妮这样讲道："我的丈夫在这方面是一丝不苟的，他宁愿牺牲所剩下的一切，也不愿过那些官方的'大人物'所过的民主派的乞讨生活。"① 马克思的傲骨铮铮和昂扬斗志，由此可见一斑。

虽败犹荣

为了能够"自由"和"大刀阔斧"地开展斗争，马克思坚定地按照自己的意志和决心，和燕妮于1843年10月底毅然离开了普鲁士。这对新婚夫妇迁居巴黎，和卢格一起创办《德法年鉴》去了。按照他们的原定计划，《德法年鉴》为月刊，同时用德语和法语出版，1843年11月就出版发行，"但此时资金出了问题，而且还有供稿问题——卢格连一个法国供稿人都找不到"②。最后，到了1844年2月底，《德法年鉴》终于出版发行了，这是一期合刊（第一、二期合刊），但也是唯一的一期。这一期发行后便停刊了，停刊的原因除了资金和稿源等

① 马克思，恩格斯．马克思恩格斯全集：第27卷．北京：人民出版社，1972：629.

② 加布里埃尔．爱与资本：马克思家事．朱艳辉，译．长沙：湖南人民出版社，2018：48.

事务性问题外，最根本的原因是马克思和卢格在政治思想上的重大分歧。

马克思是彻底的革命者，他一心要以无情、彻底的批判开展自由且大刀阔斧的斗争，“不怕同现有各种势力发生冲突”；而“卢格骨子里是一名温和的民主主义者，他对于马克思将《德法年鉴》引向更加激进的方向，以及在他看来马克思那种丝毫不加修饰的写作手法感到恼怒”①。而在这种原则性的重大问题面前，马克思根本不可能向任何人、任何势力做重大的妥协和让步。为了自己心中所期望的斗争，马克思第二次失去了工作和收入，而此时燕妮已经怀孕7个月了。从个人生活角度看，此时身处异国且即将成为父亲的马克思确实非常需要一份稳定的工作，但即便如此，他还是坚决地与卢格分道扬镳了。更大的风浪接踵而来，燕妮此前的担忧变成了现实，马克思确实被视为叛国无法返回普鲁士了。“普鲁士各地政府接到命令，只要马克思……②一进入普鲁士境内，就予以逮捕，罪名为叛国罪。”③ 这是因为马克思在《德法年鉴》发表的两篇文章《论犹太人问题》和《黑格尔法哲学批判导言》再次激怒了普鲁士当局，这个“招安”不成的老对手终于按捺不住心中怒火对他

① 加布里埃尔．爱与资本：马克思家事．朱艳辉，译．长沙：湖南人民出版社，2018：48－49.

② 还有卢格等其他三人，加上马克思一共四人。

③ 同①49.

痛下“杀手”了，把“叛国”这样的重罪安到了马克思头上。

对于普鲁士政府的报复行为，毫无疑问，马克思是一定会“回敬”的。半年之后，1844 年 8 月，他开始为巴黎的德文报纸《前进报》撰稿。这家报纸于 1844 年 1 月 2 日出现在巴黎，是一家“每周出版两次的德文小报”①，它是“欧洲唯一一家不经审查的德语反对派报纸”②。但报社里有普鲁士国王派来的间谍，而且有传言说这份报纸的实际资助人也是普鲁士国王派出的，“目的就是找出躲在巴黎的德国造反分子，通过办报，让他们自己露面”③，所以，这份报纸有可能是普鲁士国王抛出的“鱼饵”，想引诱革命者主动“上钩”。马克思很可能清楚这些情况，但这毕竟是个现实的、继续大刀阔斧开展斗争的机会，而且此时的他已经积累了丰富的报纸工作经验、驾轻就熟，所以他决定在这里和普鲁士当局继续较量，继续用他无情而彻底的批判来“回敬”当局。

“马克思很快成为《前进报》的理论上的核心人物，他名义上不是报纸的主编，但通过自己的工作，在编辑部内取得了和主编贝尔纳斯同等重要的地位。”④ 同时，在马克思的带领

---

① 陈力丹．马克思与巴黎德文《前进报》．新闻界，2014（21）：43.

②③ 加布里埃尔．爱与资本：马克思家事．朱艳辉，译．长沙：湖南人民出版社，2018：58.

④ 同①43－44.

下，《前进报》短期内也取得了很大的进步和成绩。这一年的10月5日，恩格斯在英国报纸《新道德世界》第15号上发文宣布："我们在巴黎有一家每周出版两次的德文的共产主义报纸《前进报》。"① 到年底时，这份刚出版时无人理会的"小报"订户已达到800，很明显，马克思新的阵地正在快速建立。但是，他的老对手显然对此是清楚的，不会坐等马克思的强力"回敬"。这次，普鲁士国王弗里德里希·威廉四世亲自出马——他派人去法国拜会法国国王路易·菲利浦，劝他把包括马克思在内的12名《前进报》成员驱逐出法国，并赠送给他"稀有的陶瓷花瓶"②。路易·菲利浦"高兴地接受了花瓶，然后把这些惹麻烦的作家扔了出去"③。

燕妮后来回忆，"一名警官星期天来到他们租住的公寓，把驱逐令交给了他们"④，限令"24小时内离开巴黎，三天内离开法国"⑤。马克思尝试与法国政府谈判以留在巴黎。最后，在马克思的努力下，法国政府把24小时的期限延长了近一个月，但马克思仍必须离开法国。其实，马克思只要同意驱逐令

---

① 马克思，恩格斯．马克思恩格斯全集：第42卷．北京：人民出版社，1979：218.

②③ 加布里埃尔．爱与资本：马克思家事．朱艳辉，译．长沙：湖南人民出版社，2018：58.

④ 同②67.

⑤ 陈力丹．马克思与巴黎德文《前进报》．新闻界，2014（21）：43－44.

上的一个条件，一家人就可以继续留在巴黎，那就是："签字声明以后不再从事政治活动"①。这实质上是要求签署"投降书"，被驱逐者中只有两个人拒绝了这个要求，马克思当然是其中之一，"品尝到不同于压抑的普鲁士生活后，马克思再也不愿失去说话和写作的自由"②。1845 年 2 月 2 日，马克思被迫离开巴黎，开始了流亡之旅。2 月 5 日，他抵达了比利时的布鲁塞尔。尽管马克思被迫流亡他国，但此时不到 27 岁的他奋战到最后，绝不投降，虽败犹荣。值得一提的是，另外一位拒绝投降的，也是一位颇有声名的人物，他就是马克思未来斗争中的凶狠对手、著名的无政府主义者——米哈伊尔·亚历山大罗维奇·巴枯宁。

到达布鲁塞尔后的马克思当然不会停下斗争的脚步。显然，他的老对手与所有人一样对这一点深信不疑。这次他们决定先下手为强，打算故技重施，把马克思赶到离德国更远的地方。1845 年秋天有消息传出，称"普鲁士政府在想办法让比利时驱逐马克思"③。为了避免让这位老对手持续攻击和牵制，1845 年 12 月，"马克思宣布放弃普鲁士国籍"④，这样，他就

---

① 加布里埃尔．爱与资本：马克思家事．朱艳辉，译．长沙：湖南人民出版社，2018：67.

② NICOLAIEVSKY B，MAENCHEN-HELFEN O. Karl Marx：man and figther. Philadelphia and London：J. B. Lippincott，c1936：84.

③ 同①86.

④ 同②101.

不再属于普鲁士，也不属于其他任何国家了。看起来，这是马克思被动的无奈退避，但实际上他这是以退为进。自普鲁士当局把叛国罪安到他头上的那一刻起，正常情况下他再也不能返回普鲁士了，于是他索性顺势放弃了普鲁士国籍，使普鲁士当局永远无法以国家之名对他进行迫害和侵扰，自己获得了更大的自由。

这些充分证明，马克思的斗争意志无比坚定，为了能够自由地、大刀阔斧地开展斗争，他无惧任何艰难困苦，无论是面对外界的威逼利诱，还是面对自身的艰难困苦，他都绝不放弃，更不会投降屈服。他以大无畏的革命精神坚定地与各种势力进行顽强斗争，并且智勇双全、有勇有谋。孟子云：“富贵不能淫，贫贱不能移，威武不能屈，此之谓大丈夫。”毫无疑问，马克思就是这样的“大丈夫”。

开辟崭新天地

马克思此后的斗争实践表明，他放弃普鲁士国籍的决定是正确的，他的策略成功了，不久之后他就更自由、更大刀阔斧地展开了斗争。仅两个月后，马克思就在斗争之路上大大地迈出了一步，进入全新的阶段。他已经不再满足于仅仅正确地解释世界和进行文字论战，而是开始开展改变世界的现实的革命活动了。1846 年 2 月，马克思、恩格斯和菲力浦・日果在布鲁塞尔创立“最早的马克思主义交流组织”[①] ——共产主义通讯委员会。马克思把它打造成了一个国际性组织，委员会在巴黎、伦敦、汉堡、莱比锡等地设立了支部。马克思认为，“这是文字形式的社会运动为了摆脱民族局限性而应当采取的一个步骤”[②]，因为“在行动的时刻，当然每个人都非常希望对外国情况了解得象本国情况一样清楚”[③]。他希望通过委员会，“建立一种经常性的通讯活动，保证能够了解各国的社会运动，以便取得丰硕的、多方面的成果”[④]。为此，他满腔热情、忘我地投入共产主义通讯委员会的工作中。显然，此时的他心中一定有了宏伟的斗争目标及计划，那就是推翻旧世界，建立新世界，解放全人类。而创立共产主义通讯委员会，就是他为此而开展现实政治运动所迈出的第一步，虽然这只是开局和起步，但已经充分显示出马克思的国际视野、深谋远虑和非凡才干。

从此开始，马克思的斗争也进入了一个崭新的阶段，他的批判对象除了自己所作的结论、外部腐朽和敌对势力之外，又增加了无产阶级组织内部的异化势力。从马克思一生的斗争实

---

① 陈力丹．共产主义通讯委员会：最早的马克思主义交流组织．新闻界，2013（15）：75.

②③ 马克思，恩格斯．马克思恩格斯全集：第27卷．北京：人民出版社，1972：464.

④ 同②465.

践看，相对于外部腐朽和敌对势力，马克思在斗争和批判无产阶级组织内部的异化势力上消耗了更多的时间和精力，因为这更重要。正所谓“堡垒最容易从内部攻破”，这些组织内部的异化势力坚持错误的、非马克思主义的思想观点，是存在于无产阶级组织内部的破坏力量，如果不能有效消除，不仅危害革命事业的开展，还将造成组织内部的思想和行动混乱，迟早会把组织推向裂解甚至毁灭的边缘。因此，马克思从此时起，便开始与组织内部的异化势力进行坚决、顽强、长期的斗争，而且同样对其予以无情和彻底的批判。

牛刀小试

共产主义通讯委员会创立之后，马克思的第一个斗争和批判对象是德国空想平均共产主义理论家魏特林。魏特林是“德国工人运动初期的著名活动家”①，也是正义者同盟的创始人和领导人之一，比马克思大 10 岁，他的著作《现实的人类和理想的人类》曾成为正义者同盟的纲领，当时在工人中有很多追随者。魏特林“把共产主义归结为原始基督教”②，他认为

① 马克思，恩格斯．马克思恩格斯全集：第 27 卷．北京：人民出版社，1972：765.

② 马克思，恩格斯．马克思恩格斯全集：第 21 卷．北京：人民出版社，1965：250.

不但可以一步进入共产主义社会，而且革命的结果也必须是直接进入共产主义社会，无需其他任何中间环节和步骤，如德国就可以通过革命直接从封建专制的君主国家一步跨入共产主义社会。显然，他的这种观点并不科学。恩格斯在《〈共产党宣言〉1888年英文版序言》中就魏特林的空想共产主义指出："这种共产主义还是颇为粗糙的、尚欠修琢的、纯粹出于本能的一种共产主义"①。

1846年2月，魏特林来到了布鲁塞尔，马克思一家人热情欢迎和款待了他，"对他表现了几乎是超人的耐心"②。马克思在家里和埃德加尔③、魏德迈一起陪他打了一晚上的纸牌，第二天燕妮亲自陪他外出游玩了一天。而此时的魏特林早已因为自己之前取得的成绩而飘飘然了，认为自己是一个由于卓越而"受忌妒者追逐的大人物"④，跟谁也合不来。有人这样认为，"魏特林确实把自己当成了救世主"⑤。恩格斯在《关于共产主义者同盟的历史》中曾这样谈到魏特林：他"口袋里装有

① 马克思，恩格斯．马克思恩格斯全集：第21卷．北京：人民出版社，1965：408.

② 同①250.

③ 指燕妮的弟弟埃德加尔。

④ 同①249.

⑤ NICOLAIEVSKY B，MAENCHEN-HELFEN O. Karl Marx：man and figther. Philadelphia and London：J. B. Lippincott，c1936：108－109.

一个能在地上建成天堂的现成药方，并且觉得每个人都在打算窃取他的这副药方”①。在他的宝贵计划中，“有一点是要打造一支由 4 万名罪犯组成的队伍，对统治阶级开展游击斗争”②。如此令人乍舌的“奇思妙想”，不但是空想，更可谓幻想。

1846 年 3 月 30 日这天，共产主义通讯委员会召开会议，邀请魏特林参加并就“如何以最好的方式在德国进行宣传”③进行讨论。魏特林的发言充满了不切实际的空话、大话，引起了马克思的愤怒。马克思毫不客气地直接提问魏特林：“你在德国大叫大嚷地鼓动，请你讲一讲，你根据什么来证明你的活动是正确的？你根据什么来确定将来的活动？”④ 魏特林的回答“零乱、粗俗、语无伦次”⑤，当然无法令人满意，马克思立即无情、彻底地进行了批判。马克思认为，“没有事先制定好的科学纲领而去发动劳动者进行斗争，这意味着欺骗他们，使他们产生一些无法实现的希望。这种没有准备的行动实际上只是一种有害的爆发，并会导致毁灭整个运动的结果”⑥。他

---

① 马克思，恩格斯．马克思恩格斯全集：第 21 卷．北京：人民出版社，1965：249 - 250.

② NICOLAIEVSKY B，MAENCHEN-HELFEN O. Karl Marx：man and figther. Philadelphia and London：J. B. Lippincott，c1936：109.

③④⑤ 陈力丹．共产主义通讯委员会：最早的马克思主义交流组织．新闻界，2013（15）：76.

⑥ 马克思，恩格斯．马克思恩格斯全集：第 37 卷．北京：人民出版社，1971：552.

毫不留情地批评魏特林“自以为是警醒的先知，实际上不过是一无所知的笨蛋”①。魏特林试图用他收到的几百封感谢信来进行辩解，但愤怒的马克思狠狠一拳砸在桌子上，跳起来喊道：“无知从来没有帮助过任何人!”②

但是，魏特林和他在正义者同盟中的支持者——魏特林派，仍是存在于正义者同盟中的一股不可忽视的势力。在“马克思和恩格斯”的影响下，一年后的1847年6月初，正义者同盟在伦敦召开代表大会③，改组为共产主义者同盟。这次大会将魏特林派开除出了同盟，彻底清除了这股组织内部的异化势力及其粗陋的空想平均共产主义思想理论，维护和加强了同盟内部思想和组织的纯洁。至此，马克思对魏特林和空想平均共产主义的斗争大获全胜。而大获全胜的根本原因，是魏特林的思想理论严重脱离并有害于工人运动实践。马克思根据工人运动的具体实践对其进行了严格检视，他敏锐、深刻地发现了其中的各种错误和危害，通过无情、彻底的批判使革命者们充分认识到了这些问题，同时给出了他自己的符合工人运动实践的正确思想理论，用真理战胜了谬论。

---

① 加布里埃尔．爱与资本：马克思家事．朱艳辉，译．长沙：湖南人民出版社，2018：88.

② 陈力丹．共产主义通讯委员会：最早的马克思主义交流组织．新闻界，2013（15）：76.

③ 即共产主义者同盟的第一次代表大会。马克思由于经济困难未能参加，恩格斯参加了会议。

在共产主义通讯委员会3月30日的会议结束后不久，马克思又无情、彻底地批判了一位名叫海尔曼·克利盖的正义者同盟成员。克利盖是一名德国记者，1845年移居美国，在纽约以正义者同盟的名义领导了一个名叫“真正的社会主义”的德国小资产阶级社会主义派别，这个派别曾对正义者同盟产生过很大影响，克利盖本人就是这个派别的代表人物。1846年1月，他在纽约创办了一份名为《人民论坛报》的周报①，大力宣扬他的“共产主义”思想和主张。

对此，恩格斯曾在《关于共产主义者同盟的历史》中写道：克利盖“在报纸上以同盟②的名义鼓吹一种以‘爱’为基础、充满着爱、十分多情、陶醉于爱的共产主义”③。正如恩格斯指出的，克利盖“陶醉于爱”，比如，仅在其所写的《告妇女书》一文中，就出现了“35种表现的爱”④，如：“妇女是爱的祭司”⑤，“送我们到这里来的是爱”⑥，“充满爱的心灵必然发展成共性的圣灵”⑦，“在大地上建设起第一批充满天国的

---

① 1846年1月5日开始出版。

② 指正义者同盟。

③ 马克思，恩格斯．马克思恩格斯全集：第21卷．北京：人民出版社，1965：249.

④ 马克思，恩格斯．马克思恩格斯全集：第4卷．北京：人民出版社，1958：8.

⑤⑥ 同④4.

⑦ 同④5.

爱的村镇”[1]，“象爱之火，在教友的眼中燃烧”[2]，等等，以至于马克思称克利盖为“一个真正的爱的使徒”[3]。

克利盖的这些言论让人明显感觉到，这位“爱的使徒”更像是一位宗教布道者，可他大力宣传的这些内容，究竟与社会主义、共产主义有何关联呢？答案是令人大跌眼镜的：这就是克利盖所说的“共产主义”。实质上，克利盖是要把共产主义变成一种新的宗教。他认为，共产主义斗争的首要目的是“使爱的宗教成为真理，使人们期待已久的有福的天国居民的共同体变成现实”[4]。显然，这比魏特林的空想或幻想更不可思议。克利盖充满玄幻及浪漫色彩的阐释，称为“神话”一点不为过。克利盖——这位“真正的爱的使徒”，把共产主义学说歪曲并推向了宗教和神学的范畴。

魏特林的空想或幻想已让马克思大发雷霆，克利盖如此“脑洞大开”的“奇葩”思想理论，想必也一定令他大为恼火。马克思和恩格斯一起，专门撰写了一篇针对克利盖荒谬思想的长篇斗争檄文——《反克利盖的通告》，无情、彻底地对克利盖的“共产主义”学说进行了尖锐批判。5 月 11 日，共产主义

---

① 马克思，恩格斯．马克思恩格斯全集：第 4 卷．北京：人民出版社，1958：6.

② 同①7.

③ 同①19.

④ 同①14.

通讯委员会召开会议，投票通过了这篇檄文[①]，并以共产主义通讯委员会会议决议的形式，“分发给在德国、法国及英国的共产主义者”[②]，同时送交《人民论坛报》，要求克利盖在其报纸上全文刊登发表。“马克思和恩格斯”认为，克利盖“关于爱的高谈阔论”[③]，“是浸透了宗教思想的那种心情的大言不惭的表白”[④]，是“在共产主义的招牌下贩卖基督教的肮脏货色”[⑤]。

在这篇斗争檄文中，“马克思和恩格斯”从五个不同角度毫不留情地对克利盖展开了全面深入的批判，一针见血地指出他“把共产主义变成关于爱的呓语”[⑥]，同时还指出了克利盖言论的实质及其与共产主义的区别：“克利盖是在共产主义的幌子下宣传陈旧的德国宗教哲学的幻想，而这种幻想是和共产主义截然相反的。”[⑦]该文还毫不留情地戳穿了克利盖“经常冒充无神论者”[⑧]的可耻面目，用事实指出：“他不仅欺骗自己，而且也欺骗历史。他歪曲共产主义在欧洲各国的真正的历史发展，其实他对于这种发展是一无所知的，他把共产主义的产生和发展归功于这个埃萨伊[⑨]同盟的荒唐的、神奇的、小说般的

---

① 仅魏特林投了反对票。

② 马克思，恩格斯．马克思恩格斯全集：第4卷．北京：人民出版社，1958：3.

③④⑤⑦⑧ 同②14.

⑥ 同②4.

⑨ 埃萨伊是古犹太宗教教派。

阴谋。”[①] 对于克利盖这样做的结果，“马克思和恩格斯”非常准确和到位地评价道：“其结果必然是完全自甘堕落。”[②]

建立在科学和现实基础上的无情、彻底批判，将克利盖荒谬、“奇葩”的思想理论抨击得体无完肤，确实推动了克利盖思想的转变。恩格斯在1846年10月23日写给共产主义通讯委员会的信[③]中，提及克利盖写给正义者同盟中央总部的一封信，他讲道：“这封信……证明我们的抨击对他有好处，现在他对尘世的事情比较关心了。”[④] 但毕竟良药苦口、忠言逆耳，克利盖虽然从“马克思和恩格斯”的批判中获益，但他并不服气，“满怀愤懑”[⑤]。他将《反克利盖的通告》发表在了6月6日和13日的《人民论坛报》第23号、第24号上，之后马上在该报6月27日、7月4日、7月18日的第26号、第27号和第29号上连续发表多篇文章进行反驳。恩格斯认为：“应该好好地教训一下”[⑥]。于是，马克思在10月23日左右又写了一篇《反克利盖的通告》[⑦] 继续进行批判。恩格斯表示，克利

① 马克思，恩格斯．马克思恩格斯全集：第4卷．北京：人民出版社，1958：19.

② 同①14.

③ 这封信是恩格斯写给共产主义通讯委员会的第三封信。

④ 马克思，恩格斯．马克思恩格斯全集：第27卷．北京：人民出版社，1972：73.

⑤⑥ 同④68.

⑦ 此文未能保存下来。

盖会“对第二个文件表示心悦诚服”①。第二篇《反克利盖的通告》对克利盖又产生了怎样的具体影响，我们不得而知。但是，仅过了两个月，12 月 31 日这一天，《人民论坛报》便停止出版了；又过了一年多，1848 年 3 月德国爆发民主革命之后，克利盖携妻女一起回到德国参加革命，看起来，此时的他已经回到“尘世”了。1885 年 10 月 8 日，恩格斯在回忆这段历史时讲道：“我们在一个通告里反对了他，这个通告立即发生了作用：克利盖从同盟舞台上消失了。”② 虽然恩格斯没有明确指出“一个通告”究竟是两个通告中的哪一个，但事实说明，在马克思的两次抨击下，克利盖确实心悦诚服了。虽然我们无从知晓马克思在“第二个文件”中究竟写了什么，但可以肯定，他的第二个通告一定是“根据工人运动的实践”对克利盖的思想理论进行了检验，并得出了克利盖“所不能得出的结论”——科学、正确、以理服人的结论。

大战洗礼

与魏特林和克利盖的斗争，对马克思而言，只是他与形形

---

① 马克思，恩格斯．马克思恩格斯全集：第 27 卷．北京：人民出版社，1972：75.

② 马克思，恩格斯．马克思恩格斯全集：第 21 卷．北京：人民出版社，1965：249.

色色、各种各样组织内部的异化势力的小规模“战斗”，是他斗争开局的“小试牛刀”而已；真正大规模的、长期的、具有重要里程碑意义的“战斗”和“重头戏”，是他与蒲鲁东、巴枯宁及其支持者之间的坚决斗争。蒲鲁东和巴枯宁都是无产阶级组织内部主要异化势力的领导者，他们反对马克思和马克思主义，是机会主义的重要代表人物，而机会主义是隐藏在无产阶级组织内部和工人运动中的大敌。蒲鲁东、巴枯宁各自所坚持和宣扬的蒲鲁东主义、巴枯宁主义，是当时机会主义的主要流派，“影响最大、危害最深”①，是无产阶级组织内部的异化势力中马克思的最大、最强劲、最顽固的对手。在与他们的顽强斗争中，马克思耗费了极大的时间和精力，既从思想理论上对他们进行了无情和彻底的批判，也在现实中与他们展开了持续的较量。可以说，与以蒲鲁东和巴枯宁为首的机会主义者的斗争，是马克思与所有无产阶级组织内部的异化势力斗争中的最大、最难、最重要的“战役”。

漫长的胜利行军

马克思首先与以蒲鲁东为代表的蒲鲁东主义者展开了坚决

① 苑秀丽．马克思思想的璀璨光芒闪耀人类思想发展史．学习时报，2018－05－16（A3）．

斗争。这一派别在所有内部异化势力中是规模最大、存在时间最久的，危害尤甚。马克思曾直言不讳地讲出了蒲鲁东和他所代表的内部异化势力造成的巨大危害："蒲鲁东造成了很大的祸害……愚昧、虚荣、傲慢、饶舌、唱高调，他们几乎把一切都败坏了"①。

蒲鲁东是法国人，他比马克思大 9 岁，是"无政府主义的理论创始人"②，马克思评价他"彻头彻尾是个小资产阶级的哲学家和经济学家"③。这个评价非常准确，因为蒲鲁东一直牢牢站在小资产阶级的立场上，一心追求实现小资产阶级的社会主义。而所谓"小资产阶级的社会主义"，"马克思和恩格斯"曾在《共产党宣言》中进行过专门阐述和深刻批判，揭穿了其伪善和虚无的本来面目。他们指出：小资产阶级的社会主义"不是力谋恢复旧的生产和交换资料，从而恢复旧的所有制关系和旧的社会，就是力谋重新把现代的生产和交换资料硬塞进已被这些资料突破而且必然要突破的那种旧的所有制关系的框子里去。在前后两种场合，它都既是反动的，

---

① 马克思，恩格斯．马克思恩格斯全集：第 31 卷．北京：人民出版社，1972：533.

② 马克思，恩格斯．马克思恩格斯全集：第 1 卷．2 版．北京：人民出版社，1995：1081.

③ 马克思，恩格斯．马克思恩格斯全集：第 27 卷．北京：人民出版社，1972：487－488.

又是空想的”[①]。所以，小资产阶级的社会主义是一种反动和空想的社会主义，而其代言人，“他们虽然站在无产阶级方面反对资产阶级，但是他们在批评资产阶级制度的时候，总是用小资产阶级和小农的尺度来衡量资产阶级制度，他们在维护工人事业的时候总是从小资产阶级的观点出发”[②]。

蒲鲁东即是如此。他站在工人阶级中抨击资产阶级制度，目的是争取和维护小资产阶级的政治、经济利益。在工人运动中，他否定、反对和阻碍工人阶级开展社会主义革命斗争，主张在不触动生产资料私有制和雇佣劳动的前提下，通过和平的改良来实现小资产阶级的社会主义。因此，从根本上说，蒲鲁东实质上是小资产阶级的代言人，他在“社会主义”的旗号下全力维护资本主义制度，试图在资本主义的制度框架内建立起小资产阶级的理想社会，马克思也因此称他是“一个空论家”[③]。

蒲鲁东的思想观点在当时的无产阶级组织和工人中传播的范围很广、时间很久，他所代表和宣扬的蒲鲁东主义，直到他去世[④]多年后仍对无产阶级组织和工人运动有着很大影响。在

①② 马克思，恩格斯．马克思恩格斯全集：第4卷．北京：人民出版社，1958：494.

③ 马克思，恩格斯．马克思恩格斯全集：第27卷．北京：人民出版社，1972：485.

④ 蒲鲁东1865年1月19日去世。

影响工人运动的所有机会主义派别中，蒲鲁东主义者这一派别的影响是最大的。马克思在 1871 年写给燕妮和劳拉夫妇的两封信中，都直言这一派内部异化势力的人数太多了。在 8 月 25 日写给燕妮的信中，马克思讲道："我认为，在总委员会①里蒲鲁东主义者太多了"②；在 11 月 24—25 日写给劳拉夫妇的信中，马克思说："'凡事总有个限度'，我们认为，我们队伍中的蒲鲁东分子已经够多了。"③ 这充分说明这一派内部异化势力人多势众已严重到令马克思忍无可忍的地步了。同时，这也说明马克思与这股势力斗争的难度何其大，这一点从马克思与蒲鲁东、蒲鲁东主义将近 25 年的漫长斗争史中得到了充分证明。

马克思与蒲鲁东的斗争最早可追溯至他们刚认识时。1844 年 7 月，当时在巴黎的马克思经人介绍认识了蒲鲁东。就在这一时期，马克思和蒲鲁东进行了"长时间的、往往是整夜的争论"④，这样的争论说明他们的思想有很大分歧且各持己见、互不相让，彼此都想战胜对方。他们之间激烈的思想交锋从这一时期就已开始了。1845 年马克思被驱逐到布鲁塞尔之后，

---

① 指第一国际的总委员会，是第一国际的最高领导机关。

② 马克思，恩格斯．马克思恩格斯全集：第 33 卷．北京：人民出版社，1973：286.

③ 同②344.

④ 马克思，恩格斯．马克思恩格斯全集：第 16 卷．北京：人民出版社，1964：31.

他们之间面对面短兵相接的思想论战也随之结束，换之以文字论战。可以说，一开局，双方就倾尽全力，思想斗争非常激烈。

蒲鲁东首先出手，1846 年时祭出了他的“大招”——《贫困的哲学》，这是他的第二部重要著作①。而在这本书出版前不久，他专门给马克思写了一封很详细的信，不但将这本书的内容告诉了马克思，而且写道：“我等待着您的严格的批评”②。蒲鲁东此举带有明显的约战意味，说明他对这本书寄予厚望，而马克思和恩格斯对此书的评价也证实了这一点。

马克思认为：“它整个说来是一本坏书，是一本很坏的书”③；恩格斯表示：“这部冗长的、臃肿的伪科学著作，不仅对以往一切经济学家，而且对以往一切社会主义者进行了极其粗暴的指责”④。毫无悬念，没过多久，马克思便予以强力回击。1847 年上半年，马克思以论战的形式专门用法语写了一本书——一本非常科学、非常重磅、非常著名的书，在当年 7

---

① 蒲鲁东的第一部重要著作是 1840 年 6 月出版的《什么是财产?》，蒲鲁东因此著作而扬名。

② 马克思，恩格斯．马克思恩格斯全集：第 16 卷．北京：人民出版社，1964：31.

③ 马克思，恩格斯．马克思恩格斯全集：第 27 卷．北京：人民出版社，1972：476.

④ 马克思，恩格斯．马克思恩格斯全集：第 6 卷．北京：人民出版社，1961：669.

月出版。这就是马克思“咬紧牙关”筹钱自费出版的他的重要的著作之一——《哲学的贫困》。在这部“既机智而又严正的著作”[①]中，马克思站在唯物主义的立场上对《贫困的哲学》进行了无情和彻底、全面且犀利的批判，在思想理论上彻底击败了蒲鲁东，蒲鲁东也因此和马克思决裂。

多年之后的1865年1月24日，马克思曾这样回忆当时的情况：“不久以后，我果然对他进行了这样的批评[②]（通过我的著作‘哲学的贫困……’1847年巴黎版），其形式的激烈竟使我们的友谊永远结束了。”[③]而究竟为什么要如此激烈、如此无情和彻底、全面且犀利地对蒲鲁东展开批判，以至他们的友谊完全破裂？1880年3月底，马克思在《关于〈哲学的贫困〉》中给出了答案：“为了给力求阐明社会生产的真实历史发展的、批判的、唯物主义的社会主义扫清道路，必须断然同唯心主义的政治经济学决裂，这个唯心主义政治经济学的最新的体现者，就是自己并没有意识到这一点的蒲鲁东。”[④]

具体而言，在《贫困的哲学》中，蒲鲁东一如既往地站在

---

① 马克思，恩格斯．马克思恩格斯全集：第6卷．北京：人民出版社，1961：670.

② “这样的批评”指“严格的批评”。

③ 马克思，恩格斯．马克思恩格斯全集：第16卷．北京：人民出版社，1964：31.

④ 马克思，恩格斯．马克思恩格斯全集：第19卷．北京：人民出版社，1963：248.

小资产阶级的立场上阐述着自己看似有理实则反动、空想的思想理论，用诡辩的手法描绘着虚空的理想。对此，恩格斯指出："蒲鲁东运用经过粗暴歪曲了的黑格尔的哲学方法来论证一种奇怪的、完全不正确的政治经济学体系，企图用形形色色的先验的魔法来论证一种自由工人联合的新社会主义体系"①。马克思在《哲学的贫困》中毫不留情地通过科学、深入的探讨和无情、彻底的批判，逐一驳斥、逐个揭穿，得出了蒲鲁东这个被资产阶级的狭隘性所限制或被资产阶级偏见束缚住的人所不能得出的结论，这就是新的科学的马克思主义的世界观，深刻证明并嘲讽了蒲鲁东主义的反动和空想。这是对蒲鲁东主义的致命一击，因为这是科学对伪科学、真理对谬误的必然胜利。

蒲鲁东对马克思的回敬高度重视，"事实表明，马克思《哲学的贫困》一出版，蒲鲁东就认真地阅读了该书，并做有详细的批注②"③。但是，面对马克思的无情回击和尖锐批判，蒲鲁东没有再继续争论，他罕见地保持了沉默，生前也没有将他的批注发表。而事实上他曾有反驳的打算，他曾在 1848 年列出过

① 马克思，恩格斯．马克思恩格斯全集：第 6 卷．北京：人民出版社，1961：669.

② 蒲鲁东在《哲学的贫困》上共做了 69 段批注。

③ 朱进东．蒲鲁东对马克思《哲学的贫困》的反应．南京社会科学，2002（12）：9.

一份反驳对象名单，其中就包括马克思。但为何他最终还是对马克思的“致命一击”保持了沉默，其真实原因已无从知晓，有可能的是：蒲鲁东面对马克思无情和彻底的批判已无力回击，或者害怕反驳后再次遭到马克思的“致命”批判而一败再败，这场他们之间思想斗争的决胜局，蒲鲁东应该是在心里认输了。

虽然马克思通过《哲学的贫困》在思想上彻底击败了蒲鲁东，但非常遗憾的是，由于当时他找不到出版商出版这部著作，他不得不四处筹钱来自费出版。而当时马克思穷得叮当响，由于缺钱都放弃了去伦敦参加 1847 年 6 月的共产主义者同盟第一次代表大会，甚至有可能为此放弃出版此前“马克思和恩格斯”的重磅大作《德意志意识形态》[①]。所以，尽管最终这部重要著作得以在 7 月初成功出版，但由于囊中羞涩，他只“自掏腰包在巴黎和布鲁塞尔印了 800 本”[②]，加之当时年仅 29 岁的马克思在法国和比利时还称不上大名鼎鼎，而且蒲鲁东“用一切可能的手段竭力压制它”[③]，因此这部重要著作

---

① 1847 年 3 月 9 日，恩格斯在写给马克思的信中讲道：“如果我们手稿的出版会妨碍你那本书的出版，那末就把手稿扔掉算了，因为出版你的书重要得多。”其中的“手稿”就是《德意志意识形态》，“你那本书”就是《哲学的贫困》。

② 加布里埃尔．爱与资本：马克思家事．朱艳辉，译．长沙：湖南人民出版社，2018：92－93.

③ 马克思，恩格斯．马克思恩格斯全集：第 27 卷．北京：人民出版社，1972：524. 另注：“它”指《哲学的贫困》，马克思语。

在当时社会上产生的实际影响力非常有限。蒲鲁东在那时已是闻名遐迩的人物了，蒲鲁东主义也已形成自洽体系；而此时马克思主义尽管已经成形，但尚未诞生，在无产阶级组织和工人中的根基浅、力量薄弱，所以在现实中还无法战胜蒲鲁东主义及其不利影响。之后，马克思仍继续顽强地与这股异化势力进行着斗争。

在《哲学的贫困》之后，马克思在推动马克思主义发展的过程中继续对以蒲鲁东为代表的这股内部异化势力展开了坚决的斗争，其中既有思想上的严厉批判，也有现实中的顽强较量。在这个斗争过程中，马克思的批判越来越有力，马克思主义的科学性、真理性不断得到证明和展现，影响力不断增强。随着蒲鲁东和蒲鲁东主义的反动和空想被越来越多、越来越彻底地揭露，胜利的天平一点一点、缓慢而扎实地向马克思倾斜。比如，1848 年 8 月 5 日，马克思在《新莱茵报》第 66 号发文指出："我们所批判的蒲鲁东先生的观点，是他的'空想的科学'，他企图用这种科学来缓和资本和劳动的矛盾，无产阶级和资产阶级的矛盾……他的整个银行制度①，他的整个产品交换制度无非是小资产阶级的幻想"②；1865 年 2 月初，马克

---

① 蒲鲁东主张建立提供无息贷款的"人民银行"来改造资本主义制度。

② 马克思，恩格斯．马克思恩格斯全集：第 5 卷．北京：人民出版社，1958：358.

思在《社会民主党人报》发文指出：蒲鲁东“希望充当科学泰斗，凌驾于资产者和无产者之上，结果只是一个小资产者，经常在资本和劳动、政治经济学和共产主义之间摇来摆去”[1]。

此外，在与蒲鲁东的斗争中，马克思、恩格斯都发现蒲鲁东剽窃了很多他们的思想。1851 年夏天，恩格斯发现蒲鲁东从《共产党宣言》和马克思所著的《1848 年至 1850 年的法兰西阶级斗争》中剽窃了许多思想。这一年 8 月 21 日，恩格斯写信告诉马克思：蒲鲁东“有许多重要的思想无疑是从那里[2]偷来的，例如，政府不过是一个阶级镇压另一个阶级的权力，它将随着阶级对立的消失而消失。其次是关于 1848 年以来的法国运动的许多重要思想”[3]。马克思自己也发现了这种情况，他在 1852 年 12 月 7 日写给马克思主义者阿道夫·克路斯的信中讲道：“蒲鲁东以他惯用的精明的欺骗手段，从我这里剽窃了一些思想，宣称这些思想是自己的‘最新发现’，例如：认为不存在任何绝对的科学；一切都必须根据物质关系来加以解释等等这样一些原理。”[4]

---

① 马克思，恩格斯．马克思恩格斯全集：第 16 卷．北京：人民出版社，1964：33.

② “那里”指《共产党宣言》和《1848 年至 1850 年的法兰西阶级斗争》。

③ 马克思，恩格斯．马克思恩格斯全集：第 27 卷．北京：人民出版社，1972：335.

④ 马克思，恩格斯．马克思恩格斯全集：第 28 卷．北京：人民出版社，1973：565.

蒲鲁东通过剽窃马克思的思想来装扮自己、美化自己，不仅充分证明了他的虚伪和无力，也清楚表明此时的他在现实的斗争中已开始溃败，败局已定。当马克思主义的真理被无产阶级组织和工人普遍接受的时候，反动和空想的蒲鲁东以及他所代表的内部异化势力自然就很难以任何面貌、任何方式迷惑人心了，必然会被抛弃，一切只是时间问题。终于，1864 年 9 月 28 日第一国际（国际工人协会）成立后，马克思与以蒲鲁东为代表的内部异化势力在现实中的大决战打响了。经过四年的顽强斗争，马克思取得了大决战的总胜利，最终在思想理论上和现实中完全战胜了这股强大的内部异化势力。

这场大决战的总胜利主要是通过第一国际的四次重要会议一步步取得的。在这场斗争中，马克思节节胜利，蒲鲁东主义者则节节败退直至最终溃散。

首先是在 1865 年 9 月 25 日至 29 日的第一国际伦敦代表会议上，马克思为即将在日内瓦召开的第一国际的第一次代表大会向会议提交了一份大会议程，其中列入了支持波兰独立这一问题。这符合第一国际纲领，符合工人运动的实践需要，符合无产阶级对待被压迫民族解放运动的立场，但这却遭到了蒲鲁东主义者的强力反对，因为蒲鲁东主义“以放弃政治运动作为主要信条”①。

---

① 马克思，恩格斯．马克思恩格斯全集：第 33 卷．北京：人民出版社，1973：333.

面对这股异化势力的阻击，马克思坚守立场，果断迎战，就此问题与蒲鲁东主义者展开了坚决的斗争。马克思无情揭露和批判了他们摒弃政治斗争的观点及其在民族问题上的虚无主义。不同于1847年时的无奈窘况，此时马克思主义诞生和发展已历时17年，在无产阶级组织和工人中已有了较深厚的基础，马克思主义的认同者和支持者越来越多，力量也越来越大，正所谓“得道多助，失道寡助”。此时，在马克思“无情”和彻底的批判下，会议顺利通过了支持波兰独立的决议，有力地挫败了蒲鲁东主义者的这次挑战，给这股内部异化势力以迎面痛击。

虽然蒲鲁东主义者在伦敦代表会议上遭到了挫败和打击，但他们并不甘心。1866年9月3日至8日，这股异化势力在第一国际于日内瓦召开的第一次代表大会上又生事端，再次发动了卑劣且凶猛的攻击。大会上，在讨论《国际工人协会章程和条例》时，蒲鲁东主义者就条例的第11条“国际工人协会的每个会员都有选举权和被选举权”① 提出修改意见：“代表大会的代表必须是直接从事体力劳动的人”②。这样做的用意非常明显，就是要将马克思和恩格斯赶出第一国际，因为他们显然不是“直接从事体力劳动的人”。这条意见受到了其他大

① 马克思，恩格斯．马克思恩格斯全集：第16卷．北京：人民出版社，1964：603.

② 马克思，恩格斯．马克思恩格斯全集：第31卷．北京：人民出版社，1972：665.

会代表的坚决反对，英国代表威廉·朗达耳·克里默和詹姆斯·卡特强调，“国际本身的存在就有赖于许多不从事体力劳动的公民。”① 克里默还直接提出：“马克思一生的目的就是谋求工人阶级事业的胜利”②。最后，蒲鲁东主义者提出的这条意见被大会予以否决，不但如此，大会还选举马克思为总委员会委员，可以说，这是大会当即、当众给了蒲鲁东主义者这股异化势力沉重一击。

在这次代表大会上，蒲鲁东主义者除了对马克思和恩格斯发动了卑劣的攻击外，他们还仗着人多势众③，提出了一份充斥着蒲鲁东主义的专门意见书。意见书中充斥着诸如反对成立工会、反对罢工、反对无产阶级革命、反对民族解放运动、反对妇女解放等内容，用来反对和对抗总委员会的正式报告——马克思撰写的《临时中央委员会就若干问题给代表的指示》，妄图使大会接受蒲鲁东主义的思想观点，把第一国际引到错误的方向和道路上。但他们的这个企图落空了。尽管蒲鲁东主义者人多势众，但支持马克思的正确路线纲领的代表们毫不退让、据理力争，与蒲鲁东主义者展开了坚决斗争，成功捍卫了第一国际，大会仍在马克思《临时中央委员会就若干问题给代表的指示》的指导下，通过了支持工会和罢工等各项正确决

①② 马克思，恩格斯．马克思恩格斯全集：第 31 卷．北京：人民出版社，1972：665.

③ 蒲鲁东主义者在此次大会上掌握了 1/3 的票数。

议，赢得了重要胜利。这次胜利，不仅是马克思个人和第一国际的胜利，更是马克思主义和马克思主义者的胜利，是马克思主义在现实的、短兵相接的“肉搏战”中直接打败了蒲鲁东主义，这个胜利意义重大。

值得一提的是，这次大会马克思并没有参加（当时，他正为《资本论》第一卷的最后定稿而忙碌着，无法参加大会），即便如此，第一国际仍打败了蒲鲁东主义者这股最大异化势力的凶猛攻击，这充分证明马克思的实际领袖地位和马克思主义的真理性已得到第一国际广泛认可和接受。

这次第一国际第一次代表大会结束之后，关于蒲鲁东主义者这股异化势力，马克思认为他们“是无产阶级的任何革命运动和政治运动的敌人”[①]。事实证明，的确如此。在第一国际中，蒲鲁东主义者一贯坚决反对开展任何革命和政治运动，但他们对挑起内部政治斗争却总是情有独钟。在连续遭到挫败后，“满脑袋都是蒲鲁东的空洞词句”[②] 的他们仍不甘心、不收手，一年之后又卷土重来了。

1867 年 9 月 2 日至 8 日，第一国际在瑞士洛桑举行第二次代表大会，而此时《资本论》第一卷马上就要出版了[③]，马

---

① 马克思，恩格斯．马克思恩格斯全集：第 16 卷．北京：人民出版社，1964：847.

② 马克思，恩格斯．马克思恩格斯全集：第 31 卷．北京：人民出版社，1972：533.

③ 《资本论》第一卷于 1867 年 9 月 14 日在汉堡出版。

克思正忙着校对书稿的清样，所以此次大会他还是未能参加。在这次大会上，蒲鲁东主义者妄图篡夺第一国际的领导权，同时企图推翻此前大会在一些重大问题上所做的决定。他们积极活动，全力反扑，“不顾总委员会的反对强使代表大会接受了他们的议程：再次讨论了合作问题、妇女劳动问题、教育问题以及许多枝节问题”①，并使大会通过了他们提出的“向工人发放无息贷款和建立合作银行的决议”②。

马克思主义者则就关键性的政治斗争问题在大会上展开讨论，严肃批驳了蒲鲁东主义者反对政治斗争的错误观点，指出无产阶级要获得真正的解放就必须开展政治斗争，并使大会通过了《关于工人阶级的政治斗争》的决议。此外，在马克思主义者的支持下，大会还通过了一项专门决议，即“号召工人学习《资本论》第一卷”③，以此推动马克思主义的传播，进一步扩大马克思主义的阵地和影响力。在领导权方面，大会选出了包括马克思在内的“原先的委员组成总委员会”④，粉碎了蒲鲁东主义者妄图夺取第一国际领导权的阴谋。总体上看，这

---

①④　马克思，恩格斯．马克思恩格斯全集：第16卷．北京：人民出版社，1964：819.

②　王觉非．欧洲历史大辞典：上．上海：上海辞书出版社，2007：574.

③　李征平．马克思恩格斯反对蒲鲁东主义和巴枯宁主义的斗争：纪念第一国际成立100周年．西北师大学报（社会科学版），1964（2）：28.

次第一国际在洛桑召开的第二次代表大会，虽然受到蒲鲁东主义者这股异化势力的猛烈冲击，但在重要事项上坚守住了原则并击退了他们，马克思主义者在这次斗争中取得了胜利。

尽管蒲鲁东主义者持续不断的凶猛攻击都被挫败，但这股异化势力确实严重阻碍了第一国际的革命事业及活动，也彻底暴露了他们作为内部“敌人”的真正面目。因此，尽快彻底消灭这股异化势力，成为第一国际的迫切任务。马克思认为：“这个任务必须在最近一次国际代表大会上完成。”① 为此，在第三次代表大会召开之前，马克思和他的战友们做了富有成效的准备工作，马克思起草了总委员会的年度报告，还提出了关于缩短工作日、关于使用机器等问题的决议草案，为在第三次代表大会上完成这项迫切任务做好了充分的思想及组织准备。

1868 年 9 月 6 日至 13 日，第一国际在布鲁塞尔召开了第三次代表大会，有 99 名代表参加了这次大会，人数明显超过了前两次大会和伦敦会议②。但是，马克思还是未能参加这次大会，原因极有可能又是他的老大难问题——缺钱。

通过马克思与恩格斯的通信，我们可以了解到这段时间马

---

① 马克思，恩格斯．马克思恩格斯全集：第 31 卷．北京：人民出版社，1972：681.

② 第一国际的伦敦会议参会代表为 38 人，在日内瓦召开的第一次代表大会代表为 60 名，在洛桑召开的第二次代表大会代表为 71 人。

克思仍然处于贫困之中，他负债累累、债台高筑，而且其中的大量债务是必须马上归还的，他正在经历一次紧迫且巨大的债务危机。而且，雪上加霜的是，此时劳拉也在病中，一家人窘迫不堪，马克思忙得焦头烂额，正想方设法四处借钱，他根本没钱去布鲁塞尔参加为期八天的大会。

马克思在此次大会正式召开前的 8 月 26 日给恩格斯写了一封信，他在信中讲道："我的处境十分困难。劳拉从你走后就病了，我妻子不得已……借了十英镑来应付紧急开支，因为我们已身无分文了。"① 而在不到半个月之前，他已经无奈地写信向恩格斯求援了。8 月 13 日，马克思写信告诉恩格斯，自己必须尽快支付总计大约二十六英镑左右的钱，其中除了必须还的欠款外，还有 8 月 25 日就到期的十二英镑房租。

恩格斯马上行动起来，8 月 21 日前，他给马克思寄去二十五英镑；一个星期后，28 日又寄给马克思二十英镑，暂时解了这次的燃眉之急。而在此前的 7 月 21 日，他还曾给马克思寄去二十五英镑，仅这一个月的时间就寄给了马克思七十英镑，这在当时是很大一笔钱。但是，即便如此，还是没能堵住马克思债务的大窟窿。9 月的情况甚至比 8 月更糟糕，连恩格斯都撑不住了。9 月 16 日②，恩格斯又给马克思寄去了十英

---

① 马克思，恩格斯．马克思恩格斯全集：第 32 卷．北京：人民出版社，1974：139.

② 9 月 13 日，第一国际第三次代表大会闭幕。

镑，并告诉马克思："你知道，我自己现在相当拮据。"[①] 马克思在回信中无奈地讲道："关于钱的问题，无论如何再不能这样下去了。这使我完全不能工作了。"[②] 这说明这段时间马克思一直是缺钱的，甚至经济上的困难导致他无法工作，他实在无法去布鲁塞尔参加大会。

在 9 月 16 日写给恩格斯的回信中，马克思在短短的一个小段落里便连续两次写道："我目前处境非常困难"[③] "处境特别困难"[④]。这些话语在马克思的信件中非常罕见，而究竟"困难"到何种地步，从他三天后即 9 月 19 日写给恩格斯的信中可了解一二。在这封信中，马克思告诉恩格斯生病的劳拉已经好些了，她打算 10 月初去巴黎，但"这是最伤脑筋的，因为她的内衣还没有备齐"[⑤]。当时的困苦和窘迫难言，可见一斑。在 16 日的信中，马克思还让恩格斯写信给一位叫作波克罕的商人代他借钱。为了能够成功借到钱，马克思还专门嘱咐恩格斯，其言切切："要让他以为你是背着我给他写信的。当然，你应该向他作保，或者更确切地说，应该答应作保。"[⑥] 马克思如此急迫地想方设法四处借钱，说明他当时处在巨大的债务压力之下。

---

① 马克思，恩格斯．马克思恩格斯全集：第 32 卷．北京：人民出版社，1974：140.

②③④⑥ 同①144.

⑤ 同①148.

关于债务的具体情况，马克思在10月4日写给恩格斯的信中透露了出来，他是这样讲的："我用去一百英镑（其中为劳拉用去大约三十五英镑）支付最紧迫的债务，手头只留下一点必要的钱，免得一文不名。我还有将近一百英镑的债务，过几天给你寄去一张债务清单，好让你看到我这里没有任何不必要的开支。"① 可以看出，马克思此时应有近二百英镑的债务，仅最紧迫的债务就高达一百英镑，他真的是债台高筑。而且所有债务里"没有任何不必要的开支"。处于这样巨大的压力下，难怪马克思"完全不能工作"，更别提去布鲁塞尔参加会议了。

但是，即使马克思无法出席大会，也丝毫不影响马克思主义和马克思主义者在布鲁塞尔代表大会上夺取胜利。在这次代表大会上，蒲鲁东主义者提出保存小土地所有制，反对废除土地私有制，这是蒲鲁东主义的意识形态所主张的关键性问题。大会对此和其他一些问题进行了讨论，多数代表都反对蒲鲁东主义者的主张，并"通过了必须把主要生产资料国有化和土地收归国有的决议"②。这是一项饱含马克思主义立场观点的决

---

① 马克思，恩格斯．马克思恩格斯全集：第32卷．北京：人民出版社，1974：165.

② 李征平．马克思恩格斯反对蒲鲁东主义和巴枯宁主义的斗争：纪念第一国际成立100周年．西北师大学报（社会科学版），1964（2）：28.

议，决议指出："无产阶级要获得解放，必须使生产资料转入工人手中"①，要求"必须把铁路、地下资源、矿井和矿山、森林以及耕地转交公共所有"②。这项决议极为重要，说明"蒲鲁东主义者大多数已转到集体主义的立场，它标志着在国际③中无产阶级社会主义对小资产阶级改良主义的胜利"④，意味着蒲鲁东主义的意识形态已被第一国际所摒弃。

此外，大会还通过了马克思在会前提出的关于缩短工作日、关于使用机器等问题的决议。一名叫作弗里德里希·列斯纳的德国代表以德国代表团的名义在大会上提出这样一项议案："我们，布鲁塞尔国际工人代表大会的德国代表，建议所有国家的工人都来学习去年出版的卡·马克思的《资本论》；呼吁协助把这部重要著作翻译成目前还没有翻译出来的各种文字。马克思的功绩是不可估量的，他是经济学家当中对资本和它的组成部分作出科学分析的第一个人。"⑤ 大会一致通过了这项议案。会上，一位名叫莫泽斯·赫斯的代表还于 9 月 11 日"发表了一篇最精彩的反蒲鲁东主义者的演说"⑥，令恩格

---

① 王觉非．欧洲历史大辞典：上．上海：上海辞书出版社，2007：574.

②④ 马克思，恩格斯．马克思恩格斯全集：第 32 卷．北京：人民出版社，1974：735.

③ 指第一国际。

⑤ 同②736.

⑥ 同②143.

斯“很开心”[①]。他在演说中引证马克思在《哲学的贫困》中对蒲鲁东主义的“无息信贷”[②] 论的批判，向蒲鲁东主义者猛烈“开炮”，令当时蒲鲁东主义者的代表人物法国人昂利·路易·托伦非常气愤，以至于他连大会组织的宴会都没有出席。另外，总委员会的原有成员再一次被选举连任，马克思的实际领袖地位得到进一步巩固和加强。所以，在这次布鲁塞尔代表大会上，蒲鲁东主义者这股组织内部最大的异化势力遭到了毁灭性打击，全面溃败。

马克思经过艰难、顽强、不懈的斗争，终于在与这股无产阶级组织内部最大的异化势力的斗争中取得了决定性胜利。这个决定性胜利，既是马克思个人意志和智慧的胜利，也是他无情、彻底的批判的胜利，更是马克思主义和马克思主义者的力量的胜利，革命的马克思主义的真理力量终于完全战胜了蒲鲁东主义伪科学的反动和空想。这确实是个漫长的过程。从 1844 年 7 月马克思和蒲鲁东开始“交战”算起，至第一国际第三次代表大会闭幕，这场斗争共持续了 24 年。从 1847 年 7 月初《哲学的贫困》出版算起，马克思先是在思想理论上彻底击败蒲鲁东，至此时在现实中完全击败以蒲鲁东为代表的这股内部异化势力，从思想理论完胜走到现实力量完胜，一共用了

---

① 马克思，恩格斯．马克思恩格斯全集：第 32 卷．北京：人民出版社，1974：141.

② 同①737.

21 年。可以说，这是马克思主义发展历程中的一次成功实践和重大胜利。

无知的“革命者”

第一国际第三次代表大会闭幕之后，蒲鲁东主义者在组织内部的影响逐渐消失殆尽。1871 年巴黎公社之后，蒲鲁东主义对国际工人运动的影响也基本消失。这股国际工人运动中最大、存在最久的机会主义势力，在国际工人运动实践的检验中败下阵来，被国际工人运动所抛弃。而就在第一国际第三次代表大会闭幕后，另一个组织内部的机会主义派别——以巴枯宁为首的巴枯宁主义者，向马克思和第一国际猛烈袭来，严重威胁着第一国际的团结与安全、国际工人运动的开展和前途命运，马克思立即与其展开了坚决勇猛的斗争。

巴枯宁是一位俄国贵族家庭的长子，他的“父亲是一名俄国伯爵，拥有一大片土地和 500 名农奴。他的母亲出自穆拉维约夫家族——俄国最负盛名的家族之一”①。他比马克思大 4 岁，在性格上和马克思有点像，就是斗志旺盛，从 1845 年他在巴黎时拒绝签署“投降书”而被驱逐这件事上就能看出来。

---

① 加布里埃尔．爱与资本：马克思家事．朱艳辉，译．长沙：湖南人民出版社，2018：53.

但是，他也是虚伪狡诈的。1848 年，他积极参加欧洲革命，后来被捕入狱，1851 年 5 月被沙皇政府从德国引渡回俄国。在狱中，他多次写信给沙皇尼古拉一世投降忏悔，他在信中表现得卑躬屈膝，因而得到了几次减刑。后来，他被流放到西伯利亚，趁机从这里成功出逃，途经日本和美国，于 1861 年回到了欧洲，“此时的巴枯宁在一代代革命者、无政府主义者和更加极端的虚无主义者中间，已经是近乎传奇的人物”①。

巴枯宁和马克思是“老相识”②，但关系时好时坏，友谊的小船起起伏伏、摇摇晃晃，后来船彻底翻了。与马克思和蒲鲁东的相识一样，马克思和巴枯宁也是 1844 年在巴黎认识的。这一年，他们三人在浪漫之都结识，开启了他们各自的激情年代和彼此的精彩故事。但这个故事虽然精彩却毫不浪漫，因为故事的背景是革命，主题是政治，主线是斗争。巴枯宁与蒲鲁东认识后很快成为朋友，相谈甚欢，而马克思却经常与他们爆发争论。后来，巴枯宁曾这样回忆马克思和他在巴黎时的交往情况，他说：“我们经常见面，我敬重他的学识和他对无产阶级事业热情、严肃的投入态度——虽然这可能也与个人的自信心理有关。我非常愿意和他交谈，因为那很有趣，给我启发。

---

① 加布里埃尔．爱与资本：马克思家事．朱艳辉，译．长沙：湖南人民出版社，2018：290.

② 马克思，恩格斯．马克思恩格斯全集：第 32 卷．北京：人民出版社，1974：581.

如果我们的交谈不是因为一些不值一提的埋怨引起的就更好了，但可惜的是经常如此。我们从未做到亲密无间——我们各自的性情决定了这一点。他说我是情绪化的理想主义者，他是对的；我说他自负、失信、狡猾，我也是对的”①。这表明，马克思和巴枯宁一开始就存在分歧且关系不睦。

巴枯宁是在1844年以革命者的面貌来到巴黎的，但这位革命者更加重视行动而不是思想，他认为“革命者需要的是直觉，而非思想”②。从这一点就可以看出他思想中存在重大错误，但是，“他承认自己的思维能力不如马克思”③，而不是像蒲鲁东那样被马克思戳穿后还始终嘴硬。巴枯宁为人阴险狡诈、口蜜腹剑，他“贪求权势”④，喜欢搞阴谋诡计，为达目的不择手段，1870年时马克思称巴枯宁“是一个十足的阴谋家”⑤。不但如此，巴枯宁还能说会道、善于鼓动，曾有人对他的演讲做出过这样的评价：“如果他让自己的听众相互割断对方的喉咙，他们也会很高兴地照做。”⑥ 正因如此，以巴枯宁为首的机会主义派别虽然在无产阶级组织中不是最大的，却是组织内部所有异化势力中最危险的。他们是马克思和第一国

①②③ 加布里埃尔．爱与资本：马克思家事．朱艳辉，译．长沙：湖南人民出版社，2018：53.

④⑤ 马克思，恩格斯．马克思恩格斯全集：第32卷．北京：人民出版社，1974：665.

⑥ NICOLAIEVSKY B，MAENCHEN-HELFEN O. Karl Marx：man and figther. Philadelphia and London：J. B. Lippincott，c1936：285.

际内部最危险的敌人，在第一国际的后期是马克思、恩格斯最主要的斗争对象。

巴枯宁在政治上主张无政府主义，是“无政府主义思想家之一”①，是一名极端的无政府主义者。这看起来与蒲鲁东有很大关联，确实如此，1844 年他们在巴黎认识后，这位“无政府主义的理论创始人”对巴枯宁产生了很大的影响，巴枯宁曾自称是“纯粹的蒲鲁东主义者”②。恩格斯曾在 1871 年 7 月指出：“巴枯宁有他自己的理论，这种理论是由共产主义和蒲鲁东主义的某种混合物构成的；他想把这两种理论合而为一，这说明他对政治经济学完全无知。”③ 就巴枯宁的这种独特理论，恩格斯在 1872 年 1 月 24 日写给第一国际米兰支部的组织者泰奥多尔·库诺的信中进一步指出：“其中最主要的东西就是：他认为应当消除的主要祸害不是资本，就是说，不是由于社会发展而产生的资本家和雇佣工人的阶级对立，而是国家。”④ 对于这一点，巴枯宁在他自己所著的《国家制度和无政府状态》中是这样说的：“我们宣布自己是任何政府权力、国家权力的敌

① 马克思，恩格斯．马克思恩格斯全集：第 6 卷．北京：人民出版社，1961：787.

② 李晓光．马克思恩格斯经典文本批判错误社会思潮的逻辑进路．光明日报，2019-08-26（15）.

③ 马克思，恩格斯．马克思恩格斯全集：第 33 卷．北京：人民出版社，1973：241.

④ 同③390.

人，是一切国家制度的敌人，并且认为，只有当人民自下而上地通过独立的完全自由的联合，没有任何官方的监护，但不是没有某些个人和政党的各种不同的、同样自由的影响而组织起来，由自己创造自己生活的时候，人民才会是幸福和自由的。”①他主张“在24小时内炸毁一切国家，把消灭一切种类的国家和政治权力当作工人运动的首要任务”②。显然，他的思想观点不仅极端，而且非常虚幻，严重脱离了工人运动实践的实际。

除了反对一切国家这个“最主要的东西”，巴枯宁还反对一切政治行动。这一点明显带有蒲鲁东主义的印记，因为蒲鲁东主义“以放弃政治运动作为主要信条”，所以，在这一点上巴枯宁主义和蒲鲁东主义之间存在着师承关系。关于为什么要反对一切政治行动，巴枯宁是这样认为的：既然“一切国家都是坏的，国家按其本性即它的存在的目的的条件来看，是同人类正义、自由和道德直接对立的”③，那么“就不应当做出任何事情来维持国家的生命”④。照此逻辑，维护和支持国家的

---

① 巴枯宁．国家制度和无政府状态．马骧聪，任允正，韩延龙，译．北京：商务印书馆，2013：166.

② 史运．马克思恩格斯反对巴枯宁主义的斗争．复旦大学学报（哲学社会科学），1964（1）：2.

③ 中共中央马克思恩格斯列宁斯大林著作编译局资料室．巴枯宁言论．北京：生活·读书·新知三联书店，1978：131－132.

④ 马克思，恩格斯．马克思恩格斯全集：第33卷．北京：人民出版社，1973：390.

一切行为自然也都是错误和有害的，“因此就应当完全放弃一切政治”①，“完全放弃一切政治行动，其中包括放弃一切选举”②，而正确的、应该去做的事情是“进行宣传，咒骂国家，组织起来，而当一切工人即大多数人都站到自己方面来了的时候，就撤销一切政权机关，废除国家”③。这些实际上是自相矛盾的。“进行宣传，咒骂国家，组织起来”与“撤销一切政权机关，废除国家”，所有这些无疑都在政治的范畴之内，而且都是明显的政治行动。如果真的完全放弃一切政治、完全放弃一切政治行动，那么巴枯宁自己的政治主张及他倡导的这些政治行动当然也是要完全放弃的，而这些又是他在现实中拼命追求并付诸行动的。所以，巴枯宁自己宣称所追求的正是他自己在现实中所反对的，他自己宣称所反对的正是他自己在现实中所追求的。他的自相矛盾的言行和浮夸的说辞，证明了他的这些思想理论不但极端，而且十分虚假。

除了反对一切国家、反对一切政治行动，巴枯宁还反对一切权威。在他对未来理想社会的想象中，“首先是不存在任何权威，因为权威＝国家＝绝对的祸害”④，也不存在“多数对少数的权威”⑤，整个社会是建立在自治基础之上的，每个社

① 马克思，恩格斯．马克思恩格斯全集：第33卷．北京：人民出版社，1973：390-391.

② 同①417.

③④⑤ 同①391.

会成员、社会单位和地区等都各自为政、各行其是。对于巴枯宁如此“高瞻远瞩”的思想，恩格斯用一句话便戳穿了他的虚幻和可笑：“请试试看，在船上废除船员‘所承认的一切权威’!”[①] 此外，巴枯宁还尤其反对继承权，他认为“废除继承权是社会革命的开始”[②]，极力主张废除继承权。关于这一废除继承权的思想，恩格斯评价说这是巴枯宁“自己最喜爱的”[③]。因为在巴枯宁看来，继承权是导致社会不平等的根源，也是造成贫富两极分化的根本原因，只要废除继承权，就能由此消灭不平等、消灭私有制，这是“摆脱一切祸害的出路”[④]。

巴枯宁这些极端的思想理论和主张听起来着实奔放不羁，也确实影响了一些人。但认为“革命者需要的是直觉，而非思想”的巴枯宁，被恩格斯一语揭穿：“所有这些娓娓动听的极端激进和极端革命的词句只是掩盖着思想的极其贫乏和对社会日常生活所处条件的根本无知。”[⑤] 他还无情嘲讽道：“这一切听起来都异常激进，而且简单得五分钟就能背熟”[⑥]。

---

① 马克思，恩格斯．马克思恩格斯全集：第33卷．北京：人民出版社，1973：368－369.

② 马克思，恩格斯．马克思恩格斯全集：第16卷．北京：人民出版社，1964：466.

③ 同①241.

④ 同①242.

⑤ 同①368.

⑥ 同①391.

碾碎“杂拌”

对于巴枯宁的这些言论和主张，马克思当然与恩格斯一样洞若观火，但也有不同之处，就是他对巴枯宁的批判更加无情、更加彻底。在马克思看来，巴枯宁的这套无政府主义言论完全不值一哂，他完全洞察了其实质，所以他都不把巴枯宁的言论称为“理论”。在 1870 年 4 月 19 日写给拉法格的信中，马克思就巴枯宁提出的“进行理论宣传”① 这样指出：“如果考虑到巴枯宁及其信徒在理论上的极端无知，会觉得这是非常可笑的。但是巴枯宁的纲领就是‘理论’”②。可见，马克思认为巴枯宁根本不懂理论，也没有理论，巴枯宁所谓的“理论”，就是他自己提出的纲领，所以马克思专门给“理论”这个词加了双引号。而这一点，也符合巴枯宁自己的观点——“革命者需要的是直觉，而非思想”。

一年半之后，1871 年 11 月 23 日，马克思给第一国际会员、《工人报》编委弗里德里希·波尔特写了一封信。在这封信中，马克思更直接地表明了自己的态度，他称巴枯宁为“这个没有任何理论知识的人”③，并指出：“他的纲领是东一点西

①② 马克思，恩格斯．马克思恩格斯全集：第 32 卷．北京：人民出版社，1974：661.

③ 马克思，恩格斯．马克思恩格斯全集：第 33 卷．北京：人民出版社，1973：333.

一点地草率拼凑起来的杂拌”①，而且具体指出了“杂拌”的内容：“以废除继承权作为社会革命的起点”② 的观点是“圣西门主义者的胡说”③，反对一切政治行动的观点是蒲鲁东主义的。同时，马克思也专门提到了巴枯宁的无神论观点，但不知为何唯独没有指出这一重点观点究竟是谁提出的，留下这个悬疑难免让人疑惑。不过，好在也不是无迹可寻，就在这一年的 7 月 1 日至 3 日，恩格斯写信给一名叫卡洛·卡菲埃罗的第一国际会员，他在信中谈及巴枯宁的意见要求时讲到这样一句话：“无神论和唯物主义（这是巴枯宁自己从我们德国人这里剽窃的）应当是必须遵守的义务”④，显然，这句话部分地回答了这个疑问：巴枯宁的无神论和唯物主义是“我们德国人”的。那么，恩格斯口中的“我们德国人”究竟是谁呢？在那个唯物主义刚诞生不久的时代，德国人中对“无神论和唯物主义”有精深研究，思想成果可以被巴枯宁剽窃作为纲领的，还能有谁呢？如果不是马克思或恩格斯的话，那么只可能是“马克思和恩格斯”了。而马克思在给波尔特的信中故意没有指明巴枯宁纲领中的无神论是他们自己的，有可能是因为他鄙视巴枯宁的“杂拌”，所以也耻于让他和恩格斯的名字出现在这个“杂拌”中，因而故意不说此事。此外，关于巴枯宁所描绘的

①②③ 马克思，恩格斯．马克思恩格斯全集：第 33 卷．北京：人民出版社，1973：333.

④ 同①242.

无政府状态，“马克思和恩格斯”还辛辣地嘲讽道：“这就是他们[①]的只从各种社会主义体系中剽窃了一些标签的导师巴枯宁的战马。”[②]

虽然非常鄙视巴枯宁的“杂拌”，但“从巴枯宁搬出目前这种无政府主义谬论的第一天起，马克思就不断与之作斗争……国际工人协会的全部内部历史就说明了这一点”[③]。马克思“根据工人运动的实践一一检验”了巴枯宁的纲领，用无情、彻底的批判将他的谬论连根掀起、撕得粉碎，同时顺便揭露了他的真面目。

在 1870 年 4 月 19 日写给拉法格的信中，马克思将巴枯宁的“杂拌”归纳总结为三点：废除继承权；各阶级的平等；工人阶级不应当从事政治。马克思对这三点逐一进行了无情和彻底的批判。对于“废除继承权”，马克思指出：“这是圣西门派的旧废物，骗子手和无知之徒巴枯宁充当了这种废物的责任出版者……这种理论完全是以陈旧的唯心主义观点为依据的……至于巴枯宁，他只是想炮制他自己的纲领。如此而已。”[④] 对

① “他们”指巴枯宁主义者。

② 马克思，恩格斯．马克思恩格斯全集：第 18 卷．北京：人民出版社，1964：53.

③ 马克思，恩格斯．马克思恩格斯全集：第 19 卷．北京：人民出版社，1963：385.

④ 马克思，恩格斯．马克思恩格斯全集：第 32 卷．北京：人民出版社，1974：661－662.

于“各阶级的平等”，马克思直接戳穿了巴枯宁荒唐可笑的谎言：“一方面要保留现存的阶级，另一方面又要使这些阶级的成员平等——这种不可容忍的荒谬见解一下子就表明这个家伙的可耻的无知和浅薄，而他却认为自己的‘特殊使命’是在‘理论’上开导我们。”① 对于“工人阶级不应当从事政治”，马克思一针见血地指出：“这头蠢驴甚至不了解，一切阶级运动本身必然是而且从来就是政治运动。”② 最后，马克思嘲讽地总结道：“先知巴枯宁，这个没有可兰经的先知的全部理论知识就是这样。”③

在此之后，马克思还专门撰文对巴枯宁的“杂拌”展开进一步的、更加深刻的批判和清算。1872 年 12 月至 1873 年 1 月，马克思写下了有名的《政治冷淡主义》，以辛辣、嘲讽的口吻继续展开无情、彻底的批判，在嬉笑怒骂间将巴枯宁的谬论批判得千疮百孔。如对于巴枯宁反对一切政治行动的观点，马克思在文中嘲讽道：“工人阶级应该像一群饱食的绵羊那样，温顺有礼；不去打扰政府，要害怕警察当局，尊重法律，毫无怨言地充当炮灰。”④ 然后，他进一步结合巴枯宁废除国家的观点，毫不留情地进行了辛辣入骨的批判和讽

①②③ 马克思，恩格斯．马克思恩格斯全集：第 32 卷．北京：人民出版社，1974：662.

④ 马克思，恩格斯．马克思恩格斯全集：第 18 卷．北京：人民出版社，1964：335.

刺："在日常的实际生活中，工人应该成为国家的最忠顺的奴仆，但是在内心中他们应该坚决反对国家的存在，并通过购买和阅读有关消灭国家的文献来证明自己在理论上对国家的极端蔑视；除了高谈阔论将没有资本主义制度存在的未来社会以外，他们无论如何不应该对这种可恶的制度进行别的反抗！"①

在完成《政治冷淡主义》之后，马克思并没有停下对巴枯宁批判的脚步，也不可能停住，只要他的思想不停止，他的批判当然也不会停止。而这也意味着，当有新的存在出现时，新的斗争也必然随之出现。

就在 1873 年，巴枯宁在日内瓦出版了他的重要著作《国家制度和无政府状态》，继续鼓吹他的谬论，这部书"被许多巴枯宁主义团体奉为纲领性的著作"②。这个新的存在问世后不久，马克思新的斗争必然地出现了。他在 1874 年至 1875 年初专门写下了《巴枯宁〈国家制度和无政府状态〉一书摘要》。这是"一部独特的批判性和论战性著作"③，在继续无情、彻底地批判巴枯宁的同时，也"深刻地批判了各种无政府主义的学说并且发展了与之相对立的科学共产主义的许多极其重要的原理"④。马克思在他的这部独特著作中，对巴枯宁在《国家

① 马克思，恩格斯．马克思恩格斯全集：第 18 卷．北京：人民出版社，1964：335.

②③④ 同①829.

制度和无政府状态》中所表达的观点的批判不但无情和彻底，而且非常细致，再一次揭露了巴枯宁“骗子手和无知之徒”的真面目。比如，对于巴枯宁的社会革命观点，马克思指出：“想得真妙，工人的统治竟包括对农业劳动的奴役！但是这里恰好暴露了巴枯宁先生内心深处的思想。他根本不懂得什么是社会革命，只知道关于社会革命的政治词句。在他看来，社会革命的经济条件是不存在的……他的社会革命的基础是意志，而不是经济条件。”① 其中，“他的社会革命的基础是意志”这个结论与巴枯宁自己所认为的“革命者需要的是直觉”高度吻合，充分证明了马克思批判的正确性。在这本书中，马克思继续嘲讽了这位无知且不甘心的“辩友”，如“对于巴枯宁说来，主要的是‘均等化’，例如要把整个欧洲均等到斯洛伐克的卖捕鼠器的人的水平……”②，“巴枯宁先生仅仅是把蒲鲁东和施蒂纳的无政府状态翻译成野蛮的鞑靼方言罢了”③，等等。

“病毒”侵入

其实，马克思非常清楚巴枯宁这位“辩友”为何在屡屡遭

---

① 马克思，恩格斯．马克思恩格斯全集：第18卷．北京：人民出版社，1964：695-696.

② 同①682.

③ 同①701.

到他无情、彻底的批判和辛辣入骨的嘲讽之后，仍一直喋喋不休地论战和鼓吹他的“杂拌”，除了因为巴枯宁有旺盛的斗志外，更重要的原因是巴枯宁阴暗的为人之道。作为“老相识”，马克思非常了解巴枯宁，清楚他的个性，在 1871 年 11 月 23 日写给波尔特的信中，马克思就一语道破了其中原委：“对巴枯宁先生来说，学说（从蒲鲁东、圣西门等人那里乞取而拼凑成的废话）过去和现在都是次要的东西——仅仅是抬高他个人的手段。如果说他在理论上一窍不通，那末他在干阴谋勾当方面却是颇为能干的。”① 确实如此，对于巴枯宁来说，剽窃别人的思想成果也好，论战也好，成败输赢对他来说都不是最重要的，只要能够抬高自己就好，这是他一直的目的，而其他都是为此服务的手段而已，都是次要的。作为“一个十足的阴谋家”，这些手段对他而言只是雕虫小技而已，“在干阴谋勾当方面”他的本领确实让人“刮目相看”，以至于马克思都“赞叹”他“颇为能干”。在 1869 年 12 月 17 日写给恩格斯的信中，马克思曾这样评价巴枯宁搞阴谋勾当的破坏力：他“钻到哪儿，哪儿遭殃”②。对于巴枯宁的阴谋勾当，马克思当然毫不退让，并与其进行了坚决顽强的斗争，展开了一场革命家与阴谋家的

---

① 马克思，恩格斯．马克思恩格斯全集：第 33 卷．北京：人民出版社，1973：333.

② 马克思，恩格斯．马克思恩格斯全集：第 32 卷．北京：人民出版社，1974：407.

激烈较量，以强有力的斗争和马克思主义真理的力量击退了巴枯宁的阴谋诡计和凶狠进攻，捍卫了第一国际和国际工人运动。

马克思与巴枯宁在现实中的激烈斗争开始于1868年年底，这是一场革命家与阴谋家之间的针锋相对的激烈斗争。在1868年9月第一国际布鲁塞尔代表大会完败蒲鲁东之后不久，巴枯宁马上就有蓄谋地向第一国际发动了凶狠的袭击。“十足的阴谋家”开始了他在现实中的阴谋行动，他的目标非常明确，就是要篡夺第一国际的领导权。而巴枯宁为什么在这个时间开始实施他的阴谋，则要从第一国际刚刚成立时讲起。

1864年9月28日，第一国际在伦敦成立。一个月之后的11月3日，马克思与巴枯宁在伦敦会面，接受他加入第一国际，“巴枯宁答应不懈怠地为协会工作”①。第二天，即11月4日，巴枯宁去了意大利佛罗伦萨，马克思还专门给他寄去了《国际工人协会成立宣言》和《协会临时章程》，之后收到了巴枯宁“非常热情的”② 回信。看起来，巴枯宁满怀热忱地要为第一国际贡献力量了，但是，此后他不但没有做任何事情，反而像人间蒸发了一样杳无音信。几年后，他出现在瑞士，并在那里加入了一个叫作“和平和自由同盟”的资产阶级和平主义

①② 马克思，恩格斯．马克思恩格斯全集：第16卷．北京：人民出版社，1964：465.

的组织。1868 年 9 月 21 日至 25 日，和平和自由同盟在瑞士伯尔尼召开第二次代表大会，巴枯宁在这个会议上提出了一系列荒谬的决议案，“其目的是以夸张的激进主义激起资产阶级蠢货们的恐惧”①。他的决议案被大多数人否决，之后“他吵吵嚷嚷地退出了同盟，并煞有介事地在欧洲报刊上宣布了这一巨大事件”②。

在退出和平和自由同盟之后，巴枯宁很快便加入了第一国际的日内瓦罗曼语区支部，“他费了几年的时间才下定决心走这一步”③，而他“走这一步”的目的，则是要篡夺第一国际的领导权。此时，他显得迫不及待。“不消几天工夫，巴枯宁先生就决定要完成国际中的变革并把它变为自己的工具。”④1868 年 10 月 28 日，他背着第一国际总委员会，在日内瓦成立了一个由他领导的无政府主义者宗派组织——社会主义民主同盟，作为“专门的工具”⑤来实现他篡权的阴谋。从这一时刻起，他的阴谋正式付诸实施了。

巴枯宁成立的社会主义民主同盟是一个国际性组织，“其中包括他早先创建的阴谋家的秘密联盟；同盟在意大利、西班

①② 马克思，恩格斯．马克思恩格斯全集：第 32 卷．北京：人民出版社，1974：661.

③④ 马克思，恩格斯．马克思恩格斯全集：第 16 卷．北京：人民出版社，1964：466.

⑤ 马克思，恩格斯．马克思恩格斯全集：第 18 卷．北京：人民出版社，1964：11.

牙、瑞士等国家的工业不发达的地区和法国南部都有自己的支部"[①]，也有自己的代表大会并单独开会。巴枯宁不但背着总委员会成立了这个组织，还背着总委员会把这个组织的纲领[②]寄往第一国际在巴黎、布鲁塞尔等地的支部，甚至还派遣了特使。巴枯宁的如意算盘是：让社会主义民主同盟打入第一国际，成为其一个不可分割的支部，但同时仍是完全由他领导的独立的国际性组织，即使"'国际同盟[③]完全溶化在国际工人协会中'，但同时又完全成立于该协会之外"[④]。在第一国际中打入一个由他担任"国王"的独立的"国中之国"[⑤]，然后通过这个"国中之国"开展各种篡权、分裂或破坏活动，最终将总委员会控制到他的手中，"用他的个人独裁来代替总委员会"[⑥]，从而实现篡夺第一国际领导权并使其成为他个人工具的妄想。

---

① 马克思，恩格斯．马克思恩格斯全集：第21卷．北京：人民出版社，1965：679.

② 社会主义民主同盟的纲领同第一国际的纲领是相悖的，马克思称他们的纲领"只不过是一种无耻的把戏"。

③ 马克思语，指社会主义民主同盟。

④ 马克思，恩格斯．马克思恩格斯全集：第16卷．北京：人民出版社，1964：382.

⑤ 马克思，恩格斯．马克思恩格斯全集：第32卷．北京：人民出版社，1974：663.

⑥ 马克思，恩格斯．马克思恩格斯全集：第18卷．北京：人民出版社，1964：11.

这个计划确实够阴毒，简直和病毒侵入并杀死细胞的基本过程相同：病毒首先通过欺骗等手段突破细胞表面，钻入细胞内部，然后进攻细胞核，将自己的DNA注入细胞核中，使细胞核成为病毒复制和转录的温巢，最终细胞核破裂，细胞裂解，病毒则自我复制成一支大军继续去入侵其他细胞。非常明显，如果将第一国际比作一个细胞，那么总委员会毫无疑问就是细胞核，而巴枯宁和他的社会主义民主同盟就是要攻击第一国际的“病毒”。在搞阴谋勾当方面，“颇为能干的”“十足的阴谋家”巴枯宁，确实不负马克思的“夸赞”。

在巴枯宁自认为做好了侵入的准备，社会主义民主同盟成为既成事实之后，这位“十足的阴谋家”便立即开始实施他的下一步计划了。1868年11月29日，社会主义民主同盟的纲领和章程寄给了总委员会，要求总委员会予以批准，使其加入第一国际。巴枯宁为此所找的借口是，想通过社会主义民主同盟这个组织达到“进行理论宣传”这一专门目的。

如此自欺欺人的借口怎么可能骗得过马克思，他一眼就识破了巴枯宁的阴毒图谋。在1869年2月15日写给劳拉夫妇的信中，马克思直言：“实际上这个计划如果再加上狡猾的手腕就会把我们的协会置于俄国人巴枯宁的领导和最高控制之下。”① 所

① 马克思，恩格斯．马克思恩格斯全集：第32卷．北京：人民出版社，1974：581.

以，马克思在与恩格斯交换意见后，于 1868 年 12 月 22 日以通告信的形式写了一份回复草案：《国际工人协会和社会主义民主同盟》，彻底揭露了巴枯宁的阴毒计谋，并得到了总委员会的一致赞同，“稍加修改后被一致通过”①。之后，这封通告信被寄到日内瓦的社会主义民主同盟，明确拒绝其加入第一国际，还作为机密通知发给了第一国际的所有支部。

在这封通告信中，马克思犀利指出：“既在国际工人协会之内，又在该协会之外进行活动的第二个国际性组织的存在，必将使协会陷于瓦解；任何地方的任何别的一伙人都可以仿效日内瓦发起小组的做法，以各种冠冕堂皇的借口把负有别的‘特殊使命’的其他国际性协会引到国际工人协会里来；这样，国际工人协会很快就会变成任何一个种族和民族的阴谋家手中的玩物”②。这些犀利的言辞揭穿了巴枯宁的阴谋诡计，有力地防范了社会主义民主同盟对第一国际的“侵入”。

但是，诡计多端的巴枯宁接着使出了欺骗的手段：他假意服从总委员会的决定，社会主义民主同盟在名义上解散了，但实际上转入了“地下”，变成一个仍由巴枯宁领导的秘密团体。这是“一个戴着最极端的无政府主义的假面具的，目的是要打

---

① 马克思，恩格斯．马克思恩格斯全集：第 32 卷．北京：人民出版社，1974：749.

② 马克思，恩格斯．马克思恩格斯全集：第 16 卷．北京：人民出版社，1964：383.

击那些不接受它的教条和领导的革命者而不是要打击各国现存政府的团体”①，其“打着国际的日内瓦支部的幌子使同盟混入国际”②，“继续作为国中之国而存在。它的支部同总委员会没有任何关系，而只是进行反对总委员会的阴谋活动”③，阴险狡诈的“病毒”终于通过欺骗的手段悄悄钻入了“细胞”。成功钻入第一国际之后，“病毒”便积极开始了疯狂的攻击和分裂活动，“力图把总委员会掌握在自己手里，从而使国际工人运动听从自己的指挥”④。他们的活动是如此的疯狂且毫无底线，以至于恩格斯称他们为：“丧失理智的、卑鄙龌龊的分子的中坚——巴枯宁主义者”⑤。

那么，巴枯宁领导这个秘密团体到底做了些什么呢？“用它自己的原话来说就是，在我们的队伍⑥中挑起了一场公开的战争。”⑦在思想上，“病毒”“横蛮无礼地用它自己的宗派主义纲领和自己的陕隘思想来偷换我们协会⑧的广泛的纲领和伟大

---

①⑦ 马克思，恩格斯．马克思恩格斯全集：第18卷．北京：人民出版社，1964：371.

②④ 马克思，恩格斯．马克思恩格斯全集：第21卷．北京：人民出版社，1965：679.

③ 马克思，恩格斯．马克思恩格斯全集：第32卷．北京：人民出版社，1974：663.

⑤ 马克思，恩格斯．马克思恩格斯全集：第19卷．北京：人民出版社，1963：121.

⑥ 指第一国际。

⑧ 马克思语，指第一国际。

的意向”[①]。在组织上，“它在国际各个公开存在的支部内部组织自己的秘密的小支部，这些秘密小支部服从统一的命令，因此往往能通过事先商妥的一致行动来操纵国际的支部；它在自己的报纸上公开攻击一切不愿意屈从它的意志的人”[②]。在行动上，“这个团体为了达到自己的目的，不择任何手段，不顾任何信义；造谣、诬蔑、恫吓、暗杀——所有这一切同样都是它惯用的伎俩”[③]。在俄国，这个秘密团体甚至“完全窃取了国际的地位，并且在国际的名义的掩饰下犯刑事罪，进行诈骗、谋杀”[④]。如此恶行，竟要由第一国际来背负骂名、承担责任！其手段非常阴险。

而这些，还不是“病毒”的重点，“细胞核”才是它的真正目标和重点攻击对象。巴枯宁和他的秘密团体挑起“战争”的目的，就是要彻底控制总委员会，篡夺第一国际的领导权，“把国际变为他私人的工具”[⑤]。为此，“巴枯宁做好了一切准备，企图在巴塞尔代表大会[⑥]上进行决定性的袭击”[⑦]。一方

---

①②③④ 马克思，恩格斯．马克思恩格斯全集：第18卷．北京：人民出版社，1964：371.

⑤ 马克思，恩格斯．马克思恩格斯全集：第16卷．北京：人民出版社，1964：468.

⑥ 即第一国际第四次代表大会，1869年9月6日至11日在瑞士巴塞尔举行。

⑦ 马克思，恩格斯．马克思恩格斯全集：第32卷．北京：人民出版社，1974：663.

面，他力图使总委员会从伦敦迁往日内瓦，这完全就是“司马昭之心，路人皆知”，妄图把总委员会置于他的“势力范围”之下从而控制或毁灭总委员会，实现他对第一国际的独裁领导。另一方面，他唆使其所在的日内瓦罗曼语区委员会提出他“最喜爱的”继承权问题，要求列入大会议程。这可以说是对马克思和总委员会的公开挑战，这是因为，在是否要废除继承权这一问题上，马克思和总委员会的观点与他不同是众所周知的，如果大会采纳了他的观点，那么“所有的人都会看到，不是巴枯宁转向了国际，而是国际转向了巴枯宁”①，总委员会就“应当退休”② 了。此外，巴枯宁还到处搞阴谋诡计和造谣污蔑，比如造谣说总委员会被资产阶级分子所把持、总委员会是权威主义的共产主义巢穴等，不遗余力地破坏马克思和总委员会的威信。为了能够在巴塞尔代表大会上获得多数资格，确保自己的阴谋能够得逞，巴枯宁还特意伪造了不少代表资格证，并且确实达到了代表名额占多数的目的，真可谓处心积虑。

这样的“病毒”和“战争”使第一国际遭到了严重冲击，马克思在 1870 年 4 月 19 日写给拉法格的信中曾这样说道：“我们的协会由于这个钻进来的秘密团体而势必会逐渐变成俄

①② 马克思，恩格斯．马克思恩格斯全集：第 16 卷．北京：人民出版社，1964：468.

国人巴枯宁的工具。”①

大战“病毒”

当然，马克思是绝不会放任这种事情发生的。虽然“十足的阴谋家”足够阴毒狡诈而且来势汹汹，但智慧的革命家也足够坚强有力。马克思和总委员会接受了他们的公开挑战，“为的是给巴枯宁来一个迎头痛击”②。为了在巴塞尔代表大会上做到这一点、夺取胜利，马克思做了大量的准备工作。1869年7月到9月初，他一直在总委员会③为大会顺利召开而忙碌，虽然他没有参加这次大会，但“最积极地参加了它的准备工作”④。他精心安排了大会议程，并在总委员会的会议上“不止一次地发言说明大会议事日程上的一些问题”⑤；还讨论了很多大会需要解决的具体问题，如7月6日讨论了土地问题，7月20日讨论了继承权问题，8月10日和17日讨论了普

---

① 马克思，恩格斯．马克思恩格斯全集：第32卷．北京：人民出版社，1974：661.

② 马克思，恩格斯．马克思恩格斯全集：第16卷．北京：人民出版社，1964：468.

③ 总委员会设在伦敦。马克思自1849年8月26日左右被法国政府驱逐来到伦敦后，便定居在此。

④ 同①761.

⑤ 同①765.

及教育问题，等等。其中，在重要的废除继承权这一问题上，马克思还专门开展了辩论，并明确表示："无论是从理论上还是从策略上考虑，他都反对巴枯宁的这一口号。"① 马克思还亲手起草并提请总委员会通过了《总委员会关于继承权的报告》，起草了《总委员会向国际工人协会第四次年度代表大会的报告》、关于教育问题和继承权问题的决议②，此外还做了大量其他工作。

经过精心的准备，马克思看起来对战胜"病毒"充满信心、成竹在胸。因为这位革命家心里非常清楚，"要对付这一切阴谋诡计，只有一个办法，然而是具有毁灭性力量的办法，这就是把它彻底公开。把这些阴谋诡计彻头彻尾地加以揭穿，就是使它们失去任何力量"③。马克思就是这样做的，这也是马克思在现实中与以巴枯宁为首的组织内部的异化势力进行斗争的总方针。

在巴塞尔代表大会上，巴枯宁提出的将总委员会"迁都"日内瓦的建议没有被采纳，总委员会依然留在伦敦；在巴枯宁为首的异化势力极力主张的废除继承权问题上，马克思主义者

---

① 马克思，恩格斯．马克思恩格斯全集：第16卷．北京：人民出版社，1964：866.

② 马克思，恩格斯．马克思恩格斯全集：第32卷．北京：人民出版社，1974：765.

③ 马克思，恩格斯．马克思恩格斯全集：第18卷．北京：人民出版社，1964：372.

与这股异化势力“发生了第一次公开的争论”①，大会没有采纳巴枯宁为首的异化势力的建议，“巴枯宁想把自己的主张强加给国际的企图遭到了破产”②。后来在1872年的第一季度，马克思和恩格斯这样回忆了巴塞尔代表大会的情况：“虽然巴枯宁的信徒采取了龌龊的手段，采取了除了这次而外在国际的历次代表大会上从未有过的手段，但是巴枯宁的打算还是落空了”③。巴枯宁既没能篡夺第一国际的领导权，也没能让大会通过他自己“最喜爱的”继承权问题，马克思、马克思主义和马克思主义者们赢得了胜利。马克思对此感到满意，大会闭幕两周后的9月25日，马克思在写给劳拉的信中曾这样讲道：“我很高兴，巴塞尔代表大会闭幕了，而且会开得还比较好。”④

在巴塞尔代表大会上篡权碰壁之后，巴枯宁并没有罢手，继续在第一国际内部进行破坏活动，并“改变了自己的策略，转而公开向总委员会开火”⑤。马克思在1871年11月9日写

---

① 马克思，恩格斯．马克思恩格斯全集：第16卷．北京：人民出版社，1964：778.

② 马克思，恩格斯．马克思恩格斯全集：第33卷．北京：人民出版社，1973：695.

③ 马克思，恩格斯．马克思恩格斯全集：第18卷．北京：人民出版社，1964：15.

④ 马克思，恩格斯．马克思恩格斯全集：第32卷．北京：人民出版社，1974：620.

⑤ 同①783.

给他的朋友和战友弗里德里希·阿道夫·左尔格的信中讲道："他们攻击的对象，不是那些联合起来反对我们的欧洲各国政府和统治阶级，而是伦敦的总委员会，特别是鄙人。"①

从1869年11月开始，巴枯宁就"把自己装扮成真正无产阶级精神的保护者"②，伙同其支持者利用他们自己创办的《进步报》《团结报》，还有被他们实际控制的第一国际罗曼语区联合会委员会的机关报《平等报》，公开向总委员会猛烈"开火"，并大力宣扬巴枯宁的"杂拌"。比如，《平等报》在巴枯宁的唆使下，在1869年11月6日第42号报纸上发表社论，公开"指责总委员会违反了关于出版各国工人状况的通报的条例的第二、三条"③；在11月13日第43号报纸上再次发表社论，建议第一国际成立一个新的、承担领导职能的联合会委员会；在11月28日第45号报纸的社论中鼓吹放弃政治，还引用了被歪曲的《国际工人协会共同章程》中的内容；在12月11日的报纸上发表了一篇题为《思考》的社论，对马克思提出的《总委员会关于不列颠政府对被囚禁的爱尔兰人的政策的决议草案》进行评论，"激烈攻击总委员会在爱尔兰问题上的

① 马克思，恩格斯．马克思恩格斯全集：第33卷．北京：人民出版社，1973：321.

② 马克思，恩格斯．马克思恩格斯全集：第32卷．北京：人民出版社，1974：405.

③ 同②779.

立场”[①]。不仅如此，他们还“以进一步采取行动相威胁”[②]。同时，《进步报》“对总委员会也进行了类似的攻击”[③]。

除了在报纸上发动公开的猛烈攻击，巴枯宁当然也没有忘记他一贯“出色”的本领：造谣污蔑。他精心编造了一个恶毒的谣言，诽谤马克思“是俾斯麦的代理人”[④]，并指使人四处散布。例如在1870年8月2日晚上，第一国际在伦敦的法国人支部召开全体会议，会议中甚至有人公开宣称俾斯麦已经给了马克思二十五万法郎[⑤]。

面对这股凶狠恶毒的内部异化势力及其疯狂的进攻，马克思、恩格斯和总委员会毫不畏惧、毫不退缩，坚决应战，与其顽强斗争。马克思深知，唯一的、也是“具有毁灭性力量的”办法就是将巴枯宁“十足的阴谋家”的真实面目和他的“阴谋诡计彻头彻尾地加以揭穿”[⑥]，使其彻底暴露在真相和真理之下，这样，不管巴枯宁及其支持者如何兴风作浪、

---

①③ 马克思，恩格斯．马克思恩格斯全集：第32卷．北京：人民出版社，1974：779.

② 同①422.

④ 马克思，恩格斯．马克思恩格斯全集：第33卷．北京：人民出版社，1973：30.

⑤ 二十五万法郎在当时约合一万英镑。恩格斯在1871年4月5日写的一封信中提到“一百五十英镑，约合三千七百五十法郎”，照此计算，二十五万法郎约合一万英镑。

⑥ 马克思，恩格斯．马克思恩格斯全集：第18卷．北京：人民出版社，1964：372.

凶狠袭击，都无法摆脱失败的命运。在与以巴枯宁为首的这股组织内部异化势力的斗争中，马克思始终坚持这一点，始终坚持他的总方针，不断地揭露、批判，猛烈回击阴谋家的卑鄙进攻。

针对巴枯宁唆使《平等报》和《进步报》发动的猛烈攻击，总委员会在 1869 年 12 月 14 日召开会议进行了讨论，并委托马克思撰文回应。在 1870 年 1 月 1 日左右，马克思完成了一封长长的通告信——《总委员会致瑞士罗曼语区联合会委员会》，对《平等报》和《进步报》提出的种种质问进行了详细的解释、科学的驳斥以及无情和彻底的批判。如对于成立新联合会委员会的建议，马克思一针见血地指出："如果在总委员会之外成立一个联合会委员会，那会产生什么样的直接后果呢？……它就不会享有任何威信。"①

总委员会批准了这封通告信，除了将其发给罗曼语区联合会委员会外，还分发给了第一国际的各个支部，将事情的真相及马克思主义的真理向第一国际成员公布，强有力地回击了巴枯宁主义者。而罗曼语区联合会委员会早在收到这封通告信之前，其机关报《平等报》的一些编辑已经主动"起来反对巴枯宁所强加的方针了"②。罗曼语区联合会委员会坚定地支持了

---

① 马克思，恩格斯．马克思恩格斯全集：第 16 卷．北京：人民出版社，1964：438.

② 同①477.

这些编辑，与巴枯宁分子进行了坚决斗争，他们“改组了编辑部，撤销了巴枯宁主义者的职务”①，使《平等报》“开始拥护总委员会的路线”②。后来，罗曼语区联合会委员会在给总委员会的回信中特别说明：“‘平等报’攻击总委员会是违反它的意志的，它从来没有赞同该报所鼓吹的政策，现在该报的编辑工作是在委员会的严格监督之下，等等。”③ 这充分表明：公道自在人心。巴枯宁的阴谋诡计虽然能够在一时一地得逞，但阴谋和谬论绝不可能打败正义和科学，在强大的革命家马克思和马克思主义的真理面前，巴枯宁主义者必然会败下阵来。

虽然巴枯宁在与马克思的斗争中屡遭挫败，但他确实斗志旺盛，颇有一股不达目的誓不罢休的顽固劲头。他不停地在第一国际内部搞分裂，搞破坏，散布他的无政府主义谬论，不遗余力地在内部攻击第一国际。看起来，这位“十足的阴谋家”如果不能实现他把第一国际据为己有的企图，那他就一定要用阴谋把第一国际搞垮。正如恩格斯对此所指出的：“在工人阶级斗争的历史中，我们第一次在工人阶级内部遇到了一个目的不是要摧毁现存的剥削制度，而是要摧毁为反对这种制度而进

①② 马克思，恩格斯．马克思恩格斯全集：第33卷．北京：人民出版社，1973：911.

③ 马克思，恩格斯．马克思恩格斯全集：第16卷．北京：人民出版社，1964：477-478.

行最坚毅斗争的协会本身的秘密阴谋。”①

但是，正如黑暗无法战胜光明，阴谋也无法战胜真相，谬论更无法战胜真理，“十足的阴谋家”终究是无法战胜智慧的革命家的。尽管巴枯宁不停地兴风作浪，但马克思始终坚持他正确的斗争总方针，彻头彻尾地揭穿了巴枯宁的阴谋诡计，不断地“揭露它是力图分裂工人运动并使其离开独立发展道路的敌视工人运动的宗派”②。这使得聚拢在马克思一边的革命者越来越多，马克思主义者和正义的力量越来越强大。以巴枯宁为首的组织内部异化势力虽然气焰嚣张，但在马克思坚决有力的打击下，节节败退。

1871年9月17日至23日，第一国际在伦敦举行代表会议，由于此时巴黎公社刚刚失败不久，这次会议不得不在秘密状态下举行，马克思和恩格斯都出席了这次会议。在这次会议上，“马克思和恩格斯”把“揭露巴枯宁派的活动和他们所宣传的那种对工人运动起瓦解和离间作用的思想”③ 作为首要任务，揭露了巴枯宁主义者开展分裂活动和违背第一国际章程的事实，并冲破巴枯宁主义者的阻挠，严厉批判了他们鼓吹放弃

---

① 马克思，恩格斯．马克思恩格斯全集：第18卷．北京：人民出版社，1964：158.

② 马克思，恩格斯．马克思恩格斯全集：第21卷．北京：人民出版社，1965：679.

③ 马克思，恩格斯．马克思恩格斯全集：第17卷．北京：人民出版社，1963：782.

政治的主张。恩格斯明确指出：“向工人鼓吹放弃政治，就等于把他们推入资产阶级政治的怀抱。特别是在巴黎公社已经把无产阶级的政治行动提到日程上来以后，放弃政治是根本不可能的。”① 这次会议通过了马克思提出的决议案，对第一国际内部组织的名称进行了规范，规定“所有分部、支部和小组，今后不得再用宗派名称”②，直接打击了巴枯宁主义者的宗派主义活动。此外，这次会议还“把 1869 年巴塞尔代表大会关于加强总委员会权力的决议列入章程和条例”③，再一次沉重打击了巴枯宁主义者这股异化势力。

尽管再次被马克思挫败，但以巴枯宁为首的这股凶狠卑鄙的内部异化势力仍不甘心、不罢手，他们十分恼火，很不服气，进行了十分疯狂的反扑。在这次伦敦会议结束之后，“巴枯宁分子的敌对活动特别加强了”④。但实际上，此时这股异化势力不管如何凶狠、卑鄙，在马克思的坚决回击下，都只能是困兽犹斗罢了。1871 年 11 月 12 日，16 名主要是巴枯宁主义者的第一国际瑞士汝拉联合会成员，在瑞士的桑维耳

---

① 马克思，恩格斯．马克思恩格斯全集：第 17 卷．北京：人民出版社，1963：449.

② 同①451.

③ 王觉非．欧洲历史大辞典：上．上海：上海辞书出版社，2007：575.

④ 马克思，恩格斯．马克思恩格斯全集：第 18 卷．北京：人民出版社，1964：745.

耶召开代表大会。他们制定并通过了一个通告，公开反对伦敦代表会议通过的决议，并把这个通告发给了第一国际所有支部。可以说，这是在第一国际内部明火执仗地开展分裂活动，公开对总委员会发动疯狂进攻。通告发布之后，巴枯宁主义者还利用这个通告在意大利专门发起了“反对总委员会和伦敦代表会议决议的诽谤运动”①，恶狠狠地向马克思和总委员会袭来。

面对巴枯宁主义者的疯狂反扑和分裂行为，第一国际的很多支部纷纷站出来批评这份通告，维护总委员会和马克思，“德国、英国、荷兰、美国的支部以及意大利的米兰支部，都批驳了桑维耳耶通告”②，甚至西班牙的一些受到巴枯宁影响的支部也没有公开表示同意这一通告。第一国际的许多机关报也站出来明确反对这份通告，如西班牙的《解放报》在 11 月 27 日发表了一篇反对此通告的文章，《平等报》在 12 月 24 日“发表了罗曼语区联合会委员会关于谴责通告企图分裂国际工人协会的决定”③。恩格斯也专门写了一篇文章《桑维耳耶代表大会和国际》，于 1872 年 1 月 10 日发表在了德国工人运动中的著名报纸《人民国家报》上，对这股凶狠的内部异化势力进行了严厉的谴责、有力的驳斥和深刻的批判。他在文章中揭露了

①②③ 马克思，恩格斯．马克思恩格斯全集：第 17 卷．北京：人民出版社，1963：799.

"通告的分裂性质，指出巴枯宁派的无政府主义理论和他们的反对一切集中、权威和党纪的言论是站不住脚的和具有危害性的"①。此次，在国际内部马克思主义者的联合打击下，这股内部异化势力的疯狂反扑很快被粉碎了。

清除"病毒"

马克思和恩格斯乘胜追击，"重拳"连出，连续重创以巴枯宁为首的这股内部异化势力，智慧的革命家与"十足的阴谋家"之间的最后决战开始了。

1872 年 1 月，"马克思和恩格斯"开始着手撰写一篇重要通告——《所谓国际内部的分裂》，这篇通告是专门针对这股凶狠卑鄙的内部异化势力而写的。为此"他"专门搜集了巴枯宁主义者"反对总委员会的阴谋及其在各国进行的破坏活动的材料"②，并写了很长时间，从 1 月一直写到 3 月初。3 月 5 日，总委员会全体委员签署了这篇长长的通告。5 月底，这篇通告被印刷为单行本，被分发给第一国际的所有联合会。这篇重磅通告，对打击以巴枯宁为首的这股异化势力"具有毁灭性力量"，

---

① 马克思，恩格斯．马克思恩格斯全集：第 17 卷．北京：人民出版社，1963：855.

② 同①854.

因为它“对所有这些阴谋作一个历史的概述”[①]，“彻底公开”了巴枯宁的阴谋诡计，彻底揭露了这股内部异化势力在第一国际中的破坏和分裂活动，把这些“彻头彻尾地加以揭穿”[②]。

在这篇十分重磅的通告中，马克思和恩格斯将以巴枯宁为首的这股异化势力的真正目的、与其他异化势力的联系及其各种卑劣活动详细地大白于天下，用真相和真理无情鞭笞了这位“颇为能干的”“十足的阴谋家”及其同伙。比如：“在背后制造这些阴谋的总是国际社会主义民主同盟——俄国人米哈伊尔·巴枯宁的产儿”[③]，巴枯宁“企图用他的偶然的、被同盟否决了的纲领来代替国际的共同章程，用他的个人独裁来代替总委员会。为了达到这个目的，他给自己制造了一个专门的工具——国际社会主义民主同盟，并预谋把这个同盟变成国际中的国际”[④]，“全部自由主义的和警察的报刊都公开站在他们那方面；他们对总委员会的诽谤，他们对国际的无力的攻击，得到了一切国家的冒牌改革家们的支持”[⑤]，“竟要求国际在旧世界正力图置国际于死地的时候，用无政府状态来代替自己的组织”[⑥]。

这篇“具有毁灭性力量”的重磅通告给巴枯宁造成了毁灭

---

① 马克思，恩格斯．马克思恩格斯全集：第18卷．北京：人民出版社，1964：7.

② 同①372.

③④ 同①11.

⑤ 同①50.

⑥ 同①53.

性打击。恩格斯在1872年7月5日写给泰奥多尔·库诺的信中这样评价了巴枯宁对此的反应："巴枯宁为回答《分裂》①发表了一封疯狂的但又极其虚弱的谩骂信。这头大象②暴跳如雷，因为他终于从自己洛迦诺③的狐穴中被拖到了光天化日之下，阴谋诡计再也无济于事了。"④ 气急败坏的巴枯宁甚至宣称自己是"所有欧洲犹太人玩弄阴谋的牺牲品"⑤。这篇重磅通告足够将以巴枯宁为首的内部异化势力连根掀起、彻底击垮，但这还不是结束，这一记毁灭性的"重拳"刚刚打出，恩格斯紧接着又向以巴枯宁为首的内部异化势力投出了一枚足以致命的"重磅炸弹"。

在《所谓国际内部的分裂》出版后不久，马克思和恩格斯又掌握了来自西班牙的有关这股异化势力进行秘密活动的大量文件，铁证如山、证据确凿、无可辩驳，足以将这股内部异化势力"置于死地"。恩格斯以这些文件为基础，在8月4日至6日起草了一份重磅文件——《总委员会告国际工人协会全体会员书》，在8月6日提交给了总委员会。8月5日，恩格斯在写给朋友和战友约翰·菲力浦·贝克尔的信中这样讲道：

---

① 指《所谓国际内部的分裂》。

② 巴枯宁过胖，他的朋友形容他像大象，马克思说他是"一个怪物，长了一大堆肉和油"。

③ 瑞士城市，巴枯宁当时住在此处。

④⑤ 马克思，恩格斯．马克思恩格斯全集：第33卷．北京：人民出版社，1973：498.

“明天晚上我们将要投出一枚炸弹，它在巴枯宁主义者中定会引起相当大的惊慌，这就是针对作为秘密团体而继续存在的社会主义民主同盟发表一个公开声明。我们终于从西班牙获得了所需要的材料和揭发性的文件……这些揭露会把他们置于死地……这些败类就会统统见鬼去，而我们终将得到安宁。”①显然，以巴枯宁为首的这股凶狠卑鄙的组织内部异化势力在第一国际已时日不多，最后的决战已进入倒计时阶段。

《总委员会告国际工人协会全体会员书》是一篇犀利的讨逆檄文，是对以巴枯宁为首的组织内部异化势力进行最后决战的动员令、宣言书，也是为一个月之后的第一国际第五次代表大会所做的关键准备和铺垫。

恩格斯在这份文件中尖锐指出：“现在，过了三年多以后，我们掌握的一些文件无可辩驳地证明，这个社会主义民主同盟违反自己正式许下的诺言，过去和现在始终都作为一个国际联合组织，而且是以秘密团体的形式存在于国际内部；它现在仍然受巴枯宁先生的领导；它的目的依然如故，最近一年来表面上是针对伦敦代表会议和总委员会而实际上是针对我们的整个组织的一切攻击都来自同盟。”② “同盟的目的在于，用巴枯宁

---

① 马克思，恩格斯．马克思恩格斯全集：第33卷．北京：人民出版社，1973：511－512.

② 马克思，恩格斯．马克思恩格斯全集：第18卷．北京：人民出版社，1964：129.

先生的特殊纲领来代替我们的共同章程，并把巴枯宁的个人独裁强加于我们的协会。”[①]“国际要求自己的会员承认真理、正义和道德是自己行为的准则；同盟却规定自己的拥护者把造谣、伪装和欺骗当做首要的义务，指使他们欺骗国际的非亲信的会员，向他们隐瞒秘密组织的存在，以及自己言行的动机和真实目的。”[②]“揭穿这个秘密的骗子手团体的存在，就是消灭它的力量。”[③]“必须一举永远地结束由于协会内存在着这个寄生组织而一再发生的内部纠纷。”[④]在这份讨逆檄文的最后，恩格斯吹响了决战决胜的号角：“总委员会要求海牙代表大会将同盟的全体盟员开除出国际，并授予总委员会以必要的权力来防止今后发生类似的阴谋。”[⑤]

这次第一国际的第五次代表大会，于1872年9月2日至7日在荷兰的海牙举行，“和过去历次代表大会相比，海牙代表大会按其成员来说是最有代表性的大会”[⑥]。马克思特别重视这次大会，他带着全家人一起来到海牙参加大会[⑦]，而在此之前他没

---

① 马克思，恩格斯．马克思恩格斯全集：第18卷．北京：人民出版社，1964：128－129.

② 同①130.

③④ 同①133.

⑤ 同①133－134.

⑥ 马克思，恩格斯．马克思恩格斯全集：第36卷．北京：人民出版社，1975：712.

⑦ 燕妮她们在会场上方的包厢中观看旁听。

有出席过在伦敦之外召开的任何一次代表大会。这次，他和恩格斯亲自出席并领导了这次大会，共同对敌，以“十足的阴谋家”巴枯宁为首的凶狠卑鄙的组织内部异化势力注定要迎接失败了。

大会上，马克思做了《总委员会向在海牙举行的国际工人协会第五次年度代表大会的报告》，恩格斯再一次针对这股内部异化势力专门做了《代表总委员会向海牙代表大会提出的关于社会主义民主同盟的报告》，并将相关证据文件提交给了大会，给这股凶狠卑鄙的内部异化势力以毫不留情的、最后的“致命一击”。虽然巴枯宁主义者还在鼓吹着他们的观点和主张，依然以他们的阴谋诡计和虚幻的妄想叫嚷着对总委员会发动攻击，幻想操控第一国际，但所有这些都是徒劳的，他们的阴谋诡计已经被“彻底公开”，被“彻头彻尾”地揭穿。马克思的总方针成功了。巴枯宁自己可能提前预见到了这一点，也许是害怕接受这样难堪的失败和被当众扫地出门的耻辱，他自己没来参加这次海牙代表大会。

此时，第一国际的会员们已彻底认清了巴枯宁等人的真面目，清楚了他们卑鄙龌龊的行为。大会一开始，马克思主义者就牢牢掌握了大会的主动权。在大会最后一天进行的实名制投票中，大会以“27 票赞成，6 票反对，7 票弃权”① 的巨大优

① 马克思，恩格斯．马克思恩格斯全集：第 18 卷．北京：人民出版社，1964：173.

势将巴枯宁开除出第一国际。不仅如此，大会还进一步加强了总委员会的权力，“赋予总委员会以新的、更为广泛的权力”①，它授予总委员会“将国际的分部、支部、联合会委员会以及联合会暂时开除”② 的权力，这样，此后就再也不会“发生类似的阴谋”了，没有给巴枯宁及其同伙留下任何死灰复燃的机会。

对于这个毁灭性结局，巴枯宁主义者极其恼怒，在“投票结果宣读后，一名腰上系着红旗的西班牙巴枯宁主义者拔出一把手枪，指向宣读结果的代表，喊道：‘这样的人应该被杀死’”③，但他很快被制伏了，没有得逞。此时，这名巴枯宁主义者完全代表了他们这股凶狠卑鄙的异化势力的形象。这件事也深刻反映出他们失败的根本原因，即无论他们如何装扮、手中握有如何厉害的“武器”、使用什么样的卑鄙手段，只要真理和正义不在他们一边，力量就不在他们这一边，他们最终必定遭到惨败。

至此，马克思彻底战胜了第一国际内部以巴枯宁为首的这股凶狠卑鄙的异化势力，在思想上和组织上都取得了重大胜

---

① 马克思，恩格斯．马克思恩格斯全集：第18卷．北京：人民出版社，1964：179.

② 同①166－167.

③ 加布里埃尔．爱与资本：马克思家事．朱艳辉，译．长沙：湖南人民出版社，2018：407.

利，“病毒”被“细胞”清除了出去，“颇为能干的”“十足的阴谋家”得到了他应有的可耻下场。这不仅是马克思这位智慧的革命家个人的重大胜利，更是马克思主义和马克思主义者的重大胜利。

永恒

与以蒲鲁东为代表的组织内部异化势力进行斗争所取得的重大胜利和与以巴枯宁为首的组织内部异化势力进行斗争所取得的重大胜利，共同标志着马克思主义在与机会主义的斗争中取得了重大胜利。取得胜利的根本原因是马克思主义的真理符合工人运动实践，而蒲鲁东主义和巴枯宁主义无论在理论上还是在现实中都不符合工人运动实践，也无法满足其要求。所有机会主义者最终都无法抵挡马克思以真理为武器开展的斗争和批判。所有这些，都深刻证明了马克思自己的那句名言：“理论一经掌握群众，也会变成物质力量。理论只要说服人，就能掌握群众；而理论只要彻底，就能说服人。”① 对蒲鲁东主义、巴枯宁主义在理论上和现实中的长期不懈斗争并最终取得重大胜利的过程，完全就是如此，就是不断深入、完善和发展的马

---

① 马克思，恩格斯．马克思恩格斯选集：第1卷．3版．北京：人民出版社，2012：9－10.

克思主义逐渐说服人，进而掌握群众，最终转化为强大物质力量并改变世界的过程。这是一个斗争的过程，也是一个壮大的过程，更是一个胜利的过程，这个过程符合真理发展的规律，因此注定会胜利，注定会不断从胜利走向新的胜利。

纵观马克思的斗争历程，可以发现，他的斗争历程也是马克思主义的发展历程。在对他自己所作的结论、外部的腐朽和敌对势力、无产阶级组织内部的异化势力，以及其他各种错误或偏颇思想理论的持续批判和不懈斗争中，马克思不断成长、成熟，从名不见经传到举世闻名，马克思主义也随之不断发展、完善、强大。事实证明：马克思的所有斗争对象最终都成为他前进的基石、马克思主义的磨刀石。在这些斗争对象的持续“帮助”下，马克思和马克思主义不断前进、不断胜利。正是在对所有这些错误思想理论和行为长期不懈的斗争和批判中，马克思一步步成为“近代以来最伟大的思想家”① 和伟大的革命家，马克思主义一步步成为指导国际工人运动的颠扑不破的真理。

毛泽东同志在《关于正确处理人民内部矛盾的问题》中深刻指出：“马克思主义必须在斗争中才能发展，不但过去是这样，现在是这样，将来也必然还是这样。正确的东西总是在同

① 习近平．在纪念马克思诞辰200周年大会上的讲话．人民日报，2018－05－05（2）.

错误的东西作斗争的过程中发展起来的。真的、善的、美的东西总是在同假的、恶的、丑的东西相比较而存在，相斗争而发展的。”① 这是对马克思主义发展的客观总结，也是对马克思一生斗争的客观总结。马克思用他的一生表明：思想不息，斗争不止，发展不停。海牙代表大会结束后的第一天，即 1872 年 9 月 8 日，大胜后的他在荷兰阿姆斯特丹群众大会上发表演讲，向世界郑重宣布：“我将一如既往，把自己的余生贡献出来，争取我们深信迟早会导致无产阶级在全世界统治的那种社会思想的胜利。”② 确实，为了争取这个胜利，他的余生中依然充满了斗争，一直到他停止思想。但是，如他所说：存在就是斗争，而存在永恒，斗争即永恒。至今，马克思主义依然在斗争中不断发展，并展示出旺盛的生命力。虽然马克思已停止思想，但他的思想从来没有离开过这个世界，从这个意义上讲，伴随着永恒的斗争，马克思的生命也得以永恒。他永恒生命中的永恒斗争，诚如郑板桥之《竹石》：

咬定青山不放松，立根原在破岩中。

千磨万击还坚劲，任尔东西南北风。

---

① 毛泽东．毛泽东文集：第 7 卷．北京：人民出版社，1999：230.

② 马克思，恩格斯．马克思恩格斯全集：第 18 卷．北京：人民出版社，1964：180.

后　记

历经种种艰辛和困难，如今这部著作终于即将付梓，笔者心潮起伏、思绪难平。为了创作好这部对马克思“知其人”“论其世”的马克思主义学术大众化著作，笔者潜心钻研、埋头苦干了近三年，它凝结了太多的心血与汗水。创作过程中遇到的种种困难一言难尽，但这一切都是值得的。笔者希望通过这样一部马克思主义学术大众化著作，使人们形成对马克思较为完整和系统的认知，传播好马克思主义，使马克思不再是“陌生人”，为推进马克思主义中国化时代化略尽绵薄之力。

就“知其人”而言，笔者在本书创作过程中始终坚持严谨求实的态度，紧紧围绕马克思人生历程中最能体现他的精神气质、人格风范的五个基本面、典型面、关键面——爱情、友情、亲情、学习、斗争。笔者在广泛收集、细致梳理、深入挖掘国内外大量权威文献资料特别是初始资料的基础上，以翔实可靠的历史事实为支撑，力求以精细的笔触还原出真实、丰富、立体、深刻的马克思，使顶天立地的马克思有血有肉、有思想有感情、有风范有魅力地“回到”我们身边。

就“论其世”而言，本书虽然基于各种典型故事和重要事实展开，但绝非单纯讲述马克思的生平与故事，而是由此出发，从学术和理论的角度对马克思的壮丽人生进行了深入剖析和研究，实事求是地进行了学术性探索、理论性阐释和总结。笔者知之为知之，不知为不知，没有填充历史，没有随意阐释，没有妄下结论，严格依据所知，牢牢站在客观立场上进行分析和论述。笔者力求以学术的眼光、理论的视角，在更高层面清晰准确地展现马克思的伟大、崇高与非凡。严格忠于历史、忠于事实，不杜撰、不扭曲、不戏说，依据确凿的史实进行阐释论述，守正创新，这是笔者在创作中坚守的原则。

尽管笔者倾尽全力，试图以精细的笔触去描绘和剖析马克思，尽自己最大所能来深入论述、深刻阐释，但笔者深知，这仍然仅仅是对马克思史诗般恢宏壮丽的传奇人生进行的大致勾勒，还有不可胜数的大量史实与资料笔者尚未触及，笔者的研究和探索还有诸多空白与不足，未尽之处良多。今后，笔者将继续探索、深化研究，不断提高学术能力与水平，弥补自身的不足。

笔者撰写了本书的全部内容。肖伟光同志帮助笔者确定了本书的创作方向、框架、结构，处理了与出版有关的大量事宜，在此向肖伟光同志表示衷心的感谢和诚挚的敬意！由于笔者才疏学浅、水平有限，书中不乏疏漏与不足之处，恳请广大读者不吝赐教、批评指正。